L'ENFANT DOUÉ

Arielle Adda
Hélène Catroux
avec la collaboration de Laurence Godec

L'ENFANT DOUÉ

L'INTELLIGENCE RÉCONCILIÉE

Odile
Jacob

15, rue Soufflot, 75005 Paris
www.odilejacob.fr
ISBN 978-2-7381-1359-7

« La beauté est une demi-faveur des dieux, l'intelligence en est une entière. »

Proverbe peul

Sommaire

Avant-propos

Si, longtemps, l'enfant doué est demeuré un sujet quasi tabou – seulement évoqué à voix basse, en prenant d'infinies précautions oratoires, ou, au contraire, en vociférant quelques principes génético-philosophiques pour en nier l'existence –, il est aujourd'hui entré dans la panoplie des thèmes que l'on débat ardemment dans les médias.

Mais, si l'on parle plus souvent des enfants doués, on n'en parle pas toujours mieux.

Les dernières années ont en effet donné lieu à pléthore d'articles, de dossiers, d'émissions où s'expriment des intervenants propulsés à divers titres « spécialistes » du sujet. Délibérée ou accidentelle, la cacophonie régnant, loin d'éclairer le propos, l'opacifie, le complique.

Face à la confusion et à l'approximation, nous faisons ici le point des recherches actuelles et fondons des propositions pédagogiques permettant, notamment, d'éloigner le spectre de l'échec scolaire, mais aussi professionnel et personnel. Car, si l'on sait désormais que l'adage selon lequel « si l'on est intelligent, on réussit » est pure fiction, il faut apprendre à découvrir le sujet doué, à le « lire », pour mieux le guider et l'accompagner vers son épanouissement.

Dans cette optique, nous mettons en lumière les moyens, les méthodes, les protocoles qui aideront l'enfant, comme l'adolescent et l'adulte, à retrouver le plaisir d'apprendre, de comprendre, de créer. Et, loin de la polémique, nous l'espérons, mais tenant solidement le cap d'un propos clair, argumenté, nourri de longues années passées à réfléchir et à expérimenter, nous aimerions réconcilier les sujets doués avec cette intelligence lumineuse qu'ils ont, paradoxalement, trop souvent tendance à vivre comme un handicap.

PREMIÈRE PARTIE

Qu'appelle-t-on un enfant doué ?

Reconnaître l'enfant doué

(Arielle Adda)

Donner de l'enfant doué une définition prétendant à l'exhaustivité est évidemment un défi impossible. La diversité règne en la matière, comme chez tous les êtres. Il faut néanmoins tenter ici – ne serait-ce que sommairement, dans un premier temps – de répondre à la question : qu'entend-on par « enfant doué » ?

Repères chiffrés

L'évaluation du QI se fait à partir de tests comparant les résultats obtenus par un enfant à ceux qu'atteignent les enfants du même âge : situé dans la moyenne, il obtient un QI de 100, dans une progression qui va de 46 à 160. Bien entendu, certains sujets extrêmement doués dépassent certainement cette limite, mais les tests ne le mesurent pas.

La norme étant établie à 100 (moyenne d'une classe d'âge, l'étalonnage étant établi de trois mois en trois mois) et plafonnée à 115, on commence à parler de surdouement à 125. La répartition de la population se fait comme suit : 50 % se situent entre 90 et 110, et 25 % respectivement en deçà et au-delà de ces chiffres. Plus précisément, 5 % atteignent le chiffre de 125, 2 % celui de 130, 1 ‰ celui de 145. Et seule une personne sur cent mille aurait un QI égalant ou dépassant 160. Cette distribution se fait selon une courbe de Gauss montrant combien l'air est rare aux extrémités supérieures…

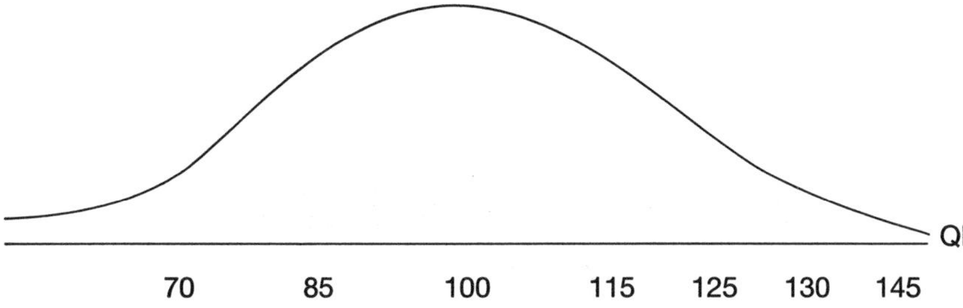

Doué, surdoué, précoce, HP ?

La terminologie est souvent affaire subjective, variant au gré des époques et des modes. Si nous avons pour notre part choisi le terme d'enfant « doué », c'est qu'il nous semble à la fois plus juste et moins ostentatoire que d'autres, moins clinique également.

Le mot de « précoce », longtemps en vogue, comporte une équivoque, qui peut devenir dramatique : il laisse en effet entendre que ces enfants sont simplement un peu en avance sur les autres, qui ne tarderont donc pas à les rattraper ; il suffirait alors d'attendre pour que tout rentre dans l'ordre et que ces enfants ne se distinguent plus des camarades de leur âge. Le drame évoqué survient lorsque l'adolescent doué se retrouve brutalement en échec scolaire : il pense que ses dons intellectuels l'ont déserté et que la médiocrité l'a rattrapé. On sait qu'une floraison précoce, plus fragile que les autres, disparaît en cas de gelée inattendue...

Le terme de « surdoué » définit sans aucune équivoque ces enfants, mais on pourrait penser qu'ils se situent complètement à part et même, plus précisément, « au-dessus », ce qui ne facilite pas une intégration sociale aisée. Eux-mêmes, se pensant « surdoués », n'ont parfois qu'un seul désir, celui de descendre de ces hauteurs inconfortables, source inépuisable d'ennuis.

Pour ce qui est du très poétique « HP », pour « haut potentiel », nous préférons le réserver au jargon du métier. Inutile d'expliquer pourquoi.

Ainsi, l'enfant « doué » se définit-il comme particulièrement bien pourvu en qualités intellectuelles, bénéficiant d'un potentiel qui, comme tel, doit être exploité. On sait qu'un don non travaillé peut s'éteindre. L'expression a donc, entre autres avantages évoqués plus haut, celui de signaler aussitôt – quand « surdoué » semble tout imposer comme définitivement acquis – qu'il ne faut pas laisser s'enterrer le talent d'or. Et qu'il nous revient à nous, parents, enseignants et thérapeutes, d'aider l'ange à déployer ses ailes.

Les tests de QI

La notion de QI remonte à 1904, date à laquelle le gouvernement de la République avait demandé à Alfred Binet de définir une échelle permettant de repérer, parmi les enfants qui semblaient « anormaux », ceux qui pouvaient néanmoins être scolarisés, en vertu de la récente loi Jules Ferry rendant obligatoire l'instruction primaire : autrement dit, il s'agissait de différencier les « anormaux d'hospice » des « anormaux d'école ». Ainsi naquit le Binet-Simon, test établi avec Théodore Simon, qui offrait les moyens de comparer les résultats obtenus par un enfant à ceux atteints par un nombre significatif d'enfants du même âge. La note finale donnait un « âge mental » que l'on rapportait à l'âge réel. Ainsi, un enfant réussissant tous les items de sa classe d'âge avait un QI de 100 (AM sur AR × 100).

Ce Binet-Simon a inspiré un grand nombre d'autres tests, mais son principe a été maintenu. Dans les années 1960, il était encore employé, ainsi que celui qui en est fortement inspiré, le Stanford-Binet. Ensuite est venu le Terman-Merrill, encore utilisé quand l'enfant n'a pas atteint l'âge de passer un WPPSI, c'est-à-dire avant 3 ans. Il existe également des tests mesurant le développement moteur des très jeunes enfants, tel le Brunet-Lézine.

Les tests mis au point par Wechsler, aux États-Unis, sont aujourd'hui les plus utilisés dans le monde, chaque pays ayant son propre étalonnage et des questions adaptées à sa culture.

- Le WPPSI (*Wechsler Preschool and Primary Scale Intelligence*) s'adresse aux enfants de 3 à 7 ans, mais il est trop

facile pour les enfants doués qui ont passé 6 ans : mieux vaut attendre alors quelques mois, si cela est possible, et pratiquer un WISC.
– Le WISC (*Wechsler Intelligence Scale Children*) est destiné aux enfants de 6 à 17 ans.
– Ensuite vient le WAIS (*Wechsler Adult Intelligence Scale*), qui s'adresse aux adolescents et aux adultes. Pour ces derniers, le calcul est différent selon l'âge, les performances n'étant pas les mêmes entre 16 et 89 ans !

À l'issue du test, on obtient trois chiffres :
– un QI Verbal ;
– un QI Performances ;
– et un QI Complet, qui est la moyenne statistique des deux précédents, et non la moyenne arithmétique – ce qui laisse nombre de parents perplexes.

Le « Verbal »

Cette partie du test comporte plusieurs items, chacun mettant en jeu la façon particulière dont l'enfant utilise ses facultés de raisonnement dans une situation précise ou fait appel à ses connaissances.

➤ *Le vocabulaire*

Le vocabulaire différencie immédiatement les lecteurs assidus de ceux pour qui la lecture représente un pénible pensum. On reconnaît l'enfant doué à ses définitions précises et d'une élégante concision. Il arrive que des enfants présentant tous les symptômes du lecteur passionné disent ne pas aimer lire : ce peut être pour ne pas se différencier à l'excès de leurs camarades, qui estiment ce passe-temps totalement dépourvu d'intérêt et trop ardu à pratiquer en tant que loisir, ou bien parce qu'ils ont appris à lire par la méthode globale, qui interdit la lecture rapide, seule à procurer un véritable plaisir. Les filles réussissent mieux cette épreuve, ce qui n'a rien de surprenant depuis que les récentes explorations des mécanismes du cerveau nous ont appris qu'elles utilisaient plus volontiers le langage pour s'exprimer en toutes circonstances, alors que les garçons taisent davantage leurs émotions.

➤ *Le calcul mental*

Au calcul mental, on voit les enfants les plus vifs s'égarer parfois sans rémission dans un énoncé un peu plus complexe, parce qu'ils l'ont lu trop rapidement ou de travers, ou parce qu'ils ont donné la réponse avant même de comprendre véritablement de quoi il s'agissait. Le taux de réussite de ces items aurait tendance à baisser au fil des ans pour de multiples raisons, dont la désaffection à l'égard de la lecture, entraînant, notamment, une compréhension plus floue des énoncés de mathématiques. Ici, il faut surtout se représenter mentalement les termes de l'énoncé et ne pas manipuler les nombres au hasard en comptant sur la chance pour tirer le bon numéro, à savoir trouver la réponse exacte. Les enfants qui disent « ne pas aimer les maths » estiment avoir rempli leur devoir une fois qu'ils ont mélangé les nombres de l'énoncé en une salade embrouillée pour aboutir à un résultat improbable, qu'ils seraient bien en peine de justifier. Ceux pour qui ce type de raisonnement coule de source et ne demande aucun effort ont plaisir à donner ce résultat avec la plus grande célérité possible.

➤ *Les chiffres en séries*

Répéter des chiffres en séries allant croissant fait appel à un processus similaire : très vite, les enfants doués mettent au point une méthode qui leur permet de retenir de longues séries ; ceux qui ont du mal à se former une représentation mentale d'une situation renoncent plus vite, découragés de se sentir submergés par ces chiffres qui s'emmêlent désespérément dans leur esprit. Cette épreuve accuse parfois la tendance à l'anxiété d'un enfant qui doute de lui et se trompe trop vite, à son grand désarroi, ce qui l'empêche, de surcroît, de mettre en œuvre une technique efficace de mémorisation. Il faut alors le rassurer sans tarder, pour qu'il retrouve ses forces et un peu de confiance en lui ; sinon, il s'affligera longtemps de sa maladresse, alors que cet item rend seulement compte des méthodes utilisées par l'enfant et non de ses capacités intellectuelles au sens large.

➤ *Les connaissances générales*

Elles ont pu être acquises ailleurs qu'à l'école : dès qu'il ne s'agit plus de leçons à apprendre, des élèves médiocres, mais d'une grande curiosité d'esprit, aiment relever le défi consistant à répondre le plus vite et le plus clairement possible à ces diverses questions – s'entraînant peut-être aussi, accessoirement, pour les jeux télévisés. Les enfants qui traversent une période d'aversion pour l'école repèrent l'aspect éventuellement scolaire de cet item et ne fournissent aucun effort pour retrouver dans leur mémoire des données qu'ils possèdent à coup sûr. Ceux qui sont découragés à l'avance parce qu'ils se trouvent dans un moment d'abattement profond présentent une réaction identique, mais les raisons en sont très différentes.

➤ *Les similitudes*

Le raisonnement par analogie (item dit des *similitudes*) est manié avec dextérité par les enfants doués, qui se délectent du jeu des concepts, de l'abstraction, de l'exercice de synthèse. Il est amusant de rechercher le point commun à deux éléments, complètement opposés en apparence. C'est plus intéressant que de répondre d'un ton définitif à la personne attardée – en l'occurrence la psychologue – qui pose une question stupide : « Ce n'est pas pareil. » La véritable originalité de pensée apparaît là, et, plus tard, cette faculté de procéder à d'audacieuses synthèses pourra être à l'origine de passionnantes découvertes. Ce type de raisonnement caractérise l'intelligence dans ce qu'elle a de plus personnel et de plus rigoureux en matière d'analyse. Discerner d'emblée l'essentiel d'un problème ou d'une situation constitue bien l'essence de l'intelligence.

➤ *La compréhension des situations*

Cet item éprouve la capacité à réagir dans une situation donnée, à trouver la meilleure façon de se conduire en société, à comprendre les raisons de certaines lois sociales ou morales. Une telle démarche est généralement chose aisée pour les enfants doués, guidés par un solide bon sens et un jugement personnel que leur maturité d'esprit rend plus rigoureux. Souvent même, ceux qui ont tendance à s'éterniser en hésitations infinies à la recherche de la meilleure réponse possible sont ici dépassés par leur logique implacable et donnent la solution avant de prendre le temps de s'égarer dans les méandres de complications sans fin. La maturité de pensée qui a permis cette vélocité dans la conduite de la réflexion peut être opposée à l'argument convenu énoncé par certains enseignants pour refuser un saut de classe, par exemple : « Il n'a pas la maturité d'esprit suffisante. » Les capacités d'autonomie révélées par ces réponses prouvent bien que cette maturité est acquise : un enfant incapable d'initiative répondra en revanche qu'il « n'a pas appris », que « maman ne lui a pas dit » ou encore qu'il « demandera à maman ».

Les « Performances »

Cette partie du test propose des *épreuves pratiques* généralement effectuées en un temps limité. La note est fonction de la rapidité d'exécution de la tâche. Les enfants doués, souvent perfectionnistes à l'excès en même temps qu'hésitants et peu sûrs d'eux, sont donc pénalisés : ils réussissent toutes les épreuves, mais trop lentement pour obtenir une bonne note.

➤ *L'assemblage d'objets*

La pratique croissante de l'ordinateur les rend parfois plus perplexes encore, quand ils paraissent ne pas comprendre pourquoi les éléments d'un puzzle ne s'associent pas plus vite. Ils oublient alors toute méthode, tournent indéfiniment une pièce qui ne semble aller nulle part, se plaignant qu'« il manque des morceaux » ou bien qu'« il y en a qui ne vont pas », et ils sont très mal à l'aise.

➤ *Les complètements d'images*

Ils réussissent beaucoup plus facilement la seule épreuve ne demandant aucune manipulation de matériel : il suffit de trouver l'*élément manquant* dans un dessin. Détecter l'anomalie leur plaît, leur esprit critique et leur perspicacité y trouvent leur compte.

➤ *Les cubes*

Il s'agit ici de reproduire des modèles à l'aide de cubes de couleurs. Cette épreuve est inspirée d'un test plus complet intitulé *cubes de Kohs*. Elle est exécutée avec plaisir par les enfants doués d'un bon sens de l'orientation dans l'espace ; ils y trouvent même une occasion de détente. Mais ceux qui peinent dans ce domaine souffrent mille morts. « Misère ! » soupire d'un air malheureux et résigné un petit garçon, très doué par ailleurs, qui éprouvait de grandes difficultés d'orientation spatiale, face à un modèle un peu plus compliqué et qui lui paraissait tout à coup totalement impossible à reproduire.

Ceux qui ne rencontrent aucun problème durant cette épreuve se contentent de jeter un coup d'œil au modèle, ils sont ensuite capables de corriger une erreur sans même vérifier l'original ; ils l'ont immédiatement intégré, ils peuvent alors travailler avec une grande rapidité et profiter de l'apprentissage pour réussir des modèles de plus en plus complexes.

On voit l'atout considérable que représente cette aisance particulière : les énoncés en mathématiques sont assimilés aussitôt et sans erreur, la structure d'une phrase est comprise immédiatement, l'orthographe de mots nouveaux photographiée dans l'instant. Au quotidien, cette qualité permet par exemple de s'orienter facilement dans une ville inconnue, le plan en ayant été intégré dans son ensemble.

Comme pour rendre encore plus compliquée la vie de ceux qui ne possèdent pas cette aisance, les difficultés d'orientation dans l'espace s'accompagnent souvent de difficultés identiques dans le temps : ces enfants ont du mal à apprendre à lire l'heure, ils confondent la position des aiguilles, ils retiennent difficilement l'ordre des jours, des mois, et même la signification de « hier » opposé à « demain ».

Il est alors indispensable de les aider rapidement à se former une image claire de ces notions, sans attendre que le temps fasse son œuvre « parce qu'il est encore bien jeune ! ». Sinon, les premiers apprentissages scolaires seront autrement plus laborieux et moins précis dans leur esprit. Les enfants doués affligés de ces difficultés spécifiques parviennent à les compenser grâce à leurs facultés de raisonnement bien développées, mais, plus tard, ils souffriront de lacunes surprenantes et sembleront subitement très maladroits, surtout en mathématiques.

Ceux-là risquent d'être orientés vers des sections purement littéraires, où leur sens de la logique et leur rigueur ne trouveront pas forcément leur compte, parce que cette orientation aura été faite « par défaut » et non en se fondant sur un attrait particulier pour les lettres.

➤ *L'arrangement d'images*

Ordonner des images, selon l'enchaînement logique d'une histoire simple, est un item souvent utilisé par les orthophonistes : il plaît aux enfants par son côté bande dessinée. Puisque c'est la logique qui prime, il est généralement réussi, toutefois souvent trop lentement, les enfants vérifiant interminablement leur arrangement. Cette épreuve comporte un facteur d'intégration sociale, mais, dans le cas des enfants doués, cette faculté reste théorique, car ils ont souvent du mal à s'intégrer à une société d'enfants de leur âge, leur maturité d'esprit les rendant trop différents.

Il arrive que la sensation de ce décalage persiste : les adultes ont encore l'impression qu'ils comprennent mal les règles régissant la vie en société, alors qu'ils en ont pourtant, mieux que quiconque, intégré les mécanismes fondamentaux.

➤ *Le code*

Ce dernier item, qui consiste à copier des signes très simples sous des chiffres selon un modèle, pose souvent de grands problèmes aux enfants doués, qui semblent incapables d'automatiser cette épreuve. Ils montrent toutes les apparences de l'application la plus intense pour remplir piteusement une ligne, quand il aurait fallu en remplir trois. Toutes les difficultés propres aux enfants doués s'accumulent dans cet item : angoisse à l'idée d'écrire – c'est leur point le plus faible –, peur de commettre une erreur – ils ne cherchent donc pas à automatiser quelques-uns de ces chiffres, et même ils vérifient en cours d'exécution s'ils ne se sont pas trompés –, ennui provoqué par une tâche rappelant les plus fastidieuses parmi celles proposées en classe. Tous ces éléments aboutissent à un résultat absolument lamentable. On en arrive ainsi à 10 ou 15 points de différence de QI selon que l'on prend ou non en compte ce « code » calamiteux.

Il faut savoir que l'ECPA (Édition du Centre de psychologie appliquée), qui édite la série des WISC, précise, dans sa présentation du test, que cet item serait le moins représentatif de l'intelligence ; il a néanmoins le mérite de montrer comment un enfant approche l'écriture et comment il se comporte face à une tâche qui le place dans une situation d'inconfort et de malaise, puisqu'il ne sait comment l'aborder, ou qui tout simplement l'ennuie.

Pourquoi mesurer le QI ?

Les détracteurs des tests peuvent aisément critiquer un instrument qui semble tellement aléatoire : on ne réduit pas un enfant à la résolution de quelques problèmes, à ses réponses à des questions absurdes, à la réalisation de jeux enfantins.

On peut néanmoins rappeler que la mesure du QI reste à peu près identique si l'on fait à nouveau passer un test quelques années plus tard. Une chute importante est l'indice d'un profond malaise qu'il faut traiter en urgence. Chez les enfants, une dépression se manifeste le plus souvent par quelques signes très discrets qui n'attirent pas toujours aussitôt l'attention, surtout si on leur trouve une explication logique, mais insuffisante pour réparer le dommage. Le test montre alors de façon indubitable la nocivité du trouble.

> Maxime est en CE2. Depuis le début de l'année, il pique des colères terribles, il va en classe en maugréant et n'a pas d'amis. Les années précédentes, tout se passait de façon à peu près satisfaisante, bien qu'il n'ait jamais semblé très heureux. Le psychiatre qui le suit se résout à demander un test, « à tout hasard ». Maxime dépasse de loin les notes les plus élevées obtenues par les enfants de sa classe d'âge. Il est évident qu'il doit sauter le plus rapidement possible ce CE2, d'une totale stérilité dans son cas. Il s'y ennuie à périr et se demande ce qu'il y fait. Le psychiatre est réticent : « Déjà qu'il ne s'entend pas avec les enfants de son âge ! »
> Heureusement, le bon sens a prévalu, et Maxime a pu découvrir enfin des nouveautés en CM1. Ses colères se sont apaisées, et il s'est fait de bons camarades. Mais on peut se demander ce qu'il serait advenu de lui s'il n'avait jamais passé de test et si on l'avait laissé dépérir en CE2. Ses réactions explosives occultaient son don intellectuel, il devenait un enfant caractériel et difficile. Sans doute, un peu plus tard, aurait-on proposé de lui administrer quelque médicament apaisant qui aurait permis que tout semble rentrer dans l'ordre… mais à quel prix !

L'écart entre les notes donne de nombreux renseignements sur la façon dont un enfant utilise les différentes facettes de son intelligence, comment il affronte un obstacle, comment il accepte un échec, comment il reçoit les compliments et les encouragements.

Il est à mon avis impossible d'évaluer avec certitude les capacités d'un enfant si l'on ne pratique pas un test de QI. Cela ne signifie pas pour autant que le chiffre obtenu reflète avec exactitude toutes les possibilités de cet enfant, mais il donne un ordre de grandeur. C'est même là l'intérêt majeur d'un examen psychologique bien mené, qui prenne également en compte le test de personnalité et vise à tracer de l'enfant un portrait aussi complet que possible.

On objectera que certaines maîtresses particulièrement attentives n'ont pas besoin de tests pour faire sauter une classe à un enfant ; on dira aussi que tous les enfants difficiles ne sont pas des enfants dont l'avance intellectuelle n'a pas été reconnue ; certes, mais il y a des Maxime qui gaspillent leur énergie en colères désespérées.

Le paradoxe du don

Il y a en fait une différence considérable entre un QI de 115, normalement considéré comme supérieur à la moyenne, et un QI de 150, atteint par moins de 1 ‰ de la population. La même différence sépare le chiffre de 115 de celui de 80. Avec un QI de 115, on peut passer aisément nombre d'examens, mener une vie intéressante grâce à un métier demandant réflexion personnelle, autonomie et responsabilité. Avec un QI de 80, les apprentissages sont plus limités, les capacités d'initiative également ; sur le plan professionnel, les charges ne doivent pas être trop lourdes ni trop complexes, elles écraseraient celui qui ne pourrait les assumer sans souffrance ni risque d'échec.

Ceux qui obtiennent un QI égal ou supérieur à 150 sont si peu nombreux qu'on ne peut se hasarder à en donner une image précise ; il suffit de savoir qu'ils dépassent la norme d'une façon toujours surprenante, voire franchement inconcevable pour la majorité des individus. Leurs fulgurances étonneront les plus avertis, mais il ne faut pas croire qu'ils « planent » en permanence dans les hautes sphères. Autrement dit, on ne les identifie pas si facilement. Le préjugé selon lequel le génie, forcément éblouissant, ne saurait passer inaperçu peut bien demeurer profondément ancré dans les esprits – l'intelligence se doit de briller avec éclat, et, si l'on ne voit rien, c'est qu'il n'y a rien à voir –, les choses sont bien entendu plus complexes, confinant même souvent au paradoxe. Pour embrouiller encore un peu plus la situation, on dit d'un enfant dont le QI est de 100, toutes les notes se distribuant régulièrement autour de la moyenne : « Il est intelligent. »

Illustration commune de ce propos, des personnalités ayant atteint une certaine notoriété dans l'exercice de leur métier – souvent des artistes – répondent à une question concernant leur parcours : « Comme tous les paresseux, je travaille beaucoup. » Il s'agit, à l'évidence, d'anciens enfants doués ayant suivi sans passion une scolarité plutôt morne et qui se sont réveillés en découvrant un domaine d'activité où ils pouvaient enfin aller jusqu'au bout d'eux-mêmes et de leurs possibilités. Guidés par un intérêt passionné, ils se sont mis à travailler sans ménager leur peine, c'est-à-dire « beaucoup ». Néanmoins, ils conservent le souvenir de leur enfance endormie, quand on jugeait « paresseux » ces élèves manifestement dotés de possibilités qu'ils négligeaient d'utiliser à cause de leur « paresse ». Ainsi désignait-on le profond ennui qui noyait l'enseignement et le peu d'intérêt qu'ils portaient aux cours. Ce seul exemple démontre à quel point la brutalité de telles définitions, appliquées à un élève déconcertant, le marque profondément : adulte pourtant « arrivé », il ne songe pas à les mettre en doute, répétant simplement ce qu'il a entendu à son propos ou concernant d'autres camarades, sans doute dans le même cas que lui. Et tout le monde accepte cette absurdité, sans la moindre critique.

Cette situation représente bien le paradoxe propre aux enfants doués.

Un portrait sans nuance

Des phrases assenées avec la tranquille assurance de ceux qui « savent » ont calmé de façon dramatiquement fallacieuse des parents inquiets de voir chuter les notes de leur enfant. « Un enfant intelligent s'en sort toujours ! » Non, justement, il ne « s'en sort » pas toujours. Au contraire, sa méconnaissance de toute technique de travail lui rend un rétablissement très difficile, presque impossible, et cet adolescent en péril risque de sombrer pendant que ses parents attendront qu'il « s'en sorte », puisqu'on leur a affirmé qu'il s'agissait d'une loi indiscutable, foi de pédagogue. Avec de telles sentences, on lui a fermé toute issue en cherchant « ailleurs » les causes de son malaise en classe.

Tout ce qui représente la spécificité des enfants doués a donc été longtemps ignoré, et même parfois nié, tandis qu'on s'en tenait à une représentation purement fantasmatique de génie complètement hors norme. Non seulement on n'imaginait pas qu'ils puissent tarder à comprendre une explication, mais encore on leur contestait toute sensibilité particulière. Un enfant soupçonné de précocité devait être capable d'encaisser les remarques les plus dures et les critiques les plus impitoyables, considérées comme destinées à l'aider. On estimait que le don intellectuel formait une carapace et qu'un tel enfant devait faire ses preuves pour qu'on lui reconnaisse ce don. À défaut, il serait soupçonné d'imposture : loin d'être plus intelligent que la moyenne, il était seulement plus malin, plus astucieux ou simplement plus chanceux que ses camarades. Il trouvait la réponse plus rapidement, c'était un hasard ; il parlait avec élégance, c'étaient ses parents qui le corrigeaient à la moindre faute de syntaxe, et c'étaient encore eux qui le gavaient de mots de vocabulaire dont un enfant n'a que faire.

Cette caricature est encore parfois de mise aujourd'hui, même si elle n'est plus aussi affirmée. L'image de l'enfant doué oscille ainsi entre deux pôles : un génie dont rien ne peut entamer la force ni l'astuce, et un pauvre éclopé, handicapé par un cerveau trop gros aux circuits trop complexes. On s'en doute, les intéressés ne se reconnaissent ni dans cette image déformée de Superman ni dans le portrait quasi pathologique qu'on trace d'eux. Il est bien difficile, de fait, de se retrouver dans un de ces modèles.

La nature humaine est ainsi faite qu'elle a du mal à accepter une supériorité : un atout doit obligatoirement être pondéré par un « mais » annonciateur de défauts qui en atténueront largement le bénéfice ; ainsi la justice et l'équité peuvent-elles continuer à régner.

À vrai malaise, fausses explications

Il est extrêmement aisé de trouver des raisons justifiant un malaise : elles seraient presque trop nombreuses pour l'œil exercé du spécialiste. L'existence des enfants est jalonnée de toutes sortes de chocs, même dans l'existence la plus banale : naissance d'un autre enfant, déménagement, voire des événements aussi peu surprenants que l'entrée en maternelle ou à la grande école. Si un drame survient, ce malheur suffit, à lui seul, pour expliquer tous les maux. Divorce et deuil, surtout, interdisent de chercher plus avant.

Si l'on néglige cette grille explicative, le malentendu est à son comble : l'intelligence ne compte pas. Pourtant, ces événements sont vécus très différemment par les enfants doués, qui ont d'ailleurs tendance à amplifier en imagination les conséquences éventuelles d'un événement, paraissant anodin aux yeux des autres. Un enchaînement de catastrophes leur semble possible, probable, assuré… si rien ne vient freiner le galop de cette « folle du logis ». Les idées les plus aberrantes prennent l'apparence de la réalité à un point d'horreur difficile à envisager chez un enfant si paisible. On risque alors de commettre des erreurs soit par excès, soit par défaut. Tantôt, on va dramatiser la façon dont est vécu un événement banal, tantôt, on va minimiser les fruits d'une imagination débordante : dans tous les cas on commet une erreur, bien dommageable pour l'enfant dans la peine.

> Jonathan entre en maternelle en même temps que naît une petite sœur. Très vite, cette maternelle dont il attendait tant le déçoit énormément ; il devient triste, un peu déprimé même, au fil de l'ennui. La maîtresse dit que cet enfant est trop distrait, rêveur, qu'il ne joue pas assez avec les autres – quand il ne remue pas au contraire de façon excessive et bien agaçante.
>
> Il est tentant de décider que ces « difficultés d'intégration » sont à l'évidence dues au fait que cet enfant « à problème » se tourmente à

l'idée que sa maman chérie passe de longues journées seule avec le bébé, oubliant qu'elle a aussi un petit garçon...

Même une fois adulte, celui qui s'est tant ennuyé en maternelle dira qu'il a été très jaloux de sa petite sœur, ce qui l'a empêché d'aimer l'école. Au lieu d'être un enfant doué lésé dans son désir d'acquérir des connaissances, il aura de lui l'image d'un roi détrôné, ressassant amèrement son œdipe frustré.

Si les malentendus continuent à s'accumuler, celui qui en a été si tôt victime souffrira toute sa vie d'un sentiment d'incompréhension impossible à cerner ou à définir.

Une découverte tardive

Il y a quelques décennies, le QI n'était pas véritablement pris en considération. Lorsqu'un enfant était en souffrance et qu'il avait un QI élevé, on se contentait de dire : « Il n'y a pas de problème, il est intelligent », et l'on cherchait ailleurs les causes de ses perturbations. Avec ses capacités, il ne *devait* pas rencontrer de difficultés à l'école, cela serait incohérent, incongru, pour tout dire impossible. Si, en dépit de toute logique, il éprouvait quelques difficultés, il fallait en chercher les raisons ailleurs. Ainsi, un enfant intelligent ne *pouvait pas* être dyslexique, ou bien, s'il l'était, c'est qu'il n'était pas doué. Comme le test rendait compte de ses lacunes et de ses défauts spécifiques, on disait que ses réussites étaient trop irrégulières pour être prises en compte, et l'intelligence tellement spécifique de cet enfant – peut-être – doué restait ignorée.

Le long périple suivi par les enfants doués s'est accéléré ces dernières années, comme en témoigne le nombre croissant de parutions sur le sujet. En fait, l'histoire commence de façon paradoxale : à l'époque où tous les enfants venus en consultation dans un centre spécialisé – et ce, quels que soient les motifs – passaient obligatoirement des tests, on ne parlait pratiquement pas de don intellectuel. Au début des années 1960, il fallait suivre un chemin très protocolaire : entretien de la famille avec une assistante sociale – déjà nantie d'une « fiche scolaire » préalablement envoyée à l'école par le service de consultation –, examen psychologique, éventuellement bilan par une orthophoniste, et enfin consultation médicale, d'allure très clinique, devant l'équipe au complet. Sitôt après, une brève concertation décidait de la conduite à tenir.

Très vite, il apparaissait généralement qu'il n'y avait aucune relation entre les symptômes à l'origine de la consultation et le niveau intellectuel, qu'il s'agisse de difficultés scolaires, de mauvaise intégration sociale, de non-respect des règles ou, tout simplement, d'orthographe capricieuse. Parfois, ce motif était exprimé d'une façon embarrassée qui trahissait bien le trouble suscité chez les adultes par les enfants doués.

Je me souviens ainsi d'avoir vu, à cette époque, un petit garçon que la maîtresse trouvait simplement « un peu féminin ». Elle s'inquiétait pour son avenir. Il s'est révélé être un enfant adorable, pétri de finesse, de délicatesse et capable de mener des raisonnements très élaborés : tant de qualités (féminines ?) chez un petit garçon devaient sembler anormales... Bien entendu, son QI était très élevé.

Une reconnaissance difficile

L'histoire de la notion du QI a connu d'autres aléas : Mai 68 est passé par là. Sous ses apparences révolutionnaires, il a engagé en la matière le processus du politiquement correct. On a commencé à dire que les tests d'intelligence étaient réducteurs et reflétaient un mode de pensée dominé par les notions de classe, de hiérarchie, d'inégalité. Les étudiants n'apprenaient plus à faire passer ces tests, et personne n'y songeait plus comme à un outil de diagnostic, parfois d'un intérêt capital. On privilégia les entretiens avec les familles et l'approche thérapeutique en toutes circonstances.

Il est vrai que tout élément s'inscrit dans l'histoire familiale, mais il est trompeur de chercher uniquement là les causes d'un trouble apparent. Malheureusement, il est souvent arrivé que les manifestations d'une intelligence plus vive aient été considérées comme névrotiques : un enfant au langage élégant, au vocabulaire riche et précis se construirait un système de défense pour masquer sa fragilité trop grande. On ne se demande pas comment il peut parvenir à s'exprimer avec un tel raffinement, on dit : « Il ne va pas bien, il faut le soigner et ses parents avec lui, parce qu'ils ont laissé se développer cette attitude névrotique. » Dans cette optique, toute manifestation *doit* s'inscrire dans un cadre clinique, qui reste à théoriser si cette symptomatologie ne correspond à aucune description connue.

> « On prend un parapluie quand il pleut, sinon on pourrait se mouiller la tête », dit un Lionel de 3 ans. Quand un enfant manie le conditionnel, il le fait spontanément.
> « Maman, je voudrais ces ammonites en chocolat », demande Pierre, 4 ans et demi, admirant dans une boulangerie ces animaux qui lui plaisent et que, merveille, on peut aussi manger sous une forme bien tentante !

Les parents les plus soucieux du développement intellectuel de leur enfant hésiteraient tout de même, semble-t-il, à lui enseigner les finesses du conditionnel et les subtilités des céphalopodes fossiles, à un âge encore bien tendre pour pouvoir assimiler cette complexité.

Jean-Charles Terrassier est ainsi bien isolé quand il fonde son association, devenue ANPEIP, en 1971, et qu'il fait paraître en 1981 son livre au titre toujours d'actualité : *Les Enfants surdoués ou la précocité embarrassante.*

L'AFEP, fondée en 1993 par Sophie Côte, alors principale du collège du Cèdre, au Vésinet, a accéléré le mouvement en intervenant plus souvent à la télévision, dans les journaux, en organisant des colloques et en incitant les collèges à ouvrir, dans la lignée du Cèdre, des classes spécialisées pour enfants doués.

Par bonheur, certains journalistes ont été des enfants doués, et le portrait qu'ils entendent éveille alors en eux des échos peut-être très lointains, mais encore très présents aussi, plus proches même qu'ils ne l'auraient imaginé quand ils ont entrepris d'étudier le sujet. Ils comprennent à cette occasion pourquoi ils ont si longtemps conservé les traces imprécises de quelques blessures, qui auraient dû être cicatrisées depuis longtemps. Ils se font alors les relais zélés du sujet, qu'ils contribuent à mieux faire connaître. D'ailleurs, peut-être guidés par une intuition sûre, ils avaient spontanément choisi une profession qui pouvait, mieux que toute autre, satisfaire leur curiosité d'esprit.

Néanmoins persiste encore, en parallèle à cette écoute attentive, une tendance pernicieuse à assimiler don intellectuel et gavage de connaissances : certaines émissions de TV ont sournoisement mélangé les deux aspects de l'éducation, sans mettre en évidence le fait que les enfants doués n'ont absolument pas besoin d'être poussés pour avancer sur le chemin de la connaissance. Le gavage n'a rien à voir avec les mécanismes intellectuels qui permettent aux enfants doués d'intégrer de façon judicieuse et organisée ce qu'ils apprennent ; au contraire, il stérilise l'imaginaire, ce précieux imaginaire qui fait que chaque individu est unique.

À la passation des tests, d'ailleurs, ce ne sont pas les mêmes items qui sont réussis par les enfants gavés et par ceux qui apprennent pour le plaisir. Les premiers exercent leur mémoire et empilent les connaissances sans en privilégier aucune ; les autres approfondissent avec passion les domaines qui leur tiennent à cœur et en ignorent parfois résolument d'autres, moins attirants à leurs yeux. Il est ainsi très aisé de distinguer l'enfant doué de l'enfant gavé : l'un est curieux d'esprit, et, une fois qu'il est apprivoisé et qu'il se sent suffisamment en confiance pour oser se comporter avec naturel, sans crainte d'être mal compris, il ne réprime plus ses remarques originales et drôles ni ses idées révolutionnaires ; l'autre reste bien conforme et d'une sagesse un peu surprenante.

Enfin, il faut bien évoquer ces journalistes, heureusement de moins en moins nombreux, qui s'obstinent à croire que l'enfant doué présente des caractéristiques extraordinaires, anormales, proches de la pathologie, dont le meilleur exemple serait le calculateur prodige ou celui qui connaît l'annuaire par cœur. Et ils demandent très naturellement au téléphone qu'on leur en fournisse un « spécimen » pour une émission de télévision.

L'enfant et les parents face aux tests

(Arielle Adda)

Faut-il donner les résultats, et sous quelle forme ?

Malgré tout ce qui a été dit, écrit et répété au sujet du QI, les parents demandent encore si le « chiffre » va évoluer avec l'âge, ce qu'il signifie et de quelle manière il faut désormais en tenir compte.

Certes, il peut toujours y avoir des variations, selon l'état d'esprit de l'enfant au moment où il passe le test : fâché avec l'école, il ne fournira aucun effort de réflexion pour répondre à une question d'allure scolaire, par exemple, et, même si l'examinateur constate ce discret sabotage, il est bien obligé de noter comme il convient les réponses données. Si l'enfant bénéficie d'une maîtresse qui l'enchante, cette magicienne réveillera son intérêt, et il aura plaisir à donner les réponses les plus claires et les plus précises. Il y a comme cela des années fastes...

Le seul mot de « test » effraie parfois, comme s'il laissait entendre un verdict implacable qui allait situer l'enfant « testé » dans une catégorie déterminée, où il serait à jamais enfermé. Pourtant, les psychologues répètent à l'envi qu'un test donne un chiffre qui vaut seulement « ici et maintenant », tout comme une photo qui est d'ailleurs aussi appelée « instantané ».

Il est vrai que l'on entend aussi dire que certains psychologues, thérapeutes, pédiatres « ne sont pas pour les tests » ou disent que « ce n'est pas le moment » ; mais ce moment propice risque fort de ne jamais arriver : il y aura toujours un événement contraire, la vie n'étant pas avare de ce genre de circonstance. Naturellement, un enfant en révolte absolue, qui décide délibérément de ne pas répondre aux questions, ou bien de saboter son travail, parfois sous un air très appliqué et avec une apparente bonne volonté, obtiendra des résultats sans rapport avec ses qualités, qui démontreront seulement son malaise et la détermination de son caractère, laissant deviner un potentiel qui reste à mettre en action. La joie de la connaissance est plus attirante qu'une colère rancie : reste à lui faire admettre cette idée.

Certains psychologues hésitent à donner les résultats chiffrés des tests ; il est vrai qu'on peut toujours se demander quel usage va en être fait. Dans des situations de tension, ce chiffre risque d'être utilisé comme une arme de guerre : « Ce n'est pas la peine d'avoir un QI de 150 pour dire des bêtises pareilles ! » « La psychologue devait être complètement ahurie le jour où elle t'a calculé un tel QI ! » « Il a trouvé son QI dans une pochette surprise ! » S'adressant à un adolescent plongé dans le désarroi, par exemple, de tels propos, si stéréotypés soient-ils, sont très nocifs.

Pourtant, il est rassurant pour les parents d'entendre le chiffre précis ; eux aussi connaissent des moments de doute, ils se demandent même s'il n'y a pas eu une erreur. D'ailleurs, certains finissent par avouer qu'ils n'ont pas cru le premier psychologue consulté et ils viennent demander la confirmation d'un résultat qui leur semble bien abstrait et bien théorique, quand ils constatent la scolarité désastreuse de leur enfant.

Le chiffre, impérativement assorti de commentaires explicatifs, leur permet de mieux s'y retrouver. Au lieu de se lancer dans des explications erronées, très éloignées de la réalité, ils ont désormais un point de repère, une sorte de grille permettant de déceler les raisons réelles de cette chute scolaire.

Que doit en savoir l'enfant ?

Il est en revanche préférable de ne pas donner son QI exact à un enfant. Les adultes eux-mêmes s'emmêlant dans ces notions, les enfants risquent de comprendre encore plus mal ce chiffre mystérieux. Tout ce que l'on risque d'entendre, avec la logique d'un élève habitué à être noté, c'est : « 145 sur combien ? » Il est alors bien fastidieux de reprendre les explications. Le dessin de la courbe de Gauss suffit à éclairer les esprits. Il permet aussi aux enfants de comprendre pourquoi il leur est si difficile de trouver des amis : dans cette partie de la courbe, il y a moins de monde.

Ces enfants qui se sont crus fous, débiles, anormaux, sont rassurés de voir qu'ils ne sont rien de tout cela, mais qu'ils ne sont tout simplement pas très nombreux dans ce cas. Les autres, en plus grand nombre, ont alors beau jeu de se moquer de celui qui ne leur ressemble pas. Le bonheur exprimé à l'issue du test constitue une récompense inappréciable pour le psychologue, qui a déjà eu le plaisir de dialoguer avec un enfant ouvert et plein d'humour.

Il devient alors plus facile de nouer des relations amicales, puisqu'on sait désormais où les chercher. Une colonie à vocation scientifique accueille les enfants attirés par ce genre d'activité ou bien ceux que leurs parents espèrent intéressés – tous ne sont donc pas également doués. « Ça se voit ! » dit un petit garçon, et il explique que certains discutent encore après le cours de ce qu'ils viennent d'apprendre, veulent approfondir leur nouveau savoir, en parlent entre eux pour vérifier s'ils ont bien tout compris, se remémorant avec la plus grande précision possible ce qu'ils ont entendu afin de conserver en mémoire des données qui les ont passionnés. Les autres s'empressent d'oublier ce cours un peu ardu et jouent en parlant d'autre chose, exactement comme à l'école, quand la récréation arrive enfin et qu'ils peuvent penser à des choses plus gaies, reléguant au loin l'enseignement austère qu'ils ont été obligés d'écouter. En effet, « ça se voit ».

L'enfant doué est déroutant par nature, et, si l'on oublie sa spécificité, on s'égare inéluctablement ; il ne reste alors qu'un accablant sentiment d'impuissance. L'accablement est tout aussi grand chez l'enfant doué qui a raté une épreuve. Comme il est incapable d'évaluer avec justesse le degré de difficulté d'une tâche, un échec le déroute, puisqu'il ne sait pas s'il aurait dû réussir avec son habituelle aisance ou bien si cette débâcle est justifiée par une difficulté soudainement accrue.

Il est toujours étonnant de constater la tendance des enfants doués à compliquer une situation ; le plus souvent, une épreuve leur paraît si facile qu'ils cherchent le piège, la difficulté cachée, et ils sont terriblement vexés quand, après s'être tristement résolus à reconnaître leur ignorance, ils découvrent qu'ils connaissaient parfaitement la réponse. Quand cette ignorance est réelle, ils retiennent cette question difficile et la posent à tout leur entourage. Répondre à une question très élaborée et très pointue leur paraît naturel, ils n'auraient pas l'idée de s'en vanter, mais échouer est toujours préoccupant pour eux. Leur incertitude est permanente, ils ont du mal à évaluer avec exactitude la portée de leurs capacités, et leur nature souvent anxieuse les pousse à envisager le pire, c'est-à-dire une sorte d'imbécillité congénitale qui les priverait de tout espoir.

Dans ces conditions, il n'est pas superflu de connaître plus précisément ses possibilités ; dans les moments d'angoisse, de dépression, de tourments profonds et de vision noire de l'avenir, le rappel, déjà quelque peu estompé, que l'on possède quelques qualités intellectuelles permet d'entrevoir une lueur au bout du tunnel. L'obscurité n'est plus aussi opaque, le futur pourrait s'éclaircir...

La joie des enfants qui se rencontrent ainsi leur permet de se construire d'eux-mêmes une image plus véridique et plus structurée que celle qui leur était renvoyée en lambeaux incohérents par un entourage qu'ils déconcertaient. Enfin dégagée des malentendus, cette image peut alors laisser apparaître sa finesse et sa complexité sans en être altérée. Quant aux adolescents traversant une période particulièrement sombre durant laquelle rien, absolument rien, n'accroche la lumière, le lointain souvenir du test si bien réussi peut leur apporter un léger réconfort.

La réaction des parents

Des parents pensent que leur enfant sera bien obligé de côtoyer sa vie durant toutes sortes de personnes, certaines ne possédant pas forcément des dons équivalents ; il serait donc préférable de les habituer, dès leur jeune âge, à accepter la diversité de la nature humaine. En fait, le jeune enfant est fragile, vulnérable, trop sensible aux attaques et à l'incompréhension des autres. Un jardinier est plus attentif aux jeunes pousses, surtout quand elles sont d'essence rare. Ayant grandi, plus fortes et aguerries, elles résisteront mieux aux agressions climatiques. Les enfants doués ne doivent pas obligatoirement rester toujours ensemble et ne fréquenter que leurs pairs, mais il est bénéfique pour leur développement de se retrouver régulièrement entre eux dans ces oasis apaisantes.

Il ne faut jamais oublier que les enfants doués craignent par-dessus tout de se heurter à leurs limites. Ils sont généralement d'autant plus anxieux qu'ils ne peuvent se comparer aux autres : un échec, même anodin, peut alors être perçu comme une déroute durable sonnant le glas de leurs capacités ; ils basculent dans un autre monde, leur image se fracasse. Plongés dans une profonde dépression, ils se désespèrent sans voir d'issue à leur malheur.

Quand ils savent qu'ils ont un potentiel plus vaste, ils connaissent moins vite l'angoisse et la désolation, ils arrivent à se dire qu'ils ont simplement procédé d'une façon qui ne convenait pas et qu'il leur faut réfléchir autrement. S'ils se fâchent en prétendant que leur QI « ne leur sert à rien », on peut leur expliquer qu'ils possèdent un atout rare, qui doit seulement être travaillé. Au lieu de s'affliger des obligations qu'on leur impose et qu'on épargne aux autres, ils découvrent qu'ils peuvent connaître des joies plus intenses en s'initiant à de nouveaux savoirs, en explorant des chemins qui ne sont pas ouverts à tous. C'est une clé qu'il faut conserver, elle permet de leur expliquer de façon logique pourquoi ils sont parfois entraînés par la vélocité de leur esprit à réfléchir trop rapidement, si bien qu'ils finissent par commettre étourdiment des erreurs absurdes. Ces enfants étant très sensibles à la logique, il est important de commenter avec eux les résultats des tests, qui rendent parfaitement crédibles les explications qu'on leur donne – et que le travail d'Hélène Catroux vient confirmer.

La réaction de l'école

La crainte fantasmatique de voir ces enfants se pavaner en proclament haut et fort des notes exceptionnelles peut être écartée : un enfant aime se sentir comme les autres, il préfère taire tout ce qui l'en différencie et est même très fâché si l'on parle de son QI.

Ainsi, doit-on parler des tests à l'école ? Tout dépend de l'école, du directeur, des maîtresses, de l'atmosphère générale. Le plus souvent, il est préférable de ne pas mentionner le chiffre précis, mais de rester assez flou pour que les interlocuteurs songent à un QI de l'ordre de 125/130, qui reste dans les limites de l'acceptable...

Un compte rendu détaillé peut aider une maîtresse attentive, mais parfois déconcertée par un enfant qui ne ressemble pas à ses camarades. Son étude évitera les malentendus si fréquents et si nocifs. Dans ce cas de figure idéal, la lecture du compte rendu sera d'une grande aide et aplanira bien des difficultés.

Si la direction de l'école annonce d'emblée que des tests pratiqués par un psychologue « privé » sont sujets à caution, cela signifie que tout le contenu va être mis en doute ; on fera semblant de le discuter, mais la position adoptée au départ restera inébranlable : ces tests sont des attrape-nigauds, on y raconte n'importe quoi, un bon pédagogue sait juger un enfant, et ce n'est pas un texte certes séduisant, mais que n'importe qui pourrait écrire, qui le fera changer d'avis.

Cette position ferme et claire n'est pas toujours annoncée de façon brutale : quand les parents décrivent leur enfant tel qu'ils le ressentent et que la psychologue l'a dépeint, on leur répond : « J'entends bien ce que vous dites, il y a beaucoup de vrai là-dedans, *mais...* » Ce *« mais »* exprime un univers d'incompréhension absolue. Il annonce un discours tout fait, stéréotypé, qui semble préenregistré sur une cassette que l'énoncé de certains mots déclencherait. On ne cesse d'être étonné par la répétition des arguments, toujours les mêmes, que l'on dirait enseignés dans les instituts pour professeurs des écoles. Cela va du fameux

« manque de maturité » à la conviction inébranlable que ce sont les parents eux-mêmes – peut-être à leur insu, mais inconsciemment guidés par leur ambition forcenée – qui ont persuadé un enfant innocent qu'il désirait « apprendre » avant l'heure.

Dans ce cas, il est même inutile de tenter de convaincre quelqu'un qui *ne peut pas* comprendre ce qu'il entend. Le texte du psychologue lui paraîtra un charabia sans signification, destiné à abuser des parents présomptueux et naïfs, prêts à croire des inepties et à payer pour s'entendre dire que leur enfant se situe un peu au-dessus des autres, alors qu'il est bien comme ses camarades ! Leur incrédulité est tellement ancrée qu'elle ne cède pas, même quand l'enfant accepte de lire en présence de ses parents et de sa maîtresse, alors qu'il s'était bien gardé de montrer son savoir en classe. Cette aisance dans la lecture est inconcevable chez un enfant n'ayant pas appris selon les règles, c'est-à-dire selon la méthode semi-globale qui apprend à deviner les mots dans un état de totale confusion. Il faut dire, à la décharge de cette maîtresse rétive, que l'enfant doué n'a jamais montré qu'il savait lire. Et les relations s'enveniment encore quand les parents s'indignent : « Elle ne connaît pas tous ses élèves, elle ne s'est pas aperçue qu'il savait lire ! » C'est que lui voulait être considéré comme ses copains, ne lisant jamais une seule ligne « non autorisée » et se limitant « officiellement » aux prénoms écrits en grosses lettres sur les tables.

Plutôt que d'essayer de modifier sa vision des enfants en imaginant qu'un petit élève puisse rester aussi discret sur l'utilisation de ses dons, le pédagogue averti, et secrètement exaspéré, lancera : « Eh bien, mettez-le dans une école pour enfants doués, puisque vous pensez qu'il est si intelligent ! » Or ces écoles sont en tout petit nombre, et elles n'ont pas de classes de primaire. Autant envoyer les parents errer indéfiniment dans une lande désertique, agrémentée de traîtres sables mouvants pour enjoliver encore leur quête désespérée.

Peut-être ne comprend-on les situations qu'en fonction de son expérience personnelle et du souvenir que l'on garde de son propre vécu, faute de quoi elles restent théoriques et ne suscitent que des réactions stéréotypées, mécaniques. Pour certains professeurs, le désir d'acquérir des connaissances n'existe pas spontanément, il ne peut être que le reflet de l'ambition des parents. Comment des pédagogues peuvent-ils énoncer tranquillement que l'enseignement scolaire est ennuyeux et qu'il est préférable de le retarder le plus longtemps possible ? À leurs yeux, l'enfant ne saurait avoir qu'un désir, *jouer,* et tout le reste l'ennuie à coup sûr ; il a donc bien le temps de s'astreindre à d'assommants exercices, alors que son jeune âge lui octroie encore le *droit* de ne subir que les contraintes essentielles. Le plaisir de la lecture ? Il est complètement oublié tant les contraintes éprouvantes qu'il faut subir pour y accéder seraient ennuyeuses.

Cette évocation semble certes un peu caricaturale : elle ne mentionne pas les circonvolutions dictées par le savoir-vivre, qui, dans la réalité, en atténuent la rudesse. Elle paraît aussi ignorer qu'il existe de merveilleuses maîtresses, compréhensives et attentives, qui laissent un souvenir durable et lumineux à l'enfant doué qu'elles ont si bien guidé. Elles ont même trouvé tout à fait normal qu'il sache lire à 5 ans : elles-mêmes ont lu très tôt, tout comme leur enfant – ce qui n'a pas manqué de leur causer d'énormes difficultés avec leurs collègues, qui ne voyaient plus en elles une consœur, mais une empoisonneuse en quelque sorte passée à l'ennemi. De même, il y a des professeurs qui connaissent le sujet d'autant mieux que leur expérience quotidienne enrichit chaque jour un peu plus leur compréhension sensible et vigilante. Mais il faut bien avouer qu'il s'agit là, encore, de perles rares.

Pour étayer leur défense, les parents peuvent demander conseil aux associations, qui ont une longue expérience de ces affrontements ; parfois, elles fournissent une littérature explicative trouvée sur Internet ou encore des extraits de livres. À la fin de l'année, certaines maîtresses reçoivent en cadeau d'adieu un ouvrage sur le sujet. Le lisent-elles ? Après tout, les vacances sont aussi destinées au repos des professeurs...

La réaction de l'entourage

Reste la famille au sens large. Certains parents n'osent pas évoquer le don intellectuel de leur enfant devant leurs proches : un de leurs frères a malheureusement un enfant difficile, nécessitant une scolarité adaptée, il ne sera jamais comme les autres, son avenir est très limité ; ce serait donc un manque absolu de tact que de mentionner les brillants résultats d'un cousin mieux loti, d'autant plus que ce frère, tellement éprouvé dans la personne de son enfant, a toujours été le préféré de ses parents.

Un tel drame n'est pas systématiquement au rendez-vous, mais l'annonce du don intellectuel d'un enfant peut être comprise par les frères et sœurs comme le règlement d'une très ancienne rivalité. « Tu étais meilleur élève que moi, mais c'était une supériorité fallacieuse, puisque mon enfant est doué alors que les tiens ne le sont sans doute pas... » On ne dira jamais assez les ravages que provoquent à l'âge adulte les traces toujours vivaces des souffrances endurées durant l'enfance, quelle qu'en soit la raison : place inconfortable au sein de la fratrie, caractère difficile de l'un des enfants, etc. Des aînés écrasants, mais qu'il faut respecter, des cadets envahissants, auxquels on pardonne tout, autant de situations pénibles et même douloureuses pour ceux qui en ont souffert dans l'ignorance de leur entourage. Les bagarres entre frères et sœurs sont d'une telle banalité !

Parfois, il s'agit seulement d'un contentieux que l'on ne voudrait pas réveiller en ayant l'air de dire : « Je suis une mère attentive, moi, je vais voir un psychologue pour m'assurer de ne pas passer à côté de quelque chose d'important, je voudrais tant que mon enfant soit heureux... » Discours qui laisse entendre que les parents de ladite mère attentive ne l'ont guère été, eux, qu'ils n'ont pas particulièrement recherché son bonheur.

Évidemment, à cette époque, on ne parlait pas des enfants doués. En fait, on en parlait de façon plus confidentielle : il fallait se trouver déjà dans un environnement propice pour faire passer un test à un enfant. On peut tout de même préciser que, dans les années 1970-1980, c'est-à-dire à l'époque où les enfants doués, devenus ces parents attentifs, allaient en classe, la situation était plus confortable : scolarité dans l'ensemble plus exigeante, saut de classe plus aisé, passage anticipé en CP moins ardu à obtenir, niveau global de l'enseignement plus approfondi, demandant plus de réflexion personnelle, et, pour les derniers passéistes, possibilité de faire du latin *et* du grec.

Rappelons qu'il n'est jamais recommandé de placer les enfants dans la position inconfortable de celui qui doit régler un contentieux comme s'il faisait partie de son héritage. Scrupuleux, appliqués et perfectionnistes comme le sont les enfants doués, ils se croient obligés de prendre à cœur d'anciennes querelles qui ne les concernent pas du tout...

Offrons-leur bien plutôt l'avenir miroitant qu'ils rêvent d'explorer.

L'examen psychologique

(Arielle Adda)

Arrive enfin la date fixée pour l'examen psychologique, date parfois attendue par les parents avec un petit pincement d'inquiétude, peut-être provoqué par le seul mot d'« examen », qui réveille si souvent des souvenirs de cœur battant, d'angoisse, de nuits agitées.

Comment présenter le test à l'enfant ?

Les parents se sont bien appliqués à suivre les conseils de la psychologue : « Tu vas aller voir une gentille dame et tu passeras un moment très agréable, tu feras des jeux, il y a aussi des questions, mais ce ne sont pas des questions ennuyeuses, elles aussi ressemblent à des jeux. Nous sommes très contents que tu puisses aller voir cette dame, elle nous aidera à savoir ce qu'il y a de mieux pour toi. Nous voulons que tu sois heureux à l'école et ailleurs, et elle saura nous donner de bons conseils. » Ils ajoutent : « Tu resteras seul avec elle pendant ce temps. » Et, en fonction de l'âge et de sa capacité à s'inquiéter, ils précisent : « Maman t'attendra dans la pièce à côté. » Ou bien : « J'en profiterai pour faire des courses dans le quartier, ce sera l'occasion de chercher ce jouet, cet objet, ce livre que je n'avais jamais eu le temps d'aller acheter. »

Comment se déroule l'examen psychologique ?

Les parents n'assistent pas à l'examen proprement dit ; il y a toujours un entretien qui le précède, l'enfant ayant alors tout son temps pour se faire une idée de la personne qui doit lui proposer ces fameux « jeux » : il peut regarder autour de lui, juger le décor, l'atmosphère, la façon de parler ; s'il le désire, il fait un dessin, tout en se mêlant à la conversation quand il en a envie. Plus tard, ce dessin devient parfois source d'un sombre drame. L'enfant le donne ostensiblement à sa mère, qui le prend tout naturellement, alors qu'un dessin exécuté dans ce contexte contribue à l'examen et *doit* être conservé avec les autres documents.

Au moment du départ, il faut négocier âprement avec un enfant jusque-là très gentil, bien qu'un peu sur ses gardes, qui plonge soudain dans un état de colère tragique à la seule idée de laisser là son beau dessin, impossible à recommencer une fois chez lui, affirme-t-il avec une violente conviction. La tension accumulée tandis qu'il s'efforçait de se plier aux demandes se libère de cette façon explosive.

Durant l'examen, qui s'étend sur une heure et demie en moyenne, il est souhaitable de laisser l'enfant seul avec la psychologue, parce qu'il est absolument impossible pour les parents de rester neutres en entendant les réponses : ils rient, admirent la perspicacité de leur enfant ou bien s'affligent de son ignorance, et l'enfant quémande plus ou moins implicitement une aide qu'il est bien cruel de refuser... L'examen est donc toujours un peu faussé – dans un sens ou dans l'autre, d'ailleurs.

Généralement, les enfants se sentent rapidement en confiance, ils sont plutôt heureux de se trouver seuls en compagnie d'un adulte qui ne marchande ni ses encouragements ni ses compliments, et ils apprécient comme il convient le goût de la victoire, quand ils ont surmonté une difficulté inhabituelle. Par la suite, ils se souviennent longtemps de ce moment de bonheur : ils aimeraient même revenir pour une autre séance.

En quoi consiste cet examen ?

L'examen comprend généralement deux parties :

- un test de niveau intellectuel WPPSI III, WISC IV, et pour les plus âgés WAIS III, parfois renforcé par d'autres tests, faisant appel à un aspect plus spécifique de l'intelligence, Matrix, Figure de Rey, Dame de Fay, Test du bonhomme…
- une épreuve de personnalité, CAT (*Children Aperception Test*), TAT (*Themantic Aperception Test*), Patte Noire, Fables de Duss pour les plus classiques. Au travers de ce test de personnalité s'ébauche la façon dont l'enfant se perçoit lui-même, dont il vit ses relations avec son entourage et ce qu'il peut déjà projeter de lui-même dans l'avenir. Selon sa propre histoire, d'autres éléments apparaîtront. Le portrait qui se dessine ainsi peut être utile quand il s'agit de prendre une décision : des failles à peine perceptibles viennent à la lumière et indiquent des fragilités insoupçonnées, des sujets d'inquiétude imprévus, comme apparaissent également des certitudes bien acquises, procurant de solides fondations à la construction de la personnalité.

Que faire si l'enfant se ferme ou a peur ?

Seuls les très jeunes enfants, entre 3 et 6 ans, encore bloqués dans la toute-puissance, ne supportent pas cette situation, qui risque de les mettre en péril. Dès qu'ils commencent à hésiter, ils explosent de colère, ils veulent partir sur-le-champ ; il faut d'interminables négociations, assorties de multiples promesses, pour qu'ils consentent enfin à revenir dans le bureau, cette fois accompagnés de leur père ou de leur mère qui saura les protéger, si leur impuissance face à une tâche précise devenait trop manifeste et donc totalement insupportable. Mais la menace d'une nouvelle crise persiste, elle dissuade le psychologue d'insister, sous peine de devoir affronter une colère encore plus forte ; et l'enfant s'en va en ayant l'impression d'avoir remporté une victoire sur cette grande personne empoisonnante, alors qu'il a seulement démontré comment il freinait ses progrès de façon désolante, en refusant d'envisager un éventuel échec. Les enfants doués, dont le langage, tôt acquis, a contribué à renforcer cette idée de toute-puissance, sont, plus encore que les autres, enclins à se figer dans cette situation, avec toute l'angoisse qu'une telle fiction peut provoquer.

On leur explique toujours que ces jeux s'adressent à des enfants beaucoup plus âgés qu'eux, mais que, au vu de leur réussite, il semble qu'ils puissent poursuivre bien au-delà des résultats atteints par les enfants de leur âge : il n'y a donc ni péril ni dommage à tenter des épreuves que l'on sait beaucoup trop difficiles pour eux. Ceux qui ont d'ores et déjà accepté l'idée qu'ils ne possédaient pas un pouvoir absolu et ont compris la valeur de l'apprentissage disent sobrement qu'ils peuvent toujours essayer : ils ont le désir de se mettre à l'épreuve, de relever un défi sans se sentir anéantis par un échec.

Le compte rendu de l'examen

À l'issue de cet examen, les parents reçoivent un compte rendu ou bien viennent en discuter. La présence de l'enfant n'est pas souhaitable à ce moment-là : il est délicat de parler de lui avec des mots qu'il ne comprend pas toujours ou dont il fausse le sens, sans songer à demander des éclaircissements. Plus tard, à l'occasion d'un autre rendez-vous, il sera possible de commenter avec lui ces résultats. En attendant, il en aura un écho par ses parents, une fois qu'ils auront bien assimilé ces commentaires et qu'ils en auront discuté entre eux.

➤ *Exemple de compte rendu d'examen psychologique*

Thaline a 7 ans. Elle est en CE1, ses résultats scolaires sont plutôt satisfaisants, mais elle rêve un peu trop en classe et reste souvent seule dans la cour de récréation.

Cet examen psychologique est destiné à cerner les raisons de cette attitude parfois préoccupante.

Comportement

Thaline paraît très vite à son aise dans cette situation pourtant inhabituelle d'examen, et c'est avec un plaisir manifeste qu'elle aborde les épreuves, sans ménager ses efforts. Au contraire, la difficulté semble la stimuler, elle renforce alors son attention et sa concentration d'esprit, elle peut donc mettre à profit l'apprentissage procuré par les premiers exercices et parvient à surmonter des obstacles plus importants, trop heureuse de ces succès pour en ressentir de la fatigue.

Un sens de l'humour déjà bien développé lui inspire quelques commentaires amusés sur les épreuves proposées : elle ne résiste pas au plaisir de raconter une plaisanterie qu'une des questions lui a rappelée.

Une telle aisance et une telle maturité dans le comportement font vite oublier son jeune âge, tant l'échange est détendu, naturel et vivant. Thaline présente déjà de nombreux centres d'intérêt, sa curiosité d'esprit est sans cesse en éveil, elle goûte avec satisfaction ces moments privilégiés, durant lesquels elle est considérée comme une interlocutrice de valeur.

Il arrive, cependant, que son extrême facilité se transforme tout à coup en piège : abusée par sa grande aisance, Thaline ne s'est pas rendu compte que l'épreuve se compliquait, et elle se sent désemparée face à un obstacle qui lui semble surgir soudainement. Elle sait néanmoins se ressaisir à temps et retrouve son bon rythme de travail.

Jamais Thaline ne se rebelle : au contraire, elle s'applique à conserver une harmonie de relation qui la satisfait pleinement et lui est sans doute indispensable. Trop de froideur risquerait de la figer dans une attitude excessivement réservée, peu propice à la réussite.

Thaline se présente donc comme une petite fille vivante et gaie, soucieuse de perfection, même quand la tâche l'intéresse modérément.

Niveau intellectuel

Le WISC III donne un résultat très supérieur à la moyenne, avec une légère prédominance dans le domaine verbal, où Thaline dépasse souvent la note la plus élevée obtenue par les enfants de sa classe d'âge[1].

Verbal

Thaline fait preuve d'une aisance presque absolue dans ce domaine.

En lectrice assidue qu'elle est déjà, elle possède le riche vocabulaire des bons lecteurs et recherche la définition la plus élégante possible.

L'accès au concept lui est très aisé ; Thaline peut effectuer une approche synthétique d'une situation pour s'en former une idée d'ensemble. Une démarche de cette nature n'est possible que lorsqu'on possède une maturité de pensée bien affirmée.

Son jugement personnel, renforcé par la rigueur de sa logique, lui évite les faux pas : Thaline peut se conduire de façon auto-

1. Au WISC, les notes standard, utilisées en final pour calculer le QI, sont obtenues selon un étalonnage établi sur une population d'enfants situés dans une fourchette d'âge de 3 mois. Quand les notes obtenues à plusieurs items dépassent de plusieurs points la note la plus élevée atteinte par les enfants d'une tranche d'âge donnée, on peut calculer ce que Jean-Charles Terrassier a appelé le *QI compensé,* en évaluant le QI de l'enfant comme s'il avait un an de plus.

nome dans les limites ordinairement fixées aux enfants de son âge.

En arithmétique, elle comprend d'emblée la signification de l'énoncé et ne commet pas d'erreur de calcul grâce à son attention soutenue. Dans ce domaine, où sa clarté d'esprit fait merveille, elle semble surtout freinée par son ignorance de certaines notions qu'elle n'a pas encore apprises en classe, alors qu'elle serait tout à fait apte à les comprendre pour les mettre en pratique.

Les connaissances générales sont très diversifiées, preuve d'une prometteuse curiosité d'esprit.

Thaline a su mettre en œuvre les techniques appropriées pour retenir de longues séries de chiffres : elle possède une excellente mémoire immédiate.

Performances

Thaline est parfois freinée par son souci exagéré de perfection, ce qui lui fait perdre quelques précieuses secondes lorsque le temps d'exécution est pris en compte pour la note finale.

L'esprit d'observation est bien aiguisé et confère à Thaline une appréciable perspicacité.

Le sens de l'orientation dans l'espace est très bien développé : Thaline peut se former une représentation mentale exacte d'une situation. C'est cette qualité qui favorise son aisance en mathématiques : elle peut se représenter immédiatement les données de l'énoncé et, dans le même temps, la séquence des opérations à effectuer. Son esprit de logique lui évite les résultats aberrants. De la même façon, elle sait organiser ses apprentissages, de manière à les retrouver rapidement dans sa mémoire.

Elle est tout autant à son aise en réalisant des puzzles, avec quelques ralentissements provoqués par des vérifications inutiles.

Elle sait classer sans erreur des images selon une séquence logique, preuve de ses capacités d'intégration sociale, mais elle perd parfois du temps pour s'assurer qu'elle n'a commis aucune faute ni négligé aucun détail.

Elle serait un peu moins efficace durant une épreuve où le graphisme entre en jeu : trop soigneuse, trop soucieuse d'éviter les erreurs et ne voulant donc pas se fier uniquement à sa mémoire, elle atteint une note un peu moins élevée.

Durant l'ensemble de cette épreuve, Thaline s'est montrée extrêmement attentive, désireuse de réussir et d'une remarquable efficacité.

Personnalité : TAT

Thaline raconte avec entrain de jolies histoires à partir de planches représentant des personnages.

Ses récits évoquent souvent un univers gai et coloré, où les enfants peuvent explorer sans crainte l'univers qui les entoure, assurés qu'ils sont de la protection sans faille de leurs parents.

Ces parents sont très présents, ils savent guider et instruire leurs enfants de la façon dont on doit se comporter dans l'existence. Ils savent également les rassurer : ces enfants ne sont pas inquiets, ils ont encore de longues années d'apprentissage devant eux avant de devenir aussi forts, sages et savants que leurs parents.

Guidée par son souci d'harmonie, Thaline s'est appliquée à maîtriser les réactions d'irritation provoquées par la maladresse naïve et exaspérante de sa petite sœur. Elle n'oublie pas ses prérogatives d'aînée, mais elle consent aussi à des sacrifices, elle sait réprimer ses exigences et accepter la contrainte, la discipline, les responsabilités. Elle a appris la générosité, et ce serait cet apprentissage, tôt acquis, qui lui aurait, entre autres, permis de développer ses qualités intellectuelles sans s'embarrasser de caprices malvenus.

Thaline a plus volontiers évoqué un univers paisible, propice tout à la fois à l'exploration du monde de la connaissance et à l'établissement de relations affectives chaleureuses, en famille ou entre amies, mais elle révèle aussi la lucidité des enfants mûrs, qui savent que le monde extérieur est empli de dangers, parfois mortels : il convient donc de se montrer prudent, circonspect même, et de se méfier des perfides prédateurs guettant les proies sans défense que sont les jeunes enfants.

Elle sait aussi que des drames peuvent faire brutalement irruption au sein de la famille la plus paisible et s'affole parfois quand elle entend ses parents discuter un peu vivement. Elle a vu des petites filles s'effondrer en même temps que le couple de leurs parents, et sa sensibilité lui a permis de saisir leur souffrance dans toute son ampleur.

Pour le moment, c'est cette extrême maturité d'esprit qui lui rend l'amitié plus difficile : les petites filles de son âge partagent rarement ses centres d'intérêt, elles ne sont pas attirées par les mêmes jeux ni par les mêmes sujets de discussion. Thaline fait figure d'originale, peut-être un peu « anormale », tant elle se différencie des enfants de son âge. Thaline elle-même s'interroge sur sa situation un peu à part, dont elle s'inquiète parfois : pourquoi serait-elle différente des autres enfants, alors qu'elle souhaite par-dessus tout vivre en harmonie avec son entourage et savourer le plaisir complice d'une belle amitié ?

Conclusions

Thaline présente de remarquables capacités intellectuelles qui, en effet, la différencient, peut-être à l'excès, des enfants de son âge.

En classe, sa vélocité intellectuelle lui permet de saisir d'emblée les explications, et elle risque de s'impatienter quelque peu quand l'enseignement devient trop répétitif pour sa rapidité de compréhension. C'est durant ces moments de lassitude qu'elle s'octroie des échappées plus divertissantes dans des univers que sa fantaisie a construits à son gré.

Quand il est question d'imagination, Thaline n'est jamais en reste…

Compte tenu de ses capacités intellectuelles si bien développées, de sa grande maturité d'esprit et de sa vivacité, Thaline bénéficierait d'un saut de classe. Elle pourra plus aisément nouer des relations amicales avec des enfants un peu plus âgés, leurs centres d'intérêt seront plus proches des siens et elle aura davantage l'occasion d'aborder en classe des données nouvelles. Il lui sera très aisé de combler les éventuelles lacunes dans ses connaissances.

Par ailleurs, Thaline serait rassurée si elle pouvait rencontrer des enfants semblables à elle ; elle constaterait qu'ils partagent les mêmes inquiétudes, qu'ils se posent les mêmes questions et qu'ils nourrissent les mêmes rêves.

Sa finesse et surtout sa sensibilité ne doivent jamais être négligées : c'est alors que Thaline pourra épanouir ses précieuses qualités dans toute leur richesse.

Espérons que cet éclairage nouveau sera bénéfique pour ses parents, ses professeurs et, surtout, pour Thaline, qui ne s'inquiétera plus de l'*étrange différence* qui la fait parfois tant souffrir. Cette clé formellement décrite apporte une réponse à bien des interrogations et apaise bien des tourments.

Le WISC IV est plus complexe et fait davantage appel au fonctionnement cognitif et eux capacités de mémorisation, estimant qu'une plus grande capacité à mémoriser des données facilite l'exercice de l'intelligence.

Le « Verbal » ne comporte plus « l'arithmétique », mais uniquement des épreuves fondées sur le maniement du langage. Il peut donc être très élevé chez les enfants doués dont c'est le point fort, accentuant encore la dysynchronie.

Existe ensuite un « Raisonnement perceptif » où se retrouvent les « Cubes » et deux items nouveaux : « l'Identification de Concepts » où il faut trouver l'analogie entre plusieurs dessins parmi d'autres. Il arrive que ces dessins gaiement colorés égarent le raisonnement de l'enfant peu habitué à ce genre de raisonnement.

Le « Matrices » est fondé sur un raisonnement logico mathématique, inductif et déductif. Les enfants doués se plaisent à exercer leur logique, mais ils sous estiment souvent la difficulté de cette épreuve et ne se rendent pas compte que le nombre de variables devient plus important.

La « Mémoire de Travail » comprend la répétition de séries de chiffres et la « Séquence lettres-chiffres », très austère et quelque peu rébarbative. L'arithmétique est devenue optionnelle alors qu'elle constitue une épreuve intéressante et riche de renseignement sur l'attitude des enfants en classe, c'est pourquoi de nombreux psychologues continuent à la proposer.

Elle a même été totalement supprimée au WPPSI III et pourtant il est bon de savoir si les enfants d'âge « pré scolaire » maîtrisent déjà certains mécanismes opératoires, surtout si l'examen est effectué en vue d'un passage anticipé en CP.

La « Vitesse de Traitement » représente un piège qui fait trébucher nombre d'enfants doués. « Code » et « Symboles » ne demandent pas de véritable réflexion personnelle, exigent une attention soutenue et une capacité de mémorisation rapide. Souvent perfectionnistes, les enfants doués privilégient l'exactitude au détriment de la rapidité d'exécution. Les notes s'effondrent donc souvent.

L'« Echelle complète » est la moyenne statistique des quatre notes : la note catastrophique obtenue à cette « Vitesse de Traitement » peut faire baisser cette moyenne de 10 points. Il n'est même pas sûr que notre gentille Thaline aurait pu atteindre ses si beaux résultats si elle avait effectué cette épreuve en totalité.

Reconnaître son don

(Hélène Catroux)

« L'intelligence, ce n'est pas seulement ce que mesurent les tests, c'est aussi ce qui leur échappe. »

Edgar MORIN,
La Connaissance de la connaissance

La manifestation la plus spectaculaire de ce que l'on peut nommer le paradoxe des enfants doués est sans doute, dans le cadre scolaire, que l'élève soit confronté à des commentaires du genre : « Vous n'avez rien compris », « Vous n'avez pas appris », « Vous ne travaillez pas », « Ce n'est pas approfondi ».

Si l'on en juge par la copie, on comprend que le professeur puisse faire une telle déduction : il ne peut évaluer que ce qui est écrit. Mais d'autres hypothèses pourraient être posées à partir des productions de l'élève. Souhaitons qu'après la lecture de ce livre de nouvelles pistes s'ouvrent pour chacun – même si l'on peut aussi penser que la réussite scolaire est envisageable sans l'apport d'un test.

Le problème est parfois ressenti par l'élève avec d'autant plus d'acuité que les parents renchérissent sur les commentaires des professeurs : « Ce n'est pas sérieux », « Il est paresseux », « Il n'est pas autonome », « Il se croit au-dessus de toutes les lois ».

On conçoit que les parents soient déstabilisés, voire anxieux, devant les piètres performances scolaires de leur enfant. Celui-ci ne semble pas conscient des principes du système, qui évalue les capacités et les connaissances en fonction des résultats chiffrés. Ils disent souvent : « Avoir des résultats acceptables ne lui demanderait pas beaucoup d'efforts. »

Quand on sait combien un élève doué met constamment en doute son intelligence, on imagine la dynamique destructive qui s'enclenche quand il est confronté à de mauvaises notes et à ce type de commentaires, qui ne reconnaissent ni son intelligence ni ses connaissances.

Il devient donc urgent de :

- rassurer l'élève doué quant à la réalité de son intelligence et lui suggérer que seul le mode d'emploi est sans doute à revoir ;
- fournir aux enseignants et aux parents une grille de lecture du comportement de l'enfant permettant de le reconnaître tel qu'il est, avec ses ressources, ses besoins et ses différences. Celle-ci éclairera le décalage entre son potentiel intellectuel et ses connaissances, et, d'autre part, ses résultats scolaires.

Qui suis-je ?

Notre accompagnement de l'élève doué dans son contexte scolaire se situe bien au cœur de ce problème : « Suis-je intelligent ? »

Or quels repères a-t-il pour répondre à cette question ? La plupart du temps, uniquement les résultats scolaires et le regard des autres. Et il se sent si souvent différent de ses congénères dans ses intérêts, dans sa manière de poser des questions…

Quand j'écoute certains élèves exprimer ce qu'ils vivent, j'ai vraiment l'image d'une personne qui vivrait dans un pays étranger dont les codes culturels ne se dévoileraient pas. Ainsi l'enfant doué finit-il par se rendre étranger à lui-même.

C'est très déroutant. Il s'interroge : « Qui suis-je ? Comment communiquer en restant moi-même ? Comment changer le regard de moi sur moi et le regard des autres ? »

En partant de ce constat, qui montre tant de désarroi induit par une lecture de résultats scolaires, le test est-il la réponse ? Qu'apporte-t-il ? Dans quelles conditions ? Faut-il tester tous les élèves ? Est-ce la seule proposition à faire ? Et suffit-il, pour retrouver l'estime de soi, d'être rassuré sur son intelligence ?

De la bonne gestion du test

Dans le cadre des consultations, je reçois des élèves différemment atteints, psychologiquement, par ce que l'école appelle « être en échec ». Certains n'ont pas passé de test, d'autres viennent consulter après en avoir obtenu les résultats.

Prenons en compte les élèves qui ont passé le test de QI.

L'entretien débute toujours ainsi : « Tu as passé un test avec M. X ou Mme Y, qu'est-ce que cela t'a apporté ? Qu'est-ce que cela t'a permis de comprendre ? »

Les réponses sont très diverses ; en voici une sélection significative, répartie en deux catégories :

- première catégorie : « Rien », « Je ne comprends pas pourquoi mes parents ont dépensé de l'argent pour ça, je n'y crois pas », « Cela ne m'intéressait pas, alors j'ai fait n'importe quoi », « M. X n'a pas su me donner les résultats car il y avait trop d'écart entre certaines épreuves », « J'ai 140 et je suis le dernier de la classe, je vais redoubler » ;
- seconde catégorie : « Cela m'a rassuré car j'ai été performant », « Je me sens enfin moi-même », « Cela m'a réconforté, mais je ne comprends toujours pas comment changer mes résultats scolaires », « Je me sens mieux, mais maintenant les parents se servent des résultats du test pour me reprocher mes résultats scolaires, alors c'est la guerre à la maison ».

Ces réactions très différentes m'ont évidemment questionnée. À chaque fois, je les ai mises en relation avec, d'une part, l'histoire de la personne – son âge, son parcours scolaire, sa famille – et, d'autre part, avec les types de test – WISC seulement ou TAT (test de personnalité) – et les conditions de passation de celui-ci : comment a été présenté par les parents, par le ou la psychologue, quel compte rendu en a été fait et à qui (enfant, parents, école) ?

Au terme de cette analyse, j'ai pu établir que la présentation du test et son compte rendu étaient des facteurs déterminants quant aux effets de l'évaluation.

Ainsi, un compte rendu consistant seulement en un papier portant une courbe et des chiffres accentue la perception d'être différent et amplifie le questionnement à plusieurs niveaux, de même que les pratiques se limitant à dire : « Vous êtes au-dessus de la moyenne d'une tranche de la population », sans donner de chiffre.

En revanche, j'ai observé que certains élèves ayant été mis, avant le test, dans des conditions leur permettant d'utiliser pleinement leur potentiel et ayant bénéficié d'un compte rendu argumenté sont en mesure, ainsi que leurs parents, de faire une lecture constructive des résultats du test. Ils sont rassurés et entrevoient les solutions pour se repositionner de façon à réussir leur parcours scolaire.

Un éclairage bénéfique

Ces observations m'autorisent à déduire que les tests peuvent avoir une influence très positive. Il semblerait que cette influence se joue dans la capacité, lors du compte rendu, à établir un pont vers l'avenir, afin que la personne « testée » puisse :

- se reconnaître ;
- comprendre certains dysfonctionnements ;
- se sentir riche de sa différence ;
- découvrir des orientations de travail pour opérer un changement dans son comportement intellectuel et affectif, cela afin de pouvoir mieux disposer de ses ressources intellectuclles et émotionnelles.

Les parents bénéficient aussi de cet éclairage, qui va leur permettre de mieux comprendre leur enfant et d'avoir des repères pour l'accompagner autrement.

Il faudrait aussi parler de l'école, qui a besoin de connaître les attentes de l'élève pour pouvoir les prendre en compte. J'insiste sur la nécessité de ce commentaire, car certains enseignants ont réagi très violemment à un document qui était juste la photocopie du test chiffré. Ce chiffre remettait en question leur évaluation de l'élève ou leur donnait des armes pour exiger de meilleurs résultats, parfois de manière très dévalorisante : « Si avec 145 de QI on est capable d'une telle production – 4/20 –, beaucoup d'élèves doivent avoir un QI bien plus élevé. » J'entends aussi : « Le QI ne mesure pas l'intelligence car, dans ma classe, j'ai des élèves dits surdoués qui ne participent pas et n'ont pas la moyenne dans beaucoup de matières. »

Il est difficile de n'être pas déstabilisé par la différence. Les enseignants ont besoin, comme l'élève et les parents, d'être informés, formés. À chaque fois que je peux avoir un contact avec eux, mon écoute de leurs observations, de leurs réactions, suivie d'un échange qui me permet de partager avec eux mes connaissances sur le fonctionnement des élèves doués, donne des pistes pour mieux accompagner.

Mise en place d'une dynamique de changement

Lorsqu'il se situe dans une démarche qui prend en compte la personne dans sa globalité et que ses résultats sont mis en synergie dans les différents contextes de vie (travail en systémie : élève, parents, fratrie, école, société), le test peut être une mise en dynamique de changement. Grâce aux bénéfices du test, l'élève se voit reconnaître le droit d'être ce qu'il est, à tous les niveaux : affectif, cognitif. Il se sent désormais sur son axe, en sécurité, et non plus menacé par l'évaluation scolaire (voir aussi *Reconnaître l'enfant doué,* p. 14).

Il reste vrai que, pour certains élèves, un travail en méthodologie, en orthophonie, voire en psychothérapie peut s'imposer en complément du test, pour mieux répondre aux besoins et permettre un plein épanouissement. Mais, bien conduite, la réorientation, dont le test a montré la nécessité, suffit le plus souvent à retrouver le chemin du succès.

DEUXIÈME PARTIE

Les ressources de l'enfant doué

Une intelligence lumineuse

(Arielle Adda)

Est doué celui qui comprend tout ce qu'on lui dit. Si l'on énonce ainsi, sans l'assortir de commentaires appropriés, la caractéristique première de l'individu doué, il sera rétorqué qu'elle n'a rien de bien surprenant.

Un enfant doué écoute avec attention l'explication qu'on lui donne, il sait qu'il enrichira de la sorte ses connaissances et pourra par la suite les organiser différemment, car ce nouveau savoir s'intégrera dans un ensemble plus vaste, touchant un sujet semblable. Il écoute, il comprend, il assimile, il saura ensuite retrouver ces nouvelles données dans son esprit et les utiliser au moment opportun. Il ne pense pas qu'il connaît déjà le sujet et qu'il est donc inutile de s'encombrer l'esprit avec des explications superflues, dont il peut très bien se passer. Au contraire, il est même plutôt heureux de donner une plus grande cohérence à sa vision du monde en y ajoutant des éléments nouveaux qui répondent un peu mieux aux questions qu'il se pose en si grand nombre.

À l'inverse, celui qui croit savoir a la tentation d'opposer aux explications qu'on lui expose ses propres idées – idées préconçues, stéréotypées, trop floues pour être véritablement utiles, mais qui ont l'avantage d'être un peu familières. On retrouve là une peur de la nouveauté, un refus de l'audace intellectuelle, une paresse de l'esprit, qui préfèrent s'en tenir à des idées courantes – toutes attitudes habituelles chez ceux qui écoutent d'une oreille distraite les propos qu'ils sont astreints à subir.

Une écoute profonde

Non seulement l'individu doué intègre avec un bonheur authentique ce qu'il entend pour la première fois, mais encore il le comprend en profondeur : il pourra l'expliquer à son tour ou, du moins, en discuter avec plaisir, y ajoutant même des illustrations de son cru, parce qu'elles lui seront venues à l'esprit et qu'il les aura gardées en mémoire afin de fixer plus sûrement les informations nouvelles. Son écoute n'est pas passive, elle est en synergie avec le discours qu'il entend, un peu comme s'il l'attendait. C'est ainsi qu'un élève doué saura exposer à ses camarades plus distraits le contenu d'un cours – capacité précieuse qu'un enseignant peut utiliser à la fois pour alléger sa tâche et pour éviter à l'enfant doué l'ennui des répétitions. Présentée avec la diplomatie nécessaire à son acceptation sans dommage pour quiconque, cette aide efficace rend service à beaucoup de monde.

Cette exceptionnelle capacité d'écoute s'exerce à plusieurs niveaux : elle s'applique aux explications quotidiennes telles qu'en fournit un professeur, mais aussi aux sentiments à peine exprimés, aux émotions refoulées que l'individu doué sait entendre au-delà des mots. Savoir écouter constitue un atout considérable : il révèle une disponibilité certaine et, en même temps, une capacité à suivre la pensée de l'autre, en saisissant la démarche de son esprit.

Cette qualité, que l'on pourrait croire équitablement distribuée, l'est bien plus parcimonieusement qu'on ne l'imagine. Elle caractérise les individus doués qui trouvent tout naturel de comprendre ce qu'ils ont entendu, parce que c'est le principe du dialogue. Eux, que l'on pense si souvent d'un contact difficile avec les autres, savent, en fait, bien mieux *entendre*.

Le doute permanent

Une autre caractéristique surprendra tout autant : on ne sait jamais qu'on est intelligent. La caricature, véhiculée – non sans malice – dans l'opinion publique, du surdoué écrasant tout le monde d'une supériorité qu'il pense incontestable est vraiment un fantasme que rien ne vient étayer.

L'enfant doué de qualités intellectuelles particulières distingue avec acuité ses erreurs ; il pense qu'il aurait sans doute pu les éviter s'il avait été plus attentif, plus intelligent ou plus savant. Il n'a qu'une idée très confuse de sa valeur intellectuelle ; en revanche, il voit ses défauts avec une lucidité aveuglante, presque douloureuse, et son souci de perfection est sans cesse mis à mal par le constat de ses faiblesses et de ses manques. Pour lui, ces failles sont insondables, et son aisance pourrait n'être que momentanée.

L'état d'incertitude où il se trouve en permanence le fait souffrir plus que de raison. Il ne sait pas d'où lui vient sa facilité : en conséquence, il pense qu'elle risque de disparaître n'importe quand, et qu'à ce moment-là il n'y aura rien à tenter pour la retrouver. Ce terme, qui lui semble parfois inéluctable, entretient chez lui un état d'anxiété semblable à celui qu'éprouve quelqu'un qui, se sachant irrémédiablement condamné par la médecine, ne peut prévoir quand surviendra l'échéance fatale. Il va répétant « Je suis nul ! » à un entourage perplexe qui ne comprend pas pourquoi il se déprécie avec une telle obstination.

Par bonheur, l'accablement qui le saisit parfois ne bloque pas sa curiosité intellectuelle : les moments de doute si perturbateurs passent ou, du moins, s'atténuent quand il se reprend et retrouve intact son goût pour tout ce qui touche à la connaissance.

À mesure qu'il grandit, il considère avec un émerveillement croissant l'infinie richesse de la Création, tout à fait certain qu'il lui faudrait plusieurs vies d'études assidues pour en connaître une infime partie. Les univers qui l'attirent sont si nombreux et si divers qu'il ne parvient pas à opérer un choix quand on lui demande ce qu'il fera plus tard. « Médecin-aventurier », affirme un petit garçon qui a autant envie de soigner son prochain que de vivre des péripéties inouïes dans des pays lointains. « Photographe de poissons », dit celui que les habitants des eaux du globe passionnent depuis longtemps et qui découvre les joies de la photographie.

Tout au long de la vie, la véritable intelligence se double ainsi de modestie : on a conscience de la somme de ses ignorances, on sait qu'il y aura toujours des domaines à découvrir, on ne dira pas qu'ils n'offrent aucun intérêt simplement parce qu'on hésite à les aborder, pour éviter de donner de soi l'image d'un maladroit naïf. La suffisance est inconnue de ceux qui possèdent cette qualité intellectuelle admirable par son envergure, par sa capacité à pénétrer des domaines secrets, offrant parfois de vertigineuses perspectives que seuls découvrent les aventuriers assez audacieux pour oser pousser leur réflexion au-delà du convenu. Les savants renommés montrent en général une grande simplicité : en vivant dans l'extrême, quel qu'il soit, en étudiant les raffinements de la nature, de la paramécie au cosmos, ils ont appris la réserve, l'humilité, le naturel, ils savent qu'ils ne domineront jamais complètement leur sujet, qu'ils ne seront jamais « arrivés », qu'il y aura toujours une part d'ombre, obscure et mystérieuse, pour leur rappeler l'ampleur du travail restant à accomplir. Ils auront parcouru une petite partie du chemin qui mène à la connaissance, et d'autres, encore inconnus, prendront la relève et poursuivront la route. Une telle conception de soi, de son travail et de sa place dans le temps et dans l'espace ramène à l'ordre et à la raison toute idée de grandeur.

Les lois de l'intelligence

(Hélène Catroux)

L'enfant doué est en proie à une grande incertitude quant à ses capacités réelles et à leur maniement. Pourquoi réussit-il dans certaines situations et échoue-t-il dans d'autres ? Y aurait-il moyen de mieux gérer ce potentiel qui parfois lui fait défaut, de façon chronique ou soudaine, et sans qu'il puisse en rien prévoir ou contrôler le phénomène ? Il est si douloureux de s'entendre dire : « Quand on lit son devoir, on se demande s'il a une intelligence. »

Et la question est bien là : oui, nous avons tous une intelligence à notre service, mais savons-nous l'utiliser d'une manière optimale ? L'apport des neurosciences à la compréhension de notre cerveau permet de placer l'acquisition des connaissances aux racines mêmes de l'acte d'apprentissage. Grâce aux nombreuses études menées sur le cerveau en neurophysiologie[1] et en psychologie cognitive[2] et grâce aux travaux d'Antoine de La Garanderie, qui nous éclairent sur les processus d'apprentissage, nous disposons aujourd'hui de ressources extraordinaires – à condition toutefois d'avoir le bon mode d'emploi.

Pour nous rendre attentifs, comprendre, réfléchir, mémoriser, utiliser ce que nous avons à disposition dans notre propre banque de données mentale, nous mettons ainsi en œuvre des

---

1. Science qui étudie la physiologie du système nerveux.
2. Pour les cognitivistes, l'esprit fonctionnerait avant tout comme un processeur informatique central.

processus mentaux. Les comprendre dans le détail permet de mieux gérer notre intelligence.

Le codage mental

Philosophe, pédagogue, chercheur en sciences de l'éducation, Antoine de La Garanderie a orienté sa recherche sur ce qui se passe mentalement quand nous posons des actes d'attention, de réflexion, de compréhension, de mémorisation. Ses travaux décrivent très précisément les processus mentaux mis en œuvre lors de ces actes et permettent d'éclairer chaque « apprenant » sur les lois de l'intelligence. Ils sont une réelle contribution à la pédagogie du sens, car ils nous décrivent les outils de la connaissance : leur constitution, leur maniement. Personnellement, je lui suis très redevable, de telles ressources permettant – nous le constaterons à chaque chapitre – d'accompagner tant les élèves que les adultes, et plus particulièrement les sujets doués, que le sens fait vivre ou que le non-sens détruit plus sûrement encore que tout un chacun.

Les informations recueillies au cours de nombreux entretiens « profil pédagogique » ont ainsi montré que, pour réussir la même tâche avec un niveau égal de performance, les processus mentaux mis en action pouvaient être différents.

Pour comprendre une lecture, certains ont besoin de mobiliser des images mentales visuelles : des scènes concrètes, des schémas... D'autres s'entendront lire dans leur tête, reformuleront le message. D'autres ressentiront des émotions, des rythmes.

- Les premiers ont utilisé un codage mental *visuel*.
- Les suivants un codage mental *auditif* ou *verbalo-auditif.*
- Les derniers un codage *kinesthésique* soit dans le ressenti corporel, soit dans le mouvement.

Antoine de La Garanderie écrit : « Il n'y a pas de compréhension, il n'y a pas de mémorisation sans "codage mental". Le codage mental, c'est tout simplement les images que nous fabriquons dans notre tête à chaque fois que nous accomplissons un geste mental[1]. » Sans images mentales, nous ne pouvons donc réussir les actes d'attention, de compréhension, de réflexion, de mémorisation.

Grâce à ses investigations, La Garanderie a pu établir que chacun a son profil pédagogique propre : son mode de fonctionnement mental. Celui-ci peut d'ailleurs être différent d'une activité à une autre. Nous sommes tous équipés mentalement pour utiliser les différents codages, mais nous avons pris des *habitudes évocatives*[2], qui pour certaines nous rendent performants, pour d'autres non performants. Or les habitudes peuvent se changer, se perdre et se prendre.

Les travaux de La Garanderie nous permettent donc de :

- mieux comprendre les lois de la vie mentale ;
- savoir quels processus mentaux mettre en œuvre pour être attentifs, comprendre, réfléchir, mémoriser ;
- découvrir quelles habitudes nous rendent performants, quelles autres induisent une non-performance ;
- comprendre comment acquérir de nouvelles habitudes et en corriger certaines ;
- mobiliser les stratégies mentales qui vont permettre de répondre aux exigences de la tâche tout en prenant en compte le codage mental dominant – celui qui va être utilisé en premier et qui va permettre la compréhension. Par exemple : pour apprendre une langue étrangère, c'est seulement sur un évoqué visuel que je vais pouvoir « brancher » du son. Si je veux me rendre capable de comprendre ce que j'entends et savoir m'exprimer avec un accent correct, je dois d'abord me faire une représentation mentale visuelle que je vais prolonger toujours mentalement par du son. Ainsi, dans ma mémoire, l'évoqué visuel va déclencher du son[3].

---

1. Antoine de La Garanderie avec Geneviève Cattan, *Tous les enfants peuvent réussir,* Le Centurion, Paris, 1998, réédition Marabout.
2. Il s'agit de notre type de codage propre, des méthodes personnelles de traitement de l'information que chacun de nous met en place.
3. Par exemple, pour apprendre du vocabulaire anglais, je vois mentalement le dessin d'un cerveau et j'entends, en prolongement du dessin, le mot *brain*.

Pour mieux entrer dans ce processus, voici un petit exercice.

Regardez un objet pour le mémoriser. Vous faites des va-et-vient entre l'objet perçu – étape de perception – et la représentation mentale – étape d'évocation de codage mental. Que se passe-t-il ?

Plusieurs possibilités :

- vos yeux regardent l'objet, qui paraît sur votre écran mental visuellement, en train de se dessiner ou en reproduction complète, fidèlement ou non. On dira alors que vous avez eu un codage mental *visuel* ;
- vous regardez l'objet et vous le décrivez en vous parlant ; et l'objet perçu ne se dessine pas, mais vous pourriez le décrire avec des mots assez précis pour que n'importe qui puisse se le représenter. On dira alors que vous avez eu un codage mental *verbalo-auditif* ;
- vous avez besoin de toucher l'objet et, mentalement, c'est en évoquant les formes – peut-être en vous sentant le dessiner – ou le matériau de l'objet perçu que la mémorisation se fera. On dira alors que vous avez eu un codage mental *kinesthésique*.

On peut aussi trouver des combinaisons entre la perception et le codage mental tout à fait différentes. Il est possible de percevoir sur un mode et de coder sur un autre mode. De même qu'il est possible de prolonger un codage mental par un autre codage mental. Pour revenir au dernier exemple, on pourrait sentir mentalement les formes de l'objet, puis « se les parler » et se sentir le dessiner pour avoir à la fin du processus un bel objet dessiné sur l'écran mental, comme si on le voyait avec ses yeux. On pourrait s'amuser à le faire bouger, à changer de taille...

Il faut savoir que les codages mentaux peuvent être différents d'une activité à une autre, de même que, dans une même stratégie, on peut passer d'un codage mental à un autre. Nous sommes équipés mentalement pour :

– de nombreuses combinaisons entre perception et évocation (étape du codage mental de ce qui est perçu ou mobilisation de ce qui est à disposition en mémoire) ;
– utiliser différents codages lors des différentes étapes dans une tâche : nous pouvons utiliser un codage pour comprendre et un autre pour stocker dans un projet de restitution. Depuis que je sais qu'il est juste pour moi de me laisser comprendre en codant mentalement (sous forme d'images concrètes ou symboliques, ou de schémas) et ensuite de mettre des mots pour me rendre capable de savoir communiquer sur ce que j'ai compris, ma vie est facilitée. Quand j'ai besoin de mots, ma mémoire mobilise les images visuelles qui déclenchent des mots. Maintenant, je sais que, quand je suis en projet d'avoir des mots à disposition, je dois prolonger mon codage visuel obligatoire pour la compréhension par un codage verbalo-auditif pour la mémorisation.

Mieux gérer son fonctionnement mental

Lors d'un entretien « profil pédagogique », on peut découvrir comment mieux gérer son mental. Cela permet au sujet de :

Prendre conscience

– de ses habitudes évocatives : type de codage dans les représentations mentales ;

– de ses stratégies mentales : comment il organise et conceptualise ses savoirs.

Évaluer

– le niveau de performance de ses stratégies mentales en rapport avec son projet de tâche.

Repérer

– les inducteurs des habitudes mentales qui rendent « non performant ».

S'entraîner

– à opérer des transferts de compétences.

Créer

– une motivation opérationnelle au changement, afin de construire un projet de réussite qui prenne en compte la globalité de l'être.

S'orienter

– en fonction de son projet personnel élaboré en adéquation : profil pédagogique et motivation.

Le protocole pour l'entretien profil sera le suivant :

➤ *Explicitation de la problématique et contrat*

Voici le dialogue que j'ai eu avec Noémie (12 ans), lors d'un entretien profil après un temps d'accueil.

> « Quel service attends-tu de moi ? Que souhaiterais-tu savoir à la fin de cet entretien ?
> – Je souhaiterais avoir de meilleures notes au contrôle des leçons.
> – Que se passe-t-il ?
> – À la maison, je sais et, en classe, j'ai de mauvaises notes.
> – Si je comprends bien, tu souhaiterais connaître comment réduire l'écart entre tes connaissances et la restitution de celles-ci.
> – Tout à fait.
> Alors, je dessine en commentant le schéma qui représente le fonctionnement de l'intelligence[1] et je fais la proposition suivante :

1. Voir schéma en fin de chapitre, p. 74.

– Pour que tu puisses trouver quoi faire pour réduire cet écart entre tes connaissances et tes résultats, je te propose dans un premier temps des exercices qui vont te permettre de découvrir : 1) les lois de l'intelligence ; 2) tes habitudes évocatives – si tu as besoin de te parler ou/et de te faire des images visuelles ou/et de ressentir (je reprends le schéma fait précédemment) – qui te rendent performante et tes stratégies mentales de réussite ; 3) les stratégies qui ne te permettent pas d'atteindre ton objectif, qui te font dysfonctionner.

« Dans un second temps, nous pourrons puiser dans tes ressources pour que tu puisses te mettre dans un projet de réussite. Le travail que je te propose n'est pas une évaluation jugeante : tu as le droit d'être ce que tu es, tu es intelligente, mais peut-être que, dans certaines tâches, tu ne déclenches pas la bonne stratégie. Je peux te proposer de découvrir pourquoi et comment tu pourrais mieux te servir de ton intelligence. Ensuite, tu pourras utiliser ou non ce que tu auras découvert, cela t'appartiendra. J'aimerais aussi te préciser que le changement de stratégie peut modifier des résultats sans toucher à notre identité. Alors, prête pour cette aventure balisée ?

– Oui. »

➤ *Prise de conscience et analyse des stratégies mentales en situation d'apprentissage*

Après m'être assurée que la personne qui consulte a compris le but de l'entretien – à savoir mieux utiliser ses ressources pour se mettre dans *son* projet de réussite – et qu'elle est bien positionnée dans la démarche introspective afin d'être *acteur de son changement, son propre médiateur* –, je lui propose des exercices qui vont lui permettre de :

- s'entraîner à évoquer ;
- passer d'un codage à un autre codage ;
- mesurer combien le résultat d'une tâche est induit par le projet qui va mobiliser les stratégies adéquates pour lui faire atteindre son objectif.

Exemple : si je lis un roman pour mon plaisir, les stratégies mentales mobilisées ne sont pas les mêmes que pour une lecture en vue de la préparation d'un séminaire. Si je suis en projet de comprendre, je peux comprendre et ne pas mémoriser le fruit de ma compréhension : je lis un article d'Hubert Reeves sur les trous noirs, je le comprends, mais je ne stocke pas dans ma mémoire des informations précises qui me permettraient de rendre compte de ma lecture, car ce n'est pas mon projet.

« La compréhension est le fruit d'un geste mental parfaitement bien défini par le projet de se donner, redonner en évocations répétées l'objet perçu dans le but de le saisir de mieux en mieux. C'est à la portée de tous[1]. »

➤ *Transfert de compétences*

C'est l'étape la plus jubilatoire, car on est en possession d'une meilleure connaissance de soi et on peut être le maître de son univers (sans pour autant se sentir dans la toute-puissance...) : « Si je le veux, je peux, car maintenant je sais comment utiliser mon intelligence. » À cette étape, le sujet, qui connaît mieux les lois de la vie mentale et qui a conscience de ses « stratégies-ressources », va être entraîné à transférer le processus qui lui réussit dans une tâche vers une autre tâche.

> Éric, 11 ans, dit à cette étape de l'entretien : « Pour le vélo-cross, je repère les formes du terrain, puis je les revis mentalement en voyant, en me sentant sur mon vélo commander les gestes qu'il faut. Pour préparer les contrôles, je peux aussi vérifier que les connaissances sont à ma disposition dans ma mémoire et m'imaginer les questions. La stratégie que j'utilise pour le sport peut servir en classe, ce sont les mêmes circuits dans mon cerveau que j'utilise pour mémoriser mon parcours ou pour mémoriser des leçons. »

Il est nécessaire, avant de proposer le transfert, que le sujet ait estimé le bénéfice ou la perte (moins de temps pour des jeux ou d'autres activités, ou modification du statut dans la famille)

---

1. Antoine de La Garanderie, *Critique de la raison pédagogique*, Nathan, Paris, 1998.

générés par ce changement, ainsi que le prix à payer. Sans ce type de travail, il n'est pas possible d'opérer le transfert, car le sujet ne va pas être dans la décision du transfert, et des « contre-projets » pourront jouer négativement.

Daniel vit un conflit intérieur : il sait que, pour passer en classe supérieure, il doit obtenir de meilleures notes aux contrôles d'économie, mais se mettre dans le projet de réussir les contrôles serait, pour lui, faire croire que le professeur est un bon professeur – ce qu'il est loin de penser. Dans ce cas, outre la stratégie de mémorisation à mettre en place, il est nécessaire d'aider Daniel à prendre conscience qu'il sera la victime de son choix et que ses bonnes notes ne prouvent pas automatiquement la compétence de son professeur...

Émilie est beaucoup aidée par sa mère. Si elle devient autonome, elle ne retiendra plus l'attention de celle-ci, qui pourrait être réquisitionnée par les petits frères... Un accord devra être passé entre Émilie et sa mère pour que le temps libéré grâce au gain d'autonomie soit transformé en un moment à deux non parasité par le travail scolaire.

Au fil de notre réflexion, nous verrons comment des contre-projets peuvent influer sur la compréhension, la réflexion.

Une pédagogie de la proposition

Ce type d'entretien est différent d'un test, car le sujet bénéficiaire se rend conscient de son propre mode de fonctionnement mental, qu'il apprend à maîtriser en fonction de l'objectif qu'il veut atteindre. Les résultats du QI peuvent éclairer, mais ne suffisent pas toujours à comprendre ce qu'il faut changer pour ne plus dysfonctionner. On peut aussi comprendre, désirer changer et ne pas savoir comment faire.

Grâce à la démarche d'Antoine de La Garanderie, toutes les formes d'intelligence sont prises en compte.

Ce type d'entretien peut avoir un effet très positif, car il permet à chacun de se réconcilier avec les ressources intellectuelles qu'il a à sa disposition, de devenir ce qu'il est au plus profond de soi, avec tout son potentiel et en tenant compte des désirs qui l'animent.

Mais il y a une condition à la réussite de la démarche : cette proposition d'optimisation du potentiel intellectuel doit être faite en *démarche introspective.* Autrement dit, nous sommes loin du discours, de l'injonction, de l'explication. Il s'agit d'expliciter la prise de conscience des processus mentaux à l'œuvre dans une tâche précise : le sujet est mis en évocation d'une tâche « spécifique et temporalisée ». Par exemple : « Laisse venir dans ta mémoire un moment précis de ton entraînement de foot. » Ou encore : « Retrouve ton cours de maths, hier, quand ton professeur explique une nouvelle notion. » C'est très différent d'un échange à partir de souvenirs plus ou moins précis ou interprétés.

En prenant conscience de ses propres habitudes mentales (quels processus je mets en œuvre) dans différentes activités, le sujet est acteur. Il découvre et *s'approprie sa propre réalité.* Ce n'est pas l'autre qui lui dit ce que qu'il faut faire, c'est lui qui le découvre. Il passe d'une conduite réflexive consciente médiatisée à une conduite réflexive autonome.

Il se met dans une possibilité de *donner du sens* à ce qu'il reçoit, à ce qu'il émet. Il sait orienter ses efforts en choisissant les stratégies adaptées. Il est dans un projet adapté tant à son propre fonctionnement qu'aux exigences de la tâche.

Cette démarche a un effet très libérateur : « Ce n'est pas mon intelligence qui est en cause quand je ne réussis pas, c'est son mode d'emploi. Je peux, avec un accompagnement approprié et de l'entraînement, changer si telle est ma décision et si c'est écologique (juste) pour moi. »

Alors un possible s'ouvre (nous en aurons différents exemples au cours des chapitres suivants), dans lequel « je suis acteur ». Le chemin de la réussite peut être repris avec motivation car « je peux me mettre dans un projet de réussite et je sais comment atteindre mon objectif ».

Nous sommes dans une pédagogie de la proposition.

LES LOIS DE L'INTELLIGENCE

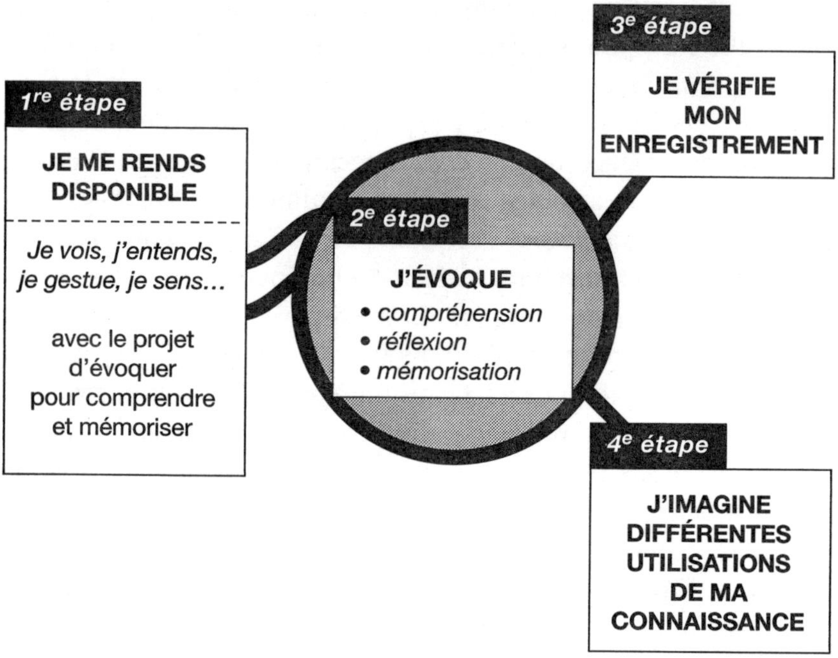

1- *Je perçois* en projet d'évoquer pour, selon le cas : comprendre et/ou mémoriser.
2- Toutes les combinaisons sont possibles entre la perception et ce qui se passe dans notre cerveau :
- on entend, et l'information sonore peut être traduite en images mentales visuelles ;
- on voit, et l'information peut être traduite en images mentales sonores ;
- on ressent une émotion, et l'information peut être traduite en mots ou en images visuelles.

Ces images mentales permettent de produire : compréhension, réflexion, mémorisation.
3- *Je vérifie* le contenu de mon enregistrement (compréhension-mémorisation) en faisant des allers-retours entre ma mémoire et le document.
4- *Je me mets en projet* d'utiliser ce que j'ai compris, enregistré (question-exercices… que le professeur va me proposer). Je m'entraîne à restituer.
Ainsi, je constitue une « banque de données » dans laquelle je peux puiser quand je veux, comme je veux.

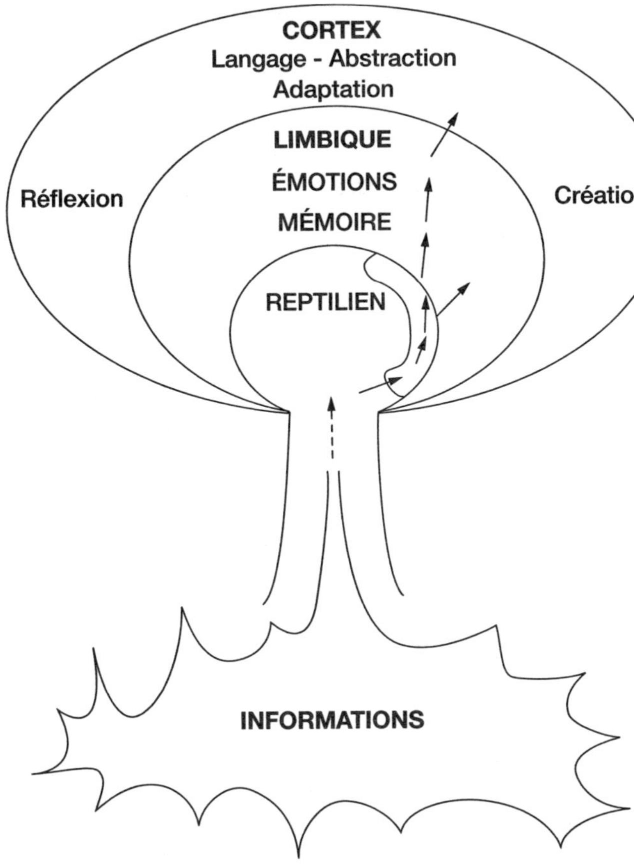

Le cerveau limbique est celui de nos cerveaux qui mémorise le ressenti affectif de nos expériences. C'est le lieu du plaisir, du déplaisir, des émotions. Si l'expérience a été négative, le cerveau cortical connaît des dysfonctionnements qui peuvent aller jusqu'à un blocage total de ses fonctions.

Un rythme mental rapide

(Arielle Adda)

> « Un (autre) inconvénient de l'éducation des collèges est que le maître se trouve obligé de proportionner sa marche au plus grand nombre de ses disciples, c'est-à-dire aux génies médiocres, ce qui entraîne pour les génies plus heureux une perte de temps considérable. »
>
> D'ALEMBERT,
> *Encyclopédie*, chapitre consacré au collège

Lorsque règne la paix, lorsque l'enfant doué se livre à une activité qui lui plaît ou qu'il écoute des explications qui le passionnent, ses interlocuteurs apprécient cette vivacité d'esprit qui lui permet de comprendre d'emblée un commentaire et même, parfois, d'anticiper la suite grâce à sa logique rarement en défaut. Alors, on goûte au plaisir de l'échange vif et concis, sans obligation de reprise ou de répétition de données un peu complexes.

Cette faculté de saisir l'essentiel d'un problème et de le traiter sans s'égarer dans des considérations oiseuses constitue l'un des aspects les plus agréables des enfants doués. Il suffit de s'assurer en cours de développement qu'ils possèdent bien toutes les notions mentionnées et le sens précis de certains vocables rares : emporté par l'élan didactique, on risque en effet d'oublier que les enfants ignorent encore la signification de certains mots plus techniques ou plus précieux.

À l'opposé de cette joie puisée dans l'échange intellectuel, on a parfois affaire à une buse obtuse qui ne comprend pas le plus simple des énoncés, parce qu'il ne signifie rien pour lui : un détail a bloqué la belle mécanique intellectuelle et lui a fait perdre toute efficacité. Plutôt que de s'énerver, de s'inquiéter et d'achever ainsi d'anéantir l'enfant soudainement privé de sa faculté de compréhension, il est préférable de rechercher le grain de sable qui a enrayé un fonctionnement tellement satisfaisant d'habitude. Pour l'enfant doué, la plus belle des constructions s'effondre si le sens qu'elle illustre perd de sa clarté.

On ne répétera jamais assez que l'enfant doué est déroutant ; c'est d'ailleurs pourquoi il est si difficile de l'identifier au sein d'une classe. L'enseignant peut commencer par tenter de le « piéger », si l'on peut dire, en mettant à l'épreuve cette rapidité d'esprit et sa maturité de pensée, dont il fait un usage si discret quand il se trouve avec ses semblables.

Ainsi, l'enseignant se risque à oser une plaisanterie, normalement hermétique pour les jeunes enfants : celui qui semble surpris la première fois et qui sourit largement la seconde a de grandes chances d'être doué. Parfois, cet enseignant, particulièrement fin et attentif, n'aura que cette manifestation d'humour à avancer comme preuve d'un don intellectuel qui fait tout pour ne pas apparaître « en public ». Il aura aussi la satisfaction d'être sincèrement aimé par cet élève et de lui laisser un souvenir ensoleillé d'une année de grâce.

Une vivacité traîtresse

Les manifestations les plus courantes de cette vivacité sont plutôt paradoxales : connaître par cœur une règle de grammaire, mais l'oublier dès que commence une dictée ; donner aussitôt la solution d'un problème et se révéler incapable de décrire les étapes du raisonnement…

Ne pas devoir justifier le résultat obtenu, quel bonheur pour un enfant qui ne sait pas du tout comment il y est parvenu ! La solution s'est imposée à son esprit comme s'il la connaissait déjà et n'avait qu'à la retrouver dans sa mémoire. Tout le monde a l'expérience de ce calcul instantané, mais plus généralement pour de minuscules opérations telles que 3 + 1.

Ces fameuses « étapes du raisonnement » seront plus tard l'ennemi implacable de l'enfant doué, qui les aura longtemps franchies d'un bond en passant directement du problème à la solution – jusqu'à l'effondrement prévisible, quand le raisonnement deviendra indispensable pour la bonne résolution des calculs. Jusque-là, l'élève aura brillamment réussi le concours « kangourou[1] », au grand étonnement des enseignants, qui le pensaient « nul en maths ». L'annonce de cette réussite aura même été parfois différée par ces professeurs incrédules qui, soupçonnant une erreur ou un effet du hasard, voudront charitablement éviter une fausse joie à cet élève médiocre auquel il serait désolant d'annoncer un succès aussitôt démenti...

> « C'est facile, dit Benjamin, coutumier de ces résolutions éclairs, il n'y a qu'à cocher la bonne réponse. »
> C'est une rapidité semblable qui lui fait trouver la réponse à une question jamais abordée en classe, mais dont il a entendu parler et qui l'a intéressé ; il a donc retenu tout ce qu'il a appris de la façon organisée qui est la sienne quand un sujet lui plaît.

Il arrive que cette vélocité de l'esprit se traduise par une agitation incessante, difficile à supporter pour un enseignant. Le cours devient alors un bruit de fond, une « musique d'ambiance » de grand magasin, bruit vague et peu dérangeant qui n'a jamais empêché une conversation. De fait, l'enfant doué bavarde, estimant qu'il en a le loisir puisqu'il connaît déjà le sujet évoqué, à la grande exaspération de son professeur, de plus en plus contrarié par ce perturbateur.

Cette attitude n'est pourtant pas systématique. Ainsi, dans une classe d'adolescents où une très vieille dame enseignait l'histoire de l'art, la plus agitée des élèves l'écoutait avec une ferveur

1. Concours national de mathématiques auquel tous les élèves de France peuvent se présenter dans la catégorie correspondant à leur classe.

qui laissait incrédules ses collègues, accoutumés à voir cette fille turbulente bouger sans cesse, comme pour mieux marquer son désintérêt pour le cours.

Les parents s'étonnent souvent, pour leur part, quand l'école mentionne cette agitation constante : ils ont vu leur enfant rester des heures immobile pour exécuter un puzzle ou une construction aux pièces innombrables, et ce dès son plus jeune âge. Les maquettes d'autrefois, remplacées par les Lego, le tout supplanté par l'omniprésent ordinateur, ont toujours su mobiliser totalement un enfant, ailleurs qualifié d'agité, mais qui réussit ici à merveille, preuve irréfutable de ses capacités d'attention. Et les parents évoqueront longtemps cette attention sans égale pour appuyer leurs dires et défendre leur enfant si mal perçu.

Un élève « papillon »

En classe, ces enfants véloces semblent de fait papillonner : ils comprennent immédiatement une explication, ils réussissent quelques exercices, puis ils se désintéressent du sujet et passent à un autre, tout différent, pour suivre une démarche identique. Ils ne lisent que les histoires évoquant les sujets qui les passionnent et se comportent en analphabètes face aux autres livres. Ils peuvent écrire sans faute quand c'est nécessaire et usent d'une orthographe épouvantable quand ils estiment que cela n'a aucune importance, parce que leur lecteur, inspiré par l'amour qu'il porte au scripteur, ne leur en tiendra pas rigueur. Ils saisissent immédiatement une règle mathématique, mais accumulent les erreurs de calcul quand il faut l'appliquer dans des exercices : du moment qu'ils en ont compris le principe, point n'est besoin de s'éterniser sur un sujet qui devient ennuyeux à force d'être rabâché.

Toute répétition leur semble fastidieuse, même s'ils ne peuvent s'empêcher d'acquiescer quand on leur rappelle quelques lois indispensables pour mémoriser une donnée : par exemple, quand on se fait expliquer la route à suivre dans une ville inconnue, on répète spontanément l'itinéraire – « première à droite, deuxième à gauche… » – à la manière d'une comptine qui guiderait l'arrivant. Il en va de même face à l'énoncé d'un problème : il faut se le répéter pour ne pas en oublier une partie.

Comme on peut le constater, cette approche trop superficielle ne tarde pas à révéler ses dangereuses failles. L'enfant doué ne s'est pas constitué une « banque de données mentale », son seul projet étant de comprendre et non de répondre aux exigences. Hélène Catroux analyse parfaitement ce système de pensée où rien n'est vraiment acquis, tout le savoir étant intégré d'une façon embrouillée qui interdit de retrouver un élément dans son esprit au moment opportun. On sait qu'on a rangé dans un tiroir un élément présentant quelque utilité, mais quel tiroir ? Il est impossible de s'y retrouver dans ce fouillis. Hors de son contexte, qui facilite le mécanisme de la mémoire et l'émergence d'un souvenir, il devient trop difficile de retrouver une donnée isolée.

Une telle incapacité à mobiliser son attention de façon suffisamment intense et approfondie, durant le temps nécessaire pour assimiler parfaitement une donnée et pouvoir l'utiliser à tout moment, même longtemps après qu'elle a été abordée, fait dire que cet élève « distrait » est « trop agité » pour conserver une efficace concentration d'esprit. Sitôt mobilisé sur un sujet, il a déjà envie de passer à un autre, « se dissipe » et « perturbe la classe », tout entière occupée à appliquer les règles nouvellement découvertes dans des exercices certes un peu fastidieux, mais destinés à entraîner l'esprit et à automatiser un type de réflexion. Or l'acquisition de telles techniques, qu'il s'agisse de grammaire, de mathématiques, de logique et de tout ce qui s'apprend en classe pour la vie, est une préoccupation totalement étrangère à l'enfant doué, qui a l'impression qu'il sait déjà tout ça et se révèle hermétique à la méthode.

On peut rapprocher cette attitude de celle des boulimiques, qui ne peuvent plus s'arrêter d'enfourner de la nourriture, avec un sentiment d'urgence de plus en plus contraignant, comme si la nouvelle boîte de biscuits – ou la découverte d'une nouvelle formule mathématique – allait enfin combler ce désir insatiable d'amasser, d'accumuler de plus en plus vite et d'une façon de plus en plus vorace, rendant impossible toute réelle assimilation. On pense aussi à ces lecteurs de romans policiers incapables de contenir leur curiosité et qui ne peuvent s'empêcher de sauter à la dernière page pour mettre fin à un suspense pour eux résolument insoutenable.

La vélocité, don des fées ?

Les dangers de la rapidité mentale non étayée par l'acquisition de méthodes sont encore aiguisés par le fait que, longtemps, l'enfant doué croit, confusément et sans jamais en parler, qu'il bénéficie d'une protection magique lui épargnant les échecs. Les autres doivent travailler, mais cette obligation ne le concerne pas, il est dispensé d'assiduité parce qu'une bonne fée lui a fait le don de la facilité. Dans ces conditions, la loi commune ne s'applique pas à son cas. Pour lui, l'effort consiste seulement à exécuter des tâches ennuyeuses sans tout envoyer promener.

Comme pour le conforter dans cette certitude, il parvient à éviter le redoublement, une grâce spéciale lui permettant de parvenir à de meilleurs résultats à la fin de l'année. Qui plus est, ce phénomène, qu'il ne maîtrise pas, est compris comme une manifestation de bonne volonté.

> « Je ne sais pas comment ça se fait, dit Jean quand il apprend qu'il passe *malgré tout* en seconde, mais chaque année c'est la même chose, au deuxième trimestre on me dit que je vais redoubler, je commence à me faire à cette idée et puis, tout à coup, mes notes remontent et je passe. »

Pour Jean, ses notes remontent d'une façon mystérieuse qui lui échappe totalement ; il est seulement le jouet d'un sort heureux qui s'amuse à le promener de la sorte, sans lui laisser le loisir de prendre son devenir scolaire en main. Le danger est grand s'il pense que finalement le redoublement envisagé était une erreur dans son cas, à cause de sa protection magique, et que l'école s'en est aperçue à temps.

On voit même certains élèves renoncer à toute idée de réussite justement au moment où l'on espérait qu'ils allaient se reprendre un peu et atteindre des résultats honorables. Faute de motivation réelle, l'année suivante sera aussi décevante pour les professeurs qui avaient cru que la peur du redoublement serait salutaire, et, cette fois, il n'échappera pas à cette sanction, dont il croyait être dispensé par une grâce spéciale. On sait combien, d'ailleurs, ce redoublement peut aussi lui être néfaste, puisqu'il a l'impression de connaître le programme et qu'il envisage donc les mois à venir comme une année sabbatique bien méritée. La légère notion d'effort qui subsistait malgré tout finira de se dissoudre dans cette répétition sans nouveauté. C'est pourquoi, si les arguments mentionnant le risque de perte du sens de l'effort l'emportent quand ils sont compris par des pédagogues attentifs, il faut toujours assortir le passage en classe supérieure d'un engagement à travailler de façon satisfaisante, quitte à apprendre en dehors de la classe comment on doit s'y prendre.

Rappelons enfin que, quelles que soient les couleurs douces sous lesquelles il se peint l'année à venir, cette perspective ne l'empêche pourtant pas de s'effondrer dangereusement à l'annonce d'un redoublement, puisqu'il y voit l'amorce d'une perte de son aisance et surtout une modification totale de l'image qu'il avait de lui-même. Jusque-là, le redoublement était pour les autres, ceux qui peinaient parfois à comprendre une explication – pas pour lui.

La démission suicidaire qui s'ensuit va à l'encontre de toute logique et de toute rationalité. Peut-être ces élèves en déroute sont-ils fâchés avec le destin qui leur joue un si mauvais tour, à eux qui en avaient été les enfants chéris durant de longues années ? Ils exprimeraient leur rancune de la façon la plus stupide qui soit, puisqu'ils en sont les premières victimes : leur indicible colère se retourne immanquablement contre eux, le destin se moquant bien de ces réactions dérisoires.

Quand il n'y a véritablement plus d'autre choix, leur orientation scolaire change, ils sont placés dans des classes menant à un circuit plus court, avec la perspective floue de gracieuses « passerelles » qui les ramèneraient sur le bon chemin. Ils semblent alors sacrifier aisément leur avenir, comme si rien de tout cela n'avait réellement d'importance. Ils sont en fait dans un état de deuil profond où ils imaginent s'enfoncer encore davantage, jusqu'à oublier qu'ils avaient nourri d'autres rêves, autrefois, dans une vie antérieure sans doute. Parfois, tout de même, un éclair de lucidité retrouvée leur fait considérer avec effroi leurs actuels condisciples, sans parvenir à imaginer qu'ils leur ressemblent ; et ils se demandent quels sont ces professeurs qui ne savent pas distinguer celui qui a déchu de ceux qui sont exactement à la place qui leur était destinée depuis le début.

Se réconcilier avec soi-même

On espère alors que la reconnaissance du don par un test va permettre d'instituer un peu d'ordre dans ces mécanismes apparemment si difficiles à maîtriser ; mais l'enfant doué a parfois l'impression déjà profondément ancrée qu'il use d'un fonctionnement spécial l'obligeant à suivre un régime différent, que personne ne connaît encore avec précision, lui moins que tout autre.

Comment pourrait-il expliquer ce sentiment qu'il a de se trouver sur un chemin parallèle, sans possibilité de rejoindre la route principale que les autres, tous les autres, ont empruntée naturellement, sans la moindre hésitation et d'autant plus facilement qu'ils n'avaient entrevu qu'un seul chemin ?

La voie solitaire sur laquelle il s'est engagé bien malgré lui ne mène peut-être nulle part, mais il ne veut pas le savoir, puisqu'il pense qu'il n'a pas eu le choix et que maintenant il est trop tard pour rejoindre ses camarades – enfin ceux qui sont encore ses camarades, tant qu'ils ne se sont pas aperçus de sa « déviance ». Quant au test authentifiant le don de manière incontestable, il ne fait que le situer à jamais à part, désespérément différent, toujours ailleurs. Même s'il se plaît à répéter que ce sont des bêtises, que ce n'est pas vrai, la preuve : il n'a pas de bonnes notes en classe.

Désorienté par sa rapidité même, qui l'entraîne dans des chemins qu'il n'aurait jamais songé à emprunter de propos délibéré, lui semble-t-il, l'enfant doué a du mal à se construire de lui une image solide et cohérente. Il lui reste à se convaincre que ces associations d'idées audacieuses, cette originalité de pensée, ces hypothèses inédites, surgies de nulle part, ces images jamais vues – le tout agrémenté d'un humour qui surprendra toujours – président aux découvertes les plus fantastiques.

C'est l'enfant doué, imaginatif, l'esprit traversé de fulgurances éblouissantes, qui découvre les passages, jusque-là restés secrets, vers une plus grande connaissance et une meilleure compréhension de l'univers qui est le nôtre.

Apprendre à gérer la rapidité mentale

(Hélène Catroux)

Si l'enfant doué comprend dans l'instant des notions complexes qui le passionnent, mais peine à appliquer les règles qu'on tente péniblement de lui inculquer, quand il ne fait pas systématiquement des hors-sujet, ce n'est pas, contrairement à une idée trop répandue, par distraction, désintérêt, voire négligence. C'est, encore une fois, son intelligence qui lui joue des tours, et singulièrement l'une de ses composantes : la *rapidité mentale.* Lors des entretiens destinés à établir le profil pédagogique d'un sujet en difficulté scolaire, on peut ainsi observer que, pour certains, les images mentales défilent si vite que le travail d'impression ne se fait pas fidèlement. La compréhension et la réflexion sont parasitées par cette trop grande rapidité mentale.

Comprendre, c'est faire des comparaisons, des déductions, des inductions. Pour y parvenir, il est nécessaire d'avoir à disposition un ou plusieurs « évoqués[1] ». Comment y réussir si l'objet sur lequel je dois focaliser toute mon activité fuit l'espace mental ? C'est comme lire un texte dont les mots bougeraient sans arrêt sans laisser à mes yeux la possibilité de prendre l'information.

Les élèves confrontés à ce mode de fonctionnement font souvent des étourderies, des lectures d'énoncés non fidèles, des enregistrements qui ont du sens pour eux, mais qui ne sont pas justes ;

---

1. Nous entendons par « évoqué » : contenu de l'évocation – un mot, un dessin, le signifié…

ils sautent des étapes dans le raisonnement et dans l'écriture de leurs réponses ou s'égarent dans des considérations fort éloignées du problème posé. Et s'exposent ainsi à des remarques du genre : « Sois plus attentif », « Apprends-tu avec sérieux ? », « Tu dois davantage t'entraîner à ne pas commettre d'étourderies ».

Julie, élève de CP, comprend les lectures quand elle écoute et semble avoir mis en mémoire tous les référents pour réussir à lire seule. Pourtant, elle commet des erreurs et surtout fait des fautes aux mots qu'elle a étudiés. Un bilan orthophonique a diagnostiqué qu'elle était étourdie, mais n'a pas permis de comprendre ce qui, au niveau des processus mentaux, induisait les difficultés rencontrées. Elle m'a été adressée en pensant que cela relevait plus d'un travail en « gestion mentale ». Voici le dialogue que j'ai eu avec elle.
« Pourrais-tu m'aider ?
– Que souhaites-tu ?
– Tu as vu les publicités qui défilent en haut de la tour Montparnasse ? Dans ma tête, les mots vont aussi vite ; alors, je ne peux pas les retenir.
– Quand tu dis "Je ne peux pas les retenir", que voudrais-tu savoir faire ?
– Je voudrais que les mots défilent lentement pour que j'aie le temps de les lire et qu'ils s'impriment. »
En l'écoutant, je fais l'hypothèse que le mot dont elle veut retenir l'orthographe s'écrit bien sur son écran mental, mais en défilant trop vite pour qu'il lui soit possible de le lire. Pour vérifier cette hypothèse, je lui propose d'évoquer un film. Elle observe que les images qui apparaissent sur son écran mental vont plus vite que sur l'écran de télévision : « Je n'ai pas le temps de les voir. » Je lui propose alors d'imaginer une télécommande qui permettrait de ralentir le mouvement. Après quelques essais, elle parvient à induire le rythme qui lui convient. Suite à différents exercices du même type, je lui demande d'évoquer un stylo rouge et un stylo vert que j'ai déposés sur une feuille blanche. Elle est très concentrée dans le désir de réussir à faire exister la représentation des stylos comme une photo. Elle observe que les stylos s'agitent et disparaissent de son écran mental : « Ils ne veulent pas m'obéir. » Je lui propose de mettre chaque stylo dans un cadre qui le contraint à rester dans la position désirée : elle dessine les

cadres sur son écran mental, puis place un stylo dans chacun d'eux. Nous faisons le transfert de la procédure pour les lettres, et ainsi, peu à peu, les mots s'écrivent sur son écran mental dans une position et un rythme qui lui permettent de les lire sans difficulté. Julie étant très consciente du phénomène, quelques exercices ont suffi à la rendre capable de réguler son rythme mental.

Sylvie, 25 ans, vient consulter pour trouver une solution à ses problèmes de lecture et d'orthographe. Elle a pu observer que « les mots dansent, se déforment sur [son] écran mental » quand elle lit ou quand elle écrit. Grâce à un travail en démarche introspective (voir plus haut *Les lois de l'intelligence*, p. 64), elle peut observer que ses images mentales entrent quelquefois en collision et se superposent, ou que brusquement le mot s'écrit en décalé sur plusieurs lignes. Le même phénomène se produit quand il s'agit de stocker l'information pour constituer sa banque de données mentale, où tout s'embrouille.
Grâce à des exercices de perception-évocation en démarche introspective mettant les objets perçus dans un cadre mental qui les dompte, elle parvient à se « reprogrammer » :
« Peux-tu imaginer un cadre qui ait juste la mesure de ton mot ?
– Oui.
– Maintenant, tu écris mentalement ce mot.
– Oui.
– Il tient bien dans le cadre ?
– Oui.
– Peux-tu l'épeler en le lisant sur ton écran mental (cela pour vérifier l'orthographe, la lisibilité et amplifier le phénomène d'ancrage) ? »
À la suite d'exercices de ce type de plus en plus complexes – gestion de plusieurs mots, de schémas avec des mots, de BD, toujours en travaillant directement sur l'écran mental –, peu à peu les informations se positionnent mentalement de manière à être lisibles, classées dans le projet d'être retrouvées très vite. Progressivement, Sylvie acquiert des compétences au niveau de l'écriture mentale et sent qu'elle peut se fier à sa mémoire bien rangée.

La prise de conscience qu'un rythme mental trop rapide est à l'origine d'une dyslexie avérée constitue souvent une découverte bouleversante. Bien sûr, d'autres causes peuvent induire la dyslexie.

Réguler son rythme mental

Les professeurs disent : « Il interprète », « Il veut toujours avoir raison », « Sa prise d'informations est trop rapide », ou « Il est trop paresseux pour écrire, il est lent », « Il n'aime pas écrire, alors il écrit n'importe quoi », « On ne peut pas comprendre ce qu'il écrit car c'est illisible », « Il saute des mots ».

Cette dernière remarque est tout à fait justifiée, et le drame est que l'auteur de ce méfait ne peut même pas s'en rendre conscient, puisque, quand il se relit, sa pensée prévaut sur son écrit.

En fait, que se passe-t-il mentalement ? Les idées s'associent à très grande vitesse, et la main qui écrit est d'une trop grande lenteur pour suivre le rythme de la pensée. On peut imaginer dans quel dilemme est l'écrivain quand il est soumis à cette dyssynchronie (voir, plus loin, *Un esprit sain dans un corps sain*, p. 185). On rêverait d'un ordinateur qui accorderait l'écriture au rythme de la pensée : très souvent, le stylo est en retard de deux lignes sur celle-ci. Comment ne pas sauter des mots, des nombres, comment ne pas commettre des étourderies dans une telle situation ?

Martin, élève de terminale S, est depuis de nombreuses années pénalisé quand il doit formuler par écrit sa réflexion, restituer ses connaissances. Il a consulté des orthophonistes qui lui ont permis de régler en partie sa dyslexie, mais il reste cet inconfort du choix entre raisonner et écrire. C'est une psychomotricienne qui lui a recommandé de me consulter.

Je suis impressionnée par sa motivation pour trouver une solution à ses difficultés. Il a pensé à se laisser réfléchir (il est capable de résoudre en quinze minutes un énoncé de maths de terminale scientifique), puis à se parler et enfin à écrire. Lorsqu'il me décrit sa stratégie, j'imagine une main qui n'est pas commandée. Je vérifie mon hypothèse en lui faisant expérimenter de se mettre dans le projet de dicter à sa main :

imaginer sa main en train d'écrire. « Tu peux sentir (son codage mental dominant est kinesthésique) ta main écrire les mots qui traduisent ta pensée. Comme si tu dictais à ta main. »
C'est une révélation : « Je crois que, cette fois, j'ai une piste pour *synchroniser ma pensée et l'écrit.* »
Je précise : « Je te conseille de continuer à résoudre à ta vitesse sans te laisser perturber par le rédactionnel. Ensuite, tu te mets dans le projet de rédiger, tu déroules ton raisonnement en te parlant sous la forme exigée, comme si tu dictais à ta main. »

Réguler le rythme mental dans son acte de compréhension et de réflexion pour passer à l'écrit peut se faire en se parlant : je pense, je parle, j'écris...

En mathémathiques, cette proposition de « parler la procédure » pour appliquer supprime un grand nombre d'étourderies causées par le fait que la pensée est déjà au bout de la ligne quand le stylo n'est qu'au début. Cette régulation peut aussi s'obtenir par impulsion du mouvement de l'écriture influençant le rythme de la pensée. On dit en effet souvent que le mouvement de l'écriture ralentirait la mise en mots de la pensée, alors que c'est souvent le phénomène inverse qui se produit : la pensée dans son rythme ne prend pas le temps de traduire en mots « parlés », et la main qui voudrait écrire est emportée dans la rapidité, qui ne lui laisse pas la possibilité de former les mots. Mettre l'étape « traduire la pensée » en mots parlés programme l'écriture en régulant la rapidité.

Ces dernières propositions – se parler les procédures – sont particulièrement adaptées aux situations d'application[1].

---

1. La stratégie qui induit le raisonnement n'est pas la même que celle qui induit l'application. Selon la théorie d'Antoine de La Garanderie, et conformément à sa formulation pour le lexique du livre d'Armelle Géninet, *Mathématiques*, 5/4 Nathan, Paris, 1998, voici les définitions que l'on peut donner de ces termes clés :
Appliquant : est dit appliquant le sujet pour qui comprendre c'est avoir le projet de saisir le rapport entre une loi, une règle, une formule et la façon de s'y prendre pour les utiliser comme il faut.
Expliquant : est dit expliquant le sujet pour qui comprendre c'est avoir le projet de saisir le rapport entre une loi une règle, une formule et les raisons qui les fondent.
Projet mental : à l'origine du geste mental, il faut mettre le projet, c'est-à-dire le pouvoir d'anticiper le déroulement du geste et du but qu'il vise à atteindre.

J'ai en effet pu constater que de nombreux élèves doués avaient un codage mental dominant kinesthésique : c'est le mouvement qui permet les associations, les liens, les déductions. Quand la machine tourne trop vite, c'est la catastrophe. Il n'y a plus de pilote dans la machine, qui s'emballe.

La problématique est différente en ce qui concerne les exercices d'expression écrite tels que la rédaction et la dissertation.

Beaucoup d'élèves aiment confronter des idées, émettre des hypothèses. Mentalement, ce travail s'articule très bien, mais quel est l'intérêt de passer à l'écrit pour être corrigé, en s'exposant de surcroît à un jugement ne laissant aucune place à l'interactivité ? Sans parler du fait que l'exercice va demander un travail colossal : marquer un stop dans son processus de pensée, le « redérouler » et l'écrire mot par mot.

Pour des personnes au codage mental dominant visuel, c'est particulièrement pénible, voire « anti-identitaire » : le mot n'est pas chez elles le moteur de la compréhension, les raccourcis saisissants se multiplient, induisant une non-compréhension. La pensée est ici dans l'espace, plus que dans le déroulement du temps. Il est alors urgent de placer le scripteur dans l'optique du plaisir d'être lu, de partager ses idées, de faire connaître ses opinions – d'être compris, reconnu. Dans le cadre scolaire, pouvoir exprimer en mots ses analyses et restituer ses connaissances est évidemment de première nécessité.

Chez ceux qui ont un codage mental dominant verbal, l'élaboration de la pensée se faisant en parlant, l'écriture peut mieux se réguler, mais elle sera parfois quasi illisible, car la main n'aura pas le temps de dessiner les lettres. En attendant l'ère de l'ordinateur écrivant sous dictée vocale…

« Cet élève excelle au surf ! »

Que lit le correcteur sur la copie pour se permettre une telle remarque ? Et que ressent l'élève faisant l'objet d'une évaluation exprimée de cette manière ? Enfin, quels sont les processus mentaux qui ont induit une production méritant un tel commentaire ?

En clair, l'allusion au surf signifie que cet élève n'approfondit pas. Il peut même être taxé de superficiel.

En fait, je trouve cette expression on ne peut plus adaptée à la réalité : de même que le surfeur doit savoir se laisser porter par la force et la forme de la vague pour se déplacer, la pensée se produit grâce à la mobilité induite par le rythme mental. Ralentir, marquer des pauses serait déstabilisant ; il n'en reste pas moins vrai qu'un approfondissement à certaines étapes de l'acte de compréhension s'impose.

➤ *Que proposer ?*

Rester dans l'équilibre, porté par le mouvement, mais en faisant presque du sur-place pour prendre conscience de l'élaboration de la pensée, se questionner, goûter le fruit de la compréhension, de la réflexion, y prendre plaisir en sentant combien cet approfondissement est enrichissant. Tout l'art est de savoir le faire sans se laisser déséquilibrer.

À la lecture d'un texte, il faut ainsi s'efforcer de « laisser à ses yeux le temps de prendre l'information ». Après avoir lu au rythme adéquat pour que la compréhension se fasse, prendre le temps de se demander « Qu'ai-je compris ? », puis relire pour vérifier si la première lecture est « fidèle » ou s'il faut la corriger ou la compléter.

Cette proposition ne pourra se faire qu'au cours d'une recherche de solution et après avoir pu analyser la cause de l'erreur.

➤ *Le rythme juste*

Il faut néanmoins veiller à ce que, par méconnaissance des réalités du fonctionnement mental, certaines propositions pédagogiques ne fassent pas un effet de « croche-pied mental », en déstabilisant le sujet. Ainsi, c'est la réaction d'une élève qui m'a fait prendre conscience que ma formulation « stop » n'était pas juste :

« Je comprends ce que vous voulez dire quand vous me proposez de faire un stop mental pour vérifier ou prendre conscience de ce que j'ai compris, mais, si je fais un arrêt, je tombe. »

Cette élève m'a permis de corriger ainsi ma proposition : « Laisse à ton intelligence, *dans le rythme qui est juste pour toi*, le temps de vérifier, de... » S'il est une expression à ne jamais utiliser avec les enfants doués, c'est : « Ralentis... »

« Vous êtes hors sujet ! »

Cette même vague qui fait surfer peut aussi faire subtilement dériver vers un hors-sujet : les idées s'enchaînent avec logique, mais l'objectif est perdu de vue. Dans ce cas, c'est encore la rapidité qui mène la danse, jusqu'à quelquefois créer un vertige faisant perdre tout contact avec la réalité.

Après avoir cherché avec l'élève ce qui conduit au hors-sujet, je propose :

➤ *Travail de lecture d'énoncé*

- Lire l'énoncé pour comprendre, puis trier ce qui est de l'ordre des informations et ce qui est de l'ordre de la tâche.
- Relire l'énoncé pour vérifier si la lecture est fidèle, en se mettant bien en projet de comparer le résultat obtenu à la première lecture et le texte de l'énoncé.

➤ *Avant de passer à l'écriture*

Prendre un temps en toute liberté pour laisser venir les idées et, ensuite, en faire une sélection en les confrontant avec le sujet. Il me semble important de respecter le rythme d'association des idées en écrivant de manière très brève chacune d'elles sur un Post-it, par exemple, dans la perspective de les sélectionner en fonction du sujet (certains disent en effet « perdre les idées »). Ordonner ensuite les idées en déplaçant les Post-it fait gagner du temps (je n'ai pas besoin de réécrire). Procéder ainsi étape par étape – les idées, la préparation à l'écrit, puis la phase de rédaction – permet de programmer mentalement la stratégie qui prend en compte le respect de son propre rythme et les exigences de la tâche.

➤ *Pour rédiger*

La solution est de se mettre dans une programmation mentale qui balise la pensée, en se disant : « Dans ce paragraphe, je souhaite que mon lecteur comprenne... », « Je veux montrer que Victor Hugo est contre la peine de mort... », « Les prises de position des États-Unis en la matière montrent que... ».

Ainsi, l'enchaînement des idées à un rythme propre à la personne pourra se faire en toute liberté, sans trop de risques de déviation par rapport à l'objectif de la tâche : la mise en projet, au début de chaque paragraphe, pour le passage à l'écrit va guider la pensée, la réguler.

Les situations que j'ai choisies sont les terrains propices où le « virus » de la rapidité mentale frappe le plus couramment. On pourrait en trouver d'autres, par extension. Il faut toujours se souvenir que seule une observation attentive des processus mentaux permet une lecture de la réalité.

Puisse chaque élève avoir les clés de lecture des commentaires du correcteur, afin d'être en mesure d'*auto-réguler son rythme mental* sans tomber dans une dépression (qui peut induire la chute, si on suit la métaphore du surf, voire un blocage) ! On peut aussi espérer que de tels éclairages inspirent une formulation différente des annotations du professeur. L'évaluation « hors sujet » reste juste, mais un entraînement peut être proposé pour « piloter à la bonne vitesse ».

Synchroniser rythme de pensée et écriture

Lors des consultations, les élèves manifestent beaucoup d'intérêt pour comprendre, au niveau de la programmation mentale, ce qui induit des erreurs lors du passage à l'écrit. Une très grande libération se produit lorsque la personne réalise que c'est elle qui pilote son intelligence.

> À la fin d'un entretien dont l'objectif était de trouver comment mettre en place cette synchronisation, Victor, élève de seconde, s'exprime ainsi : « Il est juste de laisser mon intelligence aller à son rythme pour comprendre. Si je suis dans l'obligation de passer par l'écrit pour rendre compte de ce que j'ai compris, ou restituer mes connaissances, je sais maintenant quelle stratégie mobiliser pour prendre en compte ces deux réalités : le rythme rapide de mon intelligence et le rythme de l'écriture. »

Oui, avec quelques réglages, on peut, tout en gardant les bénéfices d'une intelligence vive, gérer : la synchronisation entre rythme de pensée et rythme d'écriture ; l'équilibre entre richesse des associations d'idées et respect du cap de navigation.

L'enfant qui interrogeait le monde...

(Arielle Adda)

Curieux insatiable, l'enfant doué manifeste un désir de savoir parfois difficile à gérer pour ses parents, qu'il submerge de questions incessantes. Ceux-ci, toujours partagés entre leur désir d'être de *bons parents*, le plus disponibles possible pour alimenter cette curiosité, et leur fatigue à se trouver ainsi interrogés sur mille sujets, découvrent même, à cette occasion, des questions qu'ils n'avaient jamais songé à se poser. Peut-être leur étaient-elles venues à l'esprit, d'ailleurs, mais il y a bien longtemps, à une époque où ils étaient encore assez naïfs pour attendre une réponse. La sagesse a pris le dessus depuis tant d'années qu'ils ne savent même plus si, eux aussi, avaient tant désiré connaître et comprendre les mécanismes de l'Univers.

Maintenant, ils ont un enfant qui veut toujours accéder au sens de ce qui est, en comprendre l'origine, le processus, les conséquences et les prolongements, comme s'il devait remplir toutes les cases d'un immense jeu qui représenterait l'ensemble de la connaissance humaine.

Où ? Quand ? Comment ? Pourquoi ?

Contrairement à ce que les tenants de la toute-puissance aiment à avancer, il ne s'agit pas, chez cet infatigable questionneur, d'orgueil ni du désir de tout maîtriser – y compris les lois de l'Univers –, mais seulement d'un besoin d'ordre et de cohérence : l'enfant doué peine à s'accommoder de lacunes dans les explications, d'assertions sans démonstration, de formules dont on ne lui livre pas la signification. Il hait l'axiome. Il lui faut un enchaînement logique aboutissant à ce résultat-là et pas à un autre, parce qu'il ne peut en être autrement. Il a appris que l'eau est composée de deux atomes d'hydrogène et d'un d'oxygène, mais pourquoi ? Et comment cela se fait-il qu'elle soit liquide ? Ces formules de chimie où lettres et nombres s'ajoutent, au hasard semble-t-il, l'exaspèrent. Et ce ne sont pas les quelques pauvres expériences pratiquées en classe qui vont lui apporter une réponse satisfaisante. On voudrait qu'il s'astreigne à apprendre par cœur des symboles qui se comportent selon leur bon plaisir, sans que quiconque puisse lui donner une vision d'ensemble cohérente et logique, uniquement parce que c'est au programme ? Impossible.

Tant qu'on ne lui aura pas donné d'explications à ces phénomènes, il se tourmentera, s'étonnant qu'il y ait encore tant de mystères non résolus. « Il y a encore beaucoup à faire dans l'exploration du monde, pense-t-il, déçu. Pourquoi ne s'en préoccupe-t-on pas ? »

Cette attitude critique surprend et irrite les pédagogues et, surtout, les parents, désarmés devant un enfant qui refuse d'apprendre « par cœur » du moment qu'il a compris de quoi il s'agissait. La persistance de ce refus décourage les meilleures volontés, surtout quand il faut s'attaquer aux tables de multiplication, par exemple, apprentissage qui tourne parfois au cauchemar et use la patience la plus aguerrie. En effet, pourquoi se fatiguer à apprendre par cœur des nombres que l'on peut très facilement retrouver par soi-même, avec un minimum de raisonnement ? L'enfant doué entend ces nombres défiler comme dans une berceuse et ne pense même pas à user de la moindre concentration d'esprit pour retenir cette mélopée. Finalement, à force de persuasion et en gage de bonne volonté, l'élève accepte docilement de mettre en œuvre son excellente mémoire, et il récite cette table sur un rythme entraînant. Mais le lendemain, face à l'énoncé d'un problème, il a tout oublié et il faut à nouveau lui expliquer la nécessité de connaître sur-le-champ combien font 6×8 sans se plonger dans d'interminables additions.

Ce seul exemple illustre bien l'aversion de ces enfants, quand il leur faut *apprendre par cœur*, procédé qui, à leurs yeux, vide les mots de tout sens. Démontrer les bienfaits des automatismes est parfois ardu quand on s'adresse à un enfant têtu, qui en est encore aux balbutiements des apprentissages, autrement dit qui n'a pas encore rencontré de véritables obstacles : il pense donc qu'il n'a pas besoin de ces béquilles que sont les phrases toutes faites stockées dans un coin de son cerveau pour les y retrouver sans peine au moment opportun.

En contrepartie de cette obstination dans le refus, l'enfant doué fait très tôt preuve de remarquables qualités de logique, en accord avec sa pensée claire et rigoureuse. Un raisonnement qui s'effiloche en postulats flous l'exaspère. Si, justement, il parle aussi bien, c'est parce qu'il a très tôt privilégié la précision de l'expression, afin que sa pensée soit bien comprise et que le dialogue puisse rapidement devenir intéressant et enrichissant. Un déroulement rigoureux de la réflexion évite de s'égarer dans des impasses d'où il est difficile ensuite de s'extraire, parce qu'on s'est si bien perdu en route qu'on ne sait plus où l'on en est ; n'importe qui, alors, peut survenir, paré des attributs du sauveur, et imposer les idées les plus folles ou les plus dangereuses.

L'enfant doué apprend très vite à discerner des prémisses erronées : il ne sera pas longtemps dupe d'un discours fumeux, confus, mal construit.

C'est pourquoi il est tellement exaspéré quand il doit apprendre un simple résumé sans qu'on justifie les données enseignées. Il s'agace de devoir apprendre un fait historique sans savoir quels événements l'ont annoncé et préparé ; il a l'impression qu'on ne lui découvre qu'une petite partie de l'affaire, soit qu'on le pense encore trop jeune pour avoir une vision d'ensemble, soit qu'on imagine que ces éléments, trop austères ou trop subtils, ne l'intéresseront pas.

Les mathématiques paraissent mieux lui convenir : tout s'y enchaîne d'une façon stricte, rassurante pour lui, puisqu'il comprend d'emblée ce fonctionnement, mais, même dans ce domaine, des professeurs têtus ne répondent pas à toutes ses questions.

Laurence, 11 ans en cinquième, découvre l'algèbre. Elle interroge son professeur sur les signes + et – différenciant les nombres positifs des négatifs : à ses yeux, dès lors que les seconds sont signalés par un –, il ne sert à rien d'ajouter un + aux premiers qui, par défaut, sont positifs. L'assertion laconique du professeur – « C'est comme ça et puis c'est tout » – ne la satisfaisant pas, elle insiste sur le fait qu'il doit y avoir une raison à ce « pléonasme mathématique ». À bout de nerfs, et sans doute déstabilisée par une question qu'elle ne s'était jamais posée, l'enseignante répondra par une punition sanctionnant l'insolence de la questionneuse impénitente. Longtemps, Laurence se souviendra de ce qu'il en coûte de montrer trop de hardiesse dans sa quête de sens.

Ce besoin de cohérence est essentiel pour un enfant qui s'applique à se construire du monde l'image la plus fidèle et la plus véridique possible. Il sait bien qu'il ne peut pas tout comprendre, mais il en a un tel désir ! Plus tard, quand il sera grand, plus libre de ses mouvements, il ira voir de ses yeux les volcans aux colères magistrales, les merveilleux fonds sous-marins et les terrifiants varans de Komodo. Alors, il aura du monde une vision plus précise et plus complète, il éprouvera, par lui-même, la tectonique des plaques, le jaillissement des grands geysers d'Islande et la survivance de certaines créatures préhistoriques. La signification de ces phénomènes lui apparaîtra enfin plus clairement. N'est-ce pas ainsi que des chercheurs passionnés font des découvertes révolutionnaires ? Ils étaient en quête de sens et ne voulaient pas accepter les faits comme ils étaient présentés ; il leur fallait savoir *pourquoi* il en allait ainsi.

> « Le conformiste se plie au monde tel qu'il est. L'anticonformiste persiste à adapter le monde à ce qu'il est. Le progrès relève donc de l'anticonformiste. »
>
> (George Bernard Shaw)

Un questionnement métaphysique

Ces questions qui supportent mal de rester sans réponse s'étendent à tous les domaines, dépassant l'univers tangible et réel. La métaphysique les attire très tôt, beaucoup trop tôt d'ailleurs pour qu'on puisse leur répondre aisément, quand ils demandent le pourquoi de la vie, de la mort.

Parfois, ces interrogations prennent un tour quelque peu déroutant : « Comment je vais faire quand tu seras morte ? » demandent-ils sur un ton apparemment détaché à leur mère bouleversée. Bien entendu, ils sont desséchés d'angoisse et ce sang-froid n'est qu'un masque, la seule perspective de la disparition de leurs parents les faisant sombrer dans un puits de terreur ; mais il leur faut à tout prix *savoir* pourquoi des événements aussi terribles peuvent ruiner l'existence, en laissant totalement démunis ceux qu'ils ont atteints.

> Gabriel, 6 ans, lance à brûle-pourpoint : « En fait, avant que l'on soit là, on existe déjà ailleurs ou la vie ne commence que quand on nous voit ? Et quand on est mort, on ne nous voit plus parce qu'on est reparti ailleurs ou parce qu'on a gommé le dessin ? Et qui tient la gomme ? »

Cette recherche de sens qui les guide est pour les enfants doués un moyen de trouver une réponse à leurs questions, à toutes leurs questions, puisque rien dans l'Univers n'est arbitraire ou incohérent. Un ordre logique préside à son organisation, il suffit d'en connaître la clé ; et si leurs parents, grandes personnes averties, savent vivre sans être dévorés d'angoisse, c'est parce qu'ils possèdent cette clé. Il suffit donc de la leur demander, et la vie pourra continuer, joyeuse et de nouveau sereine – ou, plutôt, avec pour souci essentiel la quête du savoir et des réponses qu'il procure.

Leurs questions sont rarement neutres ou anodines ; elles débouchent le plus souvent sur un infini qui englobe tous les domaines : l'homme ne saurait se contenter de la seule satisfaction de ses désirs au quotidien, il a besoin de prolongement dans des ordres plus vastes, englobant des notions essentielles et plus profondes qui, seules, donnent un sens à la vie. À celle des enfants doués plus qu'à toute autre.

Le sens, moteur des processus mentaux

(Hélène Catroux)

On l'a dit, l'enfant doué se signale souvent, dans le cadre scolaire, par une attitude jugée inadéquate : il rêve ou s'agite, prend la parole inopinément, coupe le professeur ou ses camarades, fait autre chose ou répond hors de propos. Lors de mes contacts avec les enseignants, j'entends parler de lui en ces termes : « Il interrompt le cours en posant des questions », « Il ne laisse pas la place aux autres », « Il attire l'attention sur lui », « Il ne participe pas ; c'est comme s'il se désintéressait du cours ».

Un besoin vital de sens

Que peut-il se passer dans la tête d'un élève qui a un tel comportement ? Quels besoins, quelles attentes ces remarques expriment-elles ?

Il veut tout simplement que ce qui lui est proposé en classe *fasse sens*. Ce qui est un droit pour chaque élève et un devoir pour chaque enseignant ; le souhait est simple et n'a rien de particulier. Mais cette quête du sens prend avec l'enfant doué des orientations inédites qui peuvent déstabiliser l'enseignant et le reste de la classe.

Cours de géologie, en quatrième – On étudie les failles de l'océan Atlantique. Amandine pense à la conférence d'Hubert Reeves qu'elle a écoutée la semaine précédente et établit des liens entre celle-ci et le cours : « Reeves dit que l'histoire de l'Univers, c'est l'histoire de la matière qui s'organise », se rappelle-t-elle. Et, tout haut : « Quelle est l'influence des astres sur l'immersion des montagnes ? » Le problème est que, le professeur et ses camarades n'étant pas dans son univers mental pour connaître le postulat du raisonnement, il leur est difficile d'en suivre le cheminement...

Ce qui me semble important, c'est de mesurer combien la perte de sens met la personne dans un état de « non-être » qui bloque tout son système de pensée. (Nous verrons plus tard comment la peur de perdre son intelligence peut avoir des effets similaires.)

Imaginez que vous vous promeniez dans le désert à bord d'une voiture équipée d'une navigation assistée par satellite ; d'un seul coup, tout tombe en panne. Vous n'avez plus de repères pour savoir dans quel sens diriger vos roues. Que ressentez-vous ? Quel comportement avez-vous ?

C'est un peu le même phénomène qui se produit au niveau de l'intelligence. Pour coordonner des idées, établir des comparaisons, faire des déductions, il manque soudain des maillons, et la chaîne des éléments qui permettaient de constituer le sens a été interrompue par une question demeurée sans réponse.

Clotilde suit le cours de biologie consacré à la biosynthèse des protéines. Le professeur explique que les scientifiques ont montré qu'un intermédiaire entre l'ADN et les protéines était nécessaire. Ils en ont tiré une loi selon laquelle deux étapes sont nécessaires à l'expression d'un gène : la transcription et la traduction.
Clotilde éprouve de grandes difficultés à suivre, car elle aurait besoin d'observer le phénomène et, pour le comprendre, d'avoir des informations sur ce qui a mené les chercheurs à une telle synthèse.

Gérer le questionnement

Pour progresser dans sa réflexion, l'élève a besoin de poursuivre son interrogation dans des directions qui peuvent paraître à d'autres inopportunes. Il faut trouver le moyen de gérer ce questionnement qui a une fonction si importante dans la production du sens. Or il n'est pas possible de transformer un cours collectif en échange particulier, de même qu'il ne serait pas juste de débattre d'une question ne respectant pas les besoins des autres élèves et risquant de compromettre l'avancement du programme.

Je propose aux enseignants les solutions suivantes :

➤ *Faire jouer l'interactivité*

Il s'agit d'instaurer le dialogue entre les élèves en intégrant la question dans le cours. Cela pourrait rendre service à l'enseignant comme à l'ensemble de la classe. Laisse-t-on les élèves jouer un rôle pédagogique ? Expliquer aux autres permet de structurer sa pensée.

Que l'enseignant ne se croie pas dans l'obligation de tout savoir pourrait par ailleurs être reposant : se dire que tout dépend de vous, la réussite comme l'échec, est parfois bien lourd sur les épaules d'une seule personne.

L'enseignant peut ainsi mettre l'élève en situation de participation, en lui posant des questions de ce type : « Qu'as-tu compris ? Que sais-tu de cette notion ? Que proposes-tu pour résoudre la question ? »

Lorsque le professeur pose cette question, il doit permettre à l'élève de répondre à partir de l'évoqué (ce qui existe mentalement) et mettre les autres élèves dans le projet d'écouter, afin de comparer avec leur propre compréhension ou avec ce qu'ils ont en mémoire[1].

---

1. Par exemple, lors d'un cours de grammaire consacré aux subtilités de l'accord du participe passé avec le verbe avoir, certains diront qu'il ne s'accorde pas, d'autres préciseront qu'il ne s'accorde pas avec le sujet, d'autres enfin exposeront la règle juste. Le tout donnera lieu à un échange qui, lui-même, ouvrira sur l'explication, par les élèves, aux élèves.
Autre exemple : lors d'une étude de texte, des interprétations différentes vont pouvoir s'exprimer, un retour final au texte permettant à l'analyse de se « resserrer ».
Dans un cours de physique, après observation d'un phénomène, des échanges entre les élèves, guidés par le professeur, pourront permettre de développer le sens de l'analyse, la rigueur des lois que l'on en tire et, somme toute, d'entrer de manière active dans l'univers des sciences.
Marie-Louise Zimmermann-Asta, docteur ès sciences de l'éducation et collaboratrice de recherches au LDES (Laboratoire de didactique et d'épistémologie des sciences, dirigé par A. Giordan, Genève), met en place ce questionnement dans ses cours de physique à l'école Jean-Piaget de Genève. Elle a élaboré une méthode d'enseignement APA – apprendre par l'autonomie. *Cf. Sur les chemins de l'apprendre*, Éditions du Ceffra, Genève, 1996.

Grâce à ce type d'animation des cours, les élèves découvrent ainsi qu'il est permis, voire légitime, d'avoir des points de vue différents ; ils vont pouvoir, à travers l'échange, exercer leur compréhension et nourrir leur propre banque de données mentale. Procéder ainsi, c'est faire jouer une entraide pédagogique qui met chacun dans une démarche d'appropriation active. La censure n'existe plus, l'élève se dit : « J'ai le droit de penser ce que je pense, de comprendre ce que je comprends, d'avoir ce que j'ai en mémoire. » *Il est acteur, auteur de son projet de sens.*

Grâce à une telle pédagogie, *le professeur est chercheur* avec les élèves. Il n'est pas dans la toute-puissance de celui qui sait, même s'il lui incombe toujours la responsabilité de diriger le cours, de corriger, de compléter.

➤ *Différer la réponse*

Le professeur peut écouter la question, en reconnaître l'intérêt et proposer un traitement différé en justifiant cette proposition.

> Lors d'un cours de géographie consacré aux climats, Éric établit un rapport avec tous les phénomènes actuels – inondations, vagues de sécheresse – et pose la question suivante : « Quelle est la responsabilité des humains dans le phénomène de réchauffement ? » Le professeur répond : « Éric, tu fais des liens très intéressants entre le sujet, qui est de repérer les caractéristiques des différents climats, et les changements qui se manifestent sur notre planète Terre. Nous reprendrons ta question pour la traiter un peu plus tard. Je compte sur toi pour la reformuler à bon escient. »

Il est alors utile de vérifier que l'élève est dans un projet d'ouverture lui permettant de mettre cette étape en « stand-by » et de demeurer attentif à la suite du cours, de façon à ne pas en rester au vide provoqué par l'attente de la réponse à sa question. Il est possible de différer, dans un temps plus ou moins lointain, la réponse. C'est d'ailleurs une situation souvent rencontrée en mathématiques : la résolution d'un problème s'appuie sur une loi que l'on ne peut pas démontrer par manque de connaissances de l'auditoire[1].

➤ *Ouvrir sur une autre question*

Le professeur peut aussi accepter – et cela fonctionne très bien – de répondre à une question par une autre question, et ce pendant le cours. L'élève est ainsi en mesure de s'ouvrir à la suite de l'exposé, qui lui apportera peut-être un commencement de réponse…

Si, pour différentes raisons, l'enseignant ne met pas en place cette pédagogie participative, l'élève ne peut pas poser sa question, il a peur de se montrer plus perspicace que les autres et d'être mal perçu par eux. Dans ce cas, il me semble nécessaire d'apprendre à l'élève à se mettre en projet d'émettre mentalement des réponses, qu'il peut formuler sous forme d'hypothèses (il a souvent besoin de ne pas être parasité par un « lèse-vérité » du genre : « Ce que j'ai lu dans les revues spécialisées ne correspond pas à ce que dit le professeur. »), hypothèses à vérifier plus tard, à la maison auprès de ses parents ou d'autres adultes, avec des camarades ou sur Internet.

Je constate que, souvent, nous nous laissons piéger par l'obligation de la réponse, alors que l'élève a simplement besoin d'aller de question en question, pour avancer dans sa quête de sens. La réponse a pour seule fonction de permettre la poursuite du questionnement. Dès qu'elle est obtenue, l'état d'excitation induit par le plaisir de poser une question s'estompe.

> Quand je rentrais de l'école étant petit, au lieu de me demander : « Qu'as-tu fait à l'école aujourd'hui ? », mes parents me demandaient : « As-tu posé une bonne question ? »
>
> Isidore Isaac Rabi, prix Nobel de physique, 1944

1. Par exemple, la notion de zéro peut angoisser un élève, car il n'a pas à disposition toutes les données pour la comprendre.

Dans le questionnement, la machine à penser de l'enfant doué est « branchée » : il est en mesure de faire des liens, des hypothèses, des déductions, des inductions. C'est dans cette dynamique qu'il peut se mettre dans un projet de sens. Si la pédagogie ne tient pas compte de cette réalité, il se perdra dans l'ennui ou l'indiscipline.

Apprendre, oui, mais comprendre d'abord

Une autre catégorie de commentaires est aussi formulée : « Il se moque de l'orthographe », « Il n'apprend pas son vocabulaire d'allemand », « Il refuse d'entrer dans le protocole de démonstration », « Il bâcle les exercices ou il oublie de les faire ».

Et pourtant, non, il ne se moque pas de l'orthographe. Il a seulement besoin de savoir, par exemple, que le mot « aqueduc » s'écrit ainsi car il désigne un canal destiné à la conduite, *ductus* en latin, de l'eau, *aqua*. De même, il sera intéressé par l'origine du mot « vasistas », de l'allemand *Was ist daß ?* « qu'est-ce que c'est ? ». Bref, l'étymologie le passionne.

Souvent, il aura appris à lire seul, et son écriture sera parfois plus phonétique qu'orthographique : le son sera juste, à défaut de la morphologie usuelle. Pour être conscient de la nécessité de remédier à cette orthographe fantaisiste, il faut qu'il y trouve un sens : par exemple, si j'utilise « pain » à la place de « pin », cela risque d'avoir des conséquences sur la communication de mon message. Si l'élève peut ainsi se mettre dans un projet de sens, les règles lexicales et grammaticales se mettront en place plus aisément.

L'enfant donne souvent l'impression d'être rebelle aux conventions. En réalité, son besoin de sens l'empêche d'entrer dans un processus imposé. Il aimerait pouvoir inventer ses propres règles, car tout prendrait sens. Il ne peut se plier à des règles dont il ignore l'origine, la raison ou l'histoire : ce serait devenir un pion manipulé ou un robot télécommandé. Quel être humain peut prendre le risque de perdre ainsi son identité ?

Cette résistance peut tomber rapidement quand il expérimente que la convention facilite la communication. Pour lui en faire prendre conscience, je montre des objets et je les nomme avec d'autres mots...

Il me semble important qu'il fasse la différence entre l'étape compréhension et l'étape mémorisation d'un vocabulaire en vue de communiquer. Proposer d'entrer dans le langage du mathématicien, de l'économiste, de l'historien en reprenant le vocabulaire spécifique donne un sens aux exigences du professeur et permet à l'élève de consentir à l'effort de la convention. Dans la mesure où il a eu le choix de ses stratégies et de la formulation lors de l'étape de compréhension, il peut comprendre une définition en économie avec ses propres mots, un schéma, et, seulement si besoin est, lors d'une étape supplémentaire, il mémorise les mots spécifiques, il intègre facilement cette obligation d'acquérir le langage usuel. Il a déjà payé cher cette non-prise en compte du langage spécifique dans des évaluations (écart patent entre ce qu'il sait et ce que le professeur lit et note). La convention devient ainsi raison.

On peut dès lors comprendre qu'apprendre par cœur une liste de mots est quasi impossible à certains élèves. Se mettre en projet d'« apprendre pour apprendre » est se mettre dans une programmation qui induit le rejet. Un mot qui ne fait pas sens car il n'est pas rattaché à un ou plusieurs contextes ou n'intègre pas un projet de réutilisation ne peut avoir sa place dans la mémoire[1]. Le mot n'a de sens que s'il contribue à en créer dans une phrase ou s'il sert à élaborer une pensée. À quoi serviraient des mots qui n'existeraient que dans un dictionnaire et ne seraient jamais employés ? Imagine-t-on qu'une liste de correspondances du vocabulaire anglais/français permette de traduire des textes ?

---

1. Je pense notamment au vocabulaire que de nombreux élèves de cycle élémentaire doivent apprendre chaque semaine. Il est présenté par ordre alphabétique, et certains termes exigeraient une explication. Une liste élaborée à partir d'un texte, regroupant les mots par thème, permettrait à l'élève de constituer une banque de données active pour mieux maîtriser son expression.

En revanche, mémoriser le sens d'un mot dans un contexte, puis le réutiliser dans différents autres contextes, peut permettre d'en maîtriser le sens et de le mettre à disposition dans sa propre banque de données mentale lors de travaux de lecture, de rédaction, de communication.

S'approprier la connaissance

Pour ces élèves qui ne vivent que dynamisés par la recherche du sens se pose une grave question : à quoi servent les exercices d'application exigés par l'école quand le cours est compris ?

Celui dont la compréhension est orientée vers le *pourquoi* des choses a en fait beaucoup de mal à s'impliquer dans le *comment* de leur utilisation. Raison pour laquelle il serait judicieux de choisir les exercices permettant un entraînement qui évite le répétitif inutile. Nous sommes loin du dogme selon lequel « plus on fait d'exercices, plus on se donne de chances de réussir ». En dispensant les élèves de telles obligations, on éviterait bien des conflits, des blocages, des rejets. Un test défini en fonction de besoins précis, dans un projet spécifique, permettra en revanche d'atteindre le seul objectif qui vaille en l'occurrence : *savoir appliquer.*

Cette dernière proposition donnera un sens à l'application elle-même. Mais, pour que l'élève souvent plus orienté dans sa recherche de sens « expliquant » (voir *Apprendre à gérer la rapidité mentale,* p. 85) puisse prendre conscience que l'entraînement est incontournable, il est indispensable de l'initier au fonctionnement mental.

Comme nous l'avons présenté dans *Les lois de l'intelligence*, p. 64, nous n'utilisons pas les mêmes circuits pour entrer l'information, pour comprendre, pour mettre les acquis sur l'orbite de l'avenir, pour réfléchir, pour utiliser les connaissances. Il est important de savoir que, *quelle que soit notre intelligence, nous avons besoin, pour nous approprier la connaissance, d'un temps plus ou moins long d'utilisation.* On n'a jamais vu un sportif, quelles que soient ses qualités, devenir un champion sans entraînement.

Une fois encore, il faut rendre l'élève *auteur et acteur de son projet de sens* si l'on veut le motiver à s'inscrire dans son parcours scolaire. Pour cela, l'élève a besoin de connaître :

– les lois du fonctionnement de l'intelligence (perception, compréhension, réflexion, mémorisation, restitution, et action du projet et des contre-projets) ;
– son propre fonctionnement mental : son codage mental dominant, son type de compréhension (orientée théorie ou application, expliquant ou appliquant, inductive ou déductive, comparaison, similitude ou non-similitude...), l'influence du projet dans les actes d'attention, de compréhension, de réflexion, de mémorisation, de restitution lors des évaluations ;
– le jeu de l'interaction du cognitif et de l'affectif : nous ne sommes pas des êtres construits en tranches – psychologique, corporel, intelligence... Toutes ces parties s'interpénètrent et s'influencent.

Dans les exemples rapportés, nous avons déjà fait ce constat, mais nous n'avons pas décrit comment se joue cette interaction entre le cognitif et l'affectif. Prenons le temps, à travers des vécus d'élèves, d'en comprendre les mécanismes.

Interaction du cognitif et de l'affectif

Nous l'avons dit, les conditions d'enseignement, les exigences du système scolaire, le programme ne permettent pas toujours de répondre aux questions suivantes : à quoi cela sert-il ? qu'est-ce que je découvre ? En revanche, il est toujours possible de savoir *ce que je vais gagner* et quelles stratégies mobiliser pour intégrer un *projet qui fasse sens* et atteindre mon objectif avec un minimum de *plaisir.*

Nous avons un cerveau limbique, ou « cerveau des émotions », qui envoie des messages positifs et des messages négatifs (« Je peux me faire confiance » ou « Je ne sais plus rien »). Il a beaucoup d'influence sur notre programmation. Des expériences ont en effet montré que le message positif ouvre tous les circuits, le second les bloquant[1].

Nous avons vu que, sous réserve de méthode, c'est nous qui pilotons notre intelligence. Encore faut-il ne pas avoir à gérer des « contre-projets » tels que l'ennui, le détournement de la concentration, les peurs…

> Pierre-Henri, élève de seconde, a de mauvais résultats en anglais. Il souhaite sortir de l'impasse, afin d'être admis en première L, qui exige de bonnes notes en langues ; mais il est accablé par la représentation qu'il se fait du travail à fournir. Je le conduis dans une démarche lui permettant d'évaluer que, d'une part, ce qu'il doit « rattraper » n'est pas aussi volumineux qu'il l'avait imaginé et que, d'autre part, grâce aux stratégies qu'il peut transférer de l'apprentissage du japonais à celui de l'anglais, les efforts ne seront pas si gigantesques.
> Je l'ai bien repositionné dans le *gain* (passage) et le *prix à payer* (travail régulier avec une aide et un entraînement) pour atteindre cet objectif. Je lui ai fait évoquer l'évaluation décisive du passage : « Imagine-toi lisant la consigne, puis mobilisant les connaissances pour réussir à répondre. Tu peux te ressentir sûr de ta propre banque de données. »
> Ensuite, je lui ai fait évoquer les séances de travail, seul ou avec son professeur particulier, afin qu'il ait des repères pour mobiliser les stratégies. Nous avons fait des exercices types pour qu'il s'entraîne. Il a pris conscience de l'importance de la vérification de la banque de données mentale, ce qui lui a permis de gérer le facteur temps : « Prendre le temps de la vérification, c'est en fait gagner du temps, car je n'aurai plus à revenir sur cette partie du programme. »
> Nous avons aussi imaginé des moments de découragement, afin de trouver de quoi il aurait besoin pour les dépasser et se remettre dans une programmation positive.
> Il a exprimé qu'il souhaitait : préparer les contrôles avec son professeur particulier pour être sûr d'être prêt ; faire le point avec ses parents sur son avancement et son engagement de travail supplémentaire ; avoir la

1. Un enfant m'a dit à ce propos : « Suivant l'état dans lequel je suis, je peux verrouiller ou ouvrir ma mémoire. »

possibilité de m'appeler et éventuellement de faire une séance avec moi, pour achever de se rassurer.
Restait à travailler le « parasitage » du comportement de son professeur qui, au vu de ses résultats et de son manque de participation, ne se montrait guère encourageant. Après analyse de la situation, un échange avec le professeur pour l'informer du projet de rattrapage ne semblait pas possible. Nous avons donc mis en place une sorte de « protection », pour que les réflexions n'atteignent pas en profondeur Pierre-Henri : malgré le travail fourni, un retard de trois ans ne pouvait se rattraper en quelques semaines ; il fallait donc se préparer au fait que le prochain contrôle ou les participations en classe ne refléteraient pas immédiatement l'avancée, le changement opéré par Pierre-Henri. Je lui ai donc proposé de reformuler ainsi les appréciations du professeur : « Actuellement, il parle en fonction de ce qu'il constate en surface, mais, d'après l'évaluation de mon professeur particulier, je sais qu'il n'a pas une juste vue des acquisitions que je fais au jour le jour. Dans peu de temps, il va être surpris... »

Le protocole pour traiter positivement le jeu de l'interaction cognitif-affectif (c'est-à-dire l'interaction entre nos émotions et notre cortex, siège de la raison) pourrait être le suivant :

- chercher, en démarche introspective, ce qui parasite la mise en projet de réussite, ce qui induit les contre-projets ;
- analyser comment ces parasitages agissent pour empêcher la réussite ;
- « Qu'est-ce que je gagne au changement ? Qu'est-ce que je perds ? » ;
- « De quoi ai-je besoin ? ».

Il me semble important que tout cet accompagnement permette qu'à chaque étape l'élève se sente maître de sa décision. Sinon, il risque de perdre le sens de son projet. Or, pour se mettre dans un projet de sens, l'élève doué a besoin de savoir dans quel domaine s'inscrit ce qu'on lui propose de découvrir ou d'acquérir et quel bénéfice il peut tirer du travail qu'on lui demande. Nous entendons souvent la plainte : « À quoi ça sert d'apprendre ces lois ? » « Je ne comprends pas pourquoi c'est dans le programme. »

Pour avoir de l'intérêt pour le cours, il faut qu'il puisse être constamment dans la possibilité de faire des liens entre ce qu'il entend ou ce qu'il lit et sa propre banque de données. Comment pourrait-il y parvenir si ces informations ne lui sont pas données au début du cours ? Le professeur pourrait par exemple annoncer : « Aujourd'hui, nous allons travailler... dans le but d'avoir, à la fin du cours, acquis... »

Dans le travail personnel, l'élève peut lui-même se mettre dans un projet précis du type : « Cet exercice va me permettre de m'entraîner à... » Ou encore : « Dans vingt minutes, j'aurai organisé ma banque de données pour me rendre capable de réussir l'analyse des documents d'économie. »

Ainsi, *l'exercice va faire sens*. Et l'on peut penser que, avec une telle proposition pédagogique, l'ennui, si fréquent, fera place à la motivation.

L'apprentissage est une ouverture au monde : il ne peut s'effectuer sans que le désir lui soit associé. Et comment pourrait naître le désir dans une situation de non-sens ?

Les nombreux travaux de recherche sur la motivation dans l'acte d'apprentissage, quelle que soit l'école référente, nous autorisent à penser que le pédagogue devrait se poser cette question : « Comment présenter mon cours de façon que cela fasse sens pour chacun de mes élèves ? »

Une imagination virtuose

(Arielle Adda)

On pourrait penser que les enfants doués, habituellement rétifs aux contraintes du quotidien, trouvent un exutoire dans un domaine plus libre, moins soumis aux règles, où ils peuvent enfin s'exprimer de façon spontanée et laisser affleurer sans trop de risques les richesses qu'ils recèlent.

Quand il s'agit de très jeunes enfants, il est facile de les laisser dessiner, modeler ou peindre selon leurs désirs. Ils y sont même fortement encouragés. Mais cette situation, si banale soit-elle, peut provoquer les premiers accrochages avec les adultes : certains enfants n'aiment pas dessiner, peindre ni modeler. Très vite, ils ont jugé leurs œuvres d'un regard lucide et ont aussitôt préféré éviter un domaine où ils n'éprouveront jamais de fierté ni de plaisir, mais uniquement un obscur sentiment de honte que, de surcroît, personne ne comprendra. Non seulement il leur faudrait alors faire semblant d'apprécier les compliments des adultes et sourire gaiement tandis que leurs gribouillages informes seraient exposés aux yeux de tous, mais ils devraient encore accepter l'idée qu'ils ne sont pas doués et qu'ils ne pourront jamais, par exemple, représenter une belle princesse dans tout son royal éclat.

On pourrait avancer qu'ils ignorent le labeur sans cesse recommencé, l'apprentissage lent à acquérir, les fruits péniblement obtenus après de multiples répétitions ; s'ils n'ont pas véritablement de goût pour le dessin et ne sont pas réellement doués en la matière, ils se détournent rapidement d'une activité très tôt considérée comme superflue : dès le primaire, en effet, le dessin devient une matière quasi négligeable – ce qui rendrait d'autant plus absurde tout acharnement à réussir dans ce domaine. Mais cette négligence renforce encore les enfants doués dans leur conviction que l'assiduité au travail ne les concerne pas.

En revanche, dans un domaine qui ne demande aucune adresse manuelle et où seule la rapidité d'esprit joue un rôle, ils sont imbattables. Jouer avec les mots ou en inventer avec naturel quand rien ne semble convenir dans leur lexique représente un passe-temps où leur créativité peut être inépuisable.

Thomas, 6 ans, peine à terminer un plat qui ne lui plaît guère. Craignant néanmoins de contrarier sa mère, il trouve la parade en déclarant : « Mais, maman, c'est "anti-avaloïde" ! » Le petit futé a bien prévu que, sensible à ce terme et séduite par sa nouveauté, sa mère n'insisterait pas davantage...

Quand il s'agit du verbe, particulièrement, la créativité peut jaillir à tout instant : elle n'a besoin d'aucun instrument, elle sait s'exercer en tout lieu – on transporte partout son goût pour les mots et pour les jeux qu'ils inspirent.

La quête de cohérence

C'est à l'occasion de petits faits tels que ceux-ci que l'on peut mesurer l'amplitude du malentendu que crée l'enfant doué : en l'entendant jongler ainsi, les adultes sont parfois si surpris d'une telle virtuosité qu'ils pensent tout d'abord à un lapsus, à une erreur ou à une maladresse ; seuls les proches savent apprécier ces jeux qui les font rire.

Alors que sa mère lui fait sa toilette du soir, Florian, 2 ans et demi, entend un grand fracas dans la rue (une grille s'est refermée bruyamment). Aussitôt, il annonce : « Écoute, maman, c'est la nuit qui tombe ! »

Il faut comprendre qu'il ne s'agit pas simplement d'humour poétique, même si Florian a déjà intégré que « tomber » pouvait revêtir plusieurs significations et être utilisé au sens propre comme au sens figuré. Sa remarque, si séduisante, était aussi destinée à calmer l'inquiétude que pouvait faire naître un vacarme inhabituel. Dans un univers bien ordonné, la nuit tombe peut-être un peu brutalement parfois : son imagination si prolifique lui fournit une explication qui s'adapte parfaitement.

L'enfant doué a en effet besoin de cohérence. Un fait isolé, hors de tout contexte, dépourvu de tout lien avec d'autres faits présentant des points communs, une analogie ou un rapport, revêt peu d'intérêt parce qu'on ne peut même pas tenter de le comprendre : il reste inabordable et irritant, échappant à l'idée de cohérence. Il serait uniquement caractérisé par son manque de logique : piètre spécificité. L'enfant doué va donc le placer dans un contexte plus vaste et structuré ; c'est pourquoi il aime construire autour d'un événement un univers qui lui donne une signification. Sa créativité n'est jamais en peine pour élaborer ce monde-là. Ce seraient tout à la fois le plaisir de laisser libre cours à sa fantaisie et le besoin de créer un univers cohérent, et donc rassurant, qui favoriseraient cet incessant travail de l'imagination.

En grandissant, cet enfant continue à trouver des explications « rationnelles » à des événements qui pourraient sembler aberrants et, de proche en proche, crée des univers parfaitement agencés où seul l'élément qui a fait naître cette création reste peu rationnel. Les romanciers n'agissent pas autrement ; parfois, d'une simple phrase entendue dans la rue, ils réussissent à imaginer un monde qui a toutes les apparences de la réalité. Eugénie Grandet, Julien Sorel ou même Sherlock Holmes ont autant de réalité que certaines personnes « réelles ».

Les autres enfants sont rarement à même de saisir de telles finesses, notamment linguistiques ; leurs plaisanteries, par exemple, sont plus matérialistes et proches de leurs préoccupations quotidiennes. Ils s'écroulent de rire sous l'œil patient de leurs parents, qui attendent que passe cette phase vraiment trop enfantine. L'enfant doué est rarement attiré par ce genre de plaisanteries malodorantes, d'autant plus qu'il a mille autres possibilités de jeux avec les mots.

On voit que le décalage commence très tôt, quoi qu'en disent nombre de pédagogues qui préfèrent laisser un jeune enfant avec des camarades de son âge, en ignorant que le dialogue est pratiquement impossible entre eux. Ce dernier argument lui-même n'est pas toujours entendu, comme s'il n'avait aucune signification… Pourtant, on ne manque pas de prôner les vertus du dialogue !

Dès ce moment, l'enfant doit opérer un choix : soit il se coupe des autres enfants, position très inconfortable et même douloureuse, soit il utilise leur langage, réduit ses centres d'intérêt et étouffe ses idées propres afin de se maintenir au sein de la classe. La solution consiste alors à user du langage que l'interlocuteur peut comprendre, donc à choisir ses mots et ses sujets en fonction du lieu où l'on se trouve. Les enfants comprennent cela très vite, au risque de finir par oublier leur virtuosité langagière par manque d'occasions et de sollicitations.

Le feu couve sous la cendre

À force de s'appliquer à traduire sans cesse leurs idées pour les rendre accessibles, ces enfants ne sauront plus ce qu'ils ont le droit d'exprimer, et leur imagination semblera tarie quand il leur faudra écrire une rédaction.

Heureusement, il ne s'agit généralement que d'une apparente pauvreté : leurs copies restent plates et sans vie, mais des enfants très littéraires savent s'exprimer ailleurs, là où ils ont toute liberté d'imagination. Ils entreprennent même, avec audace et une certaine candeur, un vrai roman. Leur fantaisie peut alors caracoler à son aise dans des univers où les seules contraintes sont celles de la grammaire, de la syntaxe et, si possible, de l'orthographe. Même s'ils préfèrent que cette œuvre reste secrète, ils s'attachent à respecter les règles du genre afin d'éviter, plus tard, lorsqu'ils se reliront, d'avoir honte de leur incurie désinvolte.

Un univers d'invention sépare une morne rédaction des jaillissantes innovations : quand un sujet imposé ne plaît pas, il assèche la plus fertile des imaginations.

Les quelques textes de ce genre que j'ai pu lire étaient très séduisants par leur inventivité ; peut-être est-ce une façon pour ces enfants d'apprivoiser la réalité en la décrivant à leur façon, en organisant eux-mêmes les événements, en créant les personnages comme d'autres le font, de façon totalement différente, au moyen du dessin. Évoquer un monstre inquiétant avec des mots suggestifs, mais précis, demande une faculté de conceptualisation dont le dessin peut se passer. L'écriture, elle, n'a pas besoin d'être décryptée par des spécialistes pour qu'apparaisse l'image que ces enfants se forment du monde qui les entoure. Cependant, ces auteurs inventifs sont trop pudiques et trop circonspects pour se livrer aussi librement dans leurs rédactions scolaires. Qui sait jamais comment ces fantaisies seraient comprises ? À la seule idée de voir leur pensée défigurée par une interprétation erronée et blessante, ils se hérissent d'appréhension craintive.

La créativité littéraire

Certaines des qualités propres aux enfants doués enrichissent leur créativité, singulièrement en matière littéraire : lucidité et imagination ne sont jamais en reste pour l'alimenter. Elles leur font très tôt entrevoir les conséquences terribles d'un événement, d'une action, l'enchaînement qui se dessine dans leur esprit, conduisant le plus souvent à une catastrophe affreuse que leur imagination amplifie, semble-t-il, à plaisir.

Fragilisés par leur extrême sensibilité, les enfants doués tentent très tôt de s'aguerrir contre les périls et les drames qui ponctuent la vie des êtres humains. En s'exerçant à envisager le pire, ils pensent qu'ils seront moins pris au dépourvu quand un événement perturbateur surviendra : cet événement a de grandes chances d'être moins dramatique que le produit de leur imagination sans limite. Craindre le pire procurerait finalement un soulagement quand se produit l'incident, minime par rapport aux catastrophes projetées.

Cet exercice cent fois répété alimente l'imaginaire où puisent les écrivains, en particulier ceux qui excellent dans les évocations de l'horreur absolue. Longtemps avant de commencer à écrire des romans, à l'âge où l'on se couche encore de bonne heure, ils s'inventaient un univers peuplé de monstres épouvantables, peut-être en guise de garde rapprochée pour éloigner d'autres chimères ignorées, surgies à l'improviste et ô combien plus redoutables. Affronter ces monstres, les combattre et les vaincre glorieusement permettait ensuite de s'endormir l'esprit en paix, tous les ennemis occis jusqu'au lendemain.

Des années plus tard, des lecteurs frissonnants dégusteront ces drames sanglants et apprécieront cette imagination machiavélique qui sait si bien créer des crimes atroces et concevoir l'affreuse punition du criminel – du moins lorsque l'auteur a su rationaliser son imaginaire et le plier aux lois de la morale ; dans le cas contraire, quand une imagination sans limite se plaît à explorer le plus sombre des fantasmes surgis d'un univers terrifiant, on aura droit aux pires horreurs, de nature à hanter longtemps l'esprit du lecteur fasciné.

Sans la joyeuse faculté d'invention des enfants doués, le monde de la littérature serait resté bien conformiste !

La créativité scientifique

Scientifique, l'enfant doué a très vite besoin d'un vaste champ d'étude : observer un détail sans pouvoir le rattacher à un contexte qui l'explique, le justifie et l'enrichit est très frustrant. Quand il étend son champ d'action, il est préférable pour lui – et pour ses parents – d'habiter une maison et de disposer d'un jardin. Quel terrain plus propice qu'un jardin où, de surcroît, l'enfant impatient apprend, avec la croissance des plantes, la lenteur et la valeur des jours ? Il arrive que la tombe d'un oiseau blessé qu'on n'aura pas su guérir devienne un chef-d'œuvre floral.

Ce chercheur en herbe aimera par exemple observer, parfois des heures durant, la vie de microscopiques insectes ; bien des vocations d'entomologistes ont dû naître de cette façon. Pour l'enfant doué, il ne s'agit pas d'une contemplation passive, mais d'un désir d'en savoir plus, de tirer de ses observations des lois utiles, de nature à faire progresser la connaissance. Il s'attache parfois à ces petites bêtes avec une sorte d'affection, sans doute un peu surprenante pour ceux qui ne partagent pas cette passion. Et pourtant, il s'agit bien là, pour lui, de précieux compagnons sur la voie de la compréhension. Car l'enfant doué interroge le monde. Or, quand on sait que le vol d'une abeille est un langage, on la regarde certes avec plus d'intérêt, mais il n'y a pas toujours une explication scientifique toute prête ; c'est par l'imagination audacieuse qu'alimente une incessante créativité que les idées peuvent jaillir. L'enfant doué le pressent. Il faut seulement espérer que rien ne viendra entraver une si prometteuse curiosité.

Le bonheur absolu, pour un tel enfant, est de rencontrer un authentique savant qui retrouve dans ce jeune disciple l'enfant qu'il a été et se réjouit de voir que la continuité est assurée. Certains grands-parents remplissent ce rôle à la perfection : ils ont du temps, de l'amour et aussi le plaisir de l'intérêt partagé.

La créativité artistique

Tous les enfants possèdent le don inné de la création artistique ; c'est pour eux une façon personnelle d'apprivoiser le monde extérieur et d'en intérioriser les multiples aspects. Quand les mots font défaut, il reste le dessin, la danse, le jeu.

> Au sortir d'un drame éprouvant, une petite fille avait mis en chanson les paroles d'une psychologue lui expliquant son histoire ; elle atténuait ainsi son aspect trop cruel, retenait plus sûrement ses commentaires et pouvait se les répéter aussi souvent qu'elle le désirait, personne ne s'étonnant d'entendre chantonner une petite fille.

Pour ceux qui ont le coup de crayon sûr, le besoin d'évasion dans des univers imaginaires peut trouver satisfaction au travers de dessins tellement beaux esthétiquement qu'ils occultent leur signification cachée, ou la subliment.

Gertrude, qui a tant de mal à trouver de vraies amies, dessine de somptueuses princesses martiennes, presque en tout point semblables aux terriennes, à l'exception de quelques discrets détails...

Quand un enfant est doué de la sorte, il n'est pas recommandé de l'inscrire aux cours destinés à l'expression libre de jeunes élèves, où son talent détonnerait et ne trouverait pas à s'épanouir : cet enfant ne dessine ni ne peint pour se distraire, mais pour exister. Il serait tout aussi absurde et ridicule de l'inscrire dans un cours pour adultes, dont les objectifs ne sont pas davantage les siens. Ce talent souvent visionnaire ne peut se développer que seul, sauf à rencontrer le professeur idéal qui, sans s'arrêter à un âge si tendre, saura voir dans ce jeune disciple animé par le feu créateur un cadeau du ciel.

L'enfant musicien, singulièrement s'il est doté de l'« oreille absolue », enchante ses auditeurs par la sûreté de son jeu ; très tôt, il se laisse aller à des arabesques sonores à partir de mélodies entendues. Là encore, il convient de ne pas brider ce talent en éclosion, mais seulement de l'asseoir en lui donnant des règles de base – dont on a parfois la curieuse impression, d'ailleurs, qu'il les connaissait déjà et qu'il suffit de les lui rappeler.

Qui a enseigné aux artistes de Lascaux et d'Altamira comment évoquer d'un simple trait l'animal au galop et profiter d'un renflement de la paroi pour figurer son volume ? La créativité artistique est inhérente à l'homme, c'est un trésor destiné à embellir la vie et à apaiser les tourments par la contemplation de la beauté. Ceux qui ont reçu ce don particulier sont porteurs d'une mission : ouvrir nos sens à l'idée de perfection.

Il est évident que la sensibilité particulière des enfants doués, alliée à leur très grande lucidité, à leur esprit critique et à leur sens de la synthèse, conduit les plus artistes d'entre eux au chef-d'œuvre d'innovation : ayant rapidement assimilé les règles de ceux qui les ont précédés, maîtrisant les genres et les manières, ils peuvent, là encore, tout entiers se vouer à l'exploration de voies nouvelles, levant le voile sur d'autres visages de la beauté.

Le carcan des conventions

Pour être acceptée socialement, la créativité – alimentée par la passion dans le cas des enfants doués, qui ne sauraient agir autrement – ne doit pas déborder d'un cadre convenable ; trop d'originalité devient suspect, et celui qui s'obstine passe pour un peu fou. Ces idées « absurdes », ces rapprochements « imprévus », cet intérêt « étrangement excessif » pour un sujet trop particulier n'entrent pas dans les normes. Mieux vaut donc, dit-on, refréner les manifestations d'une créativité qui serait mal comprise, mal acceptée et considérée comme une marque de « bizarrerie ».

Les adultes eux-mêmes connaissent ces réactions de rejet. L'histoire, pas si lointaine, des impressionnistes, moqués, méprisés, dédaignés, est exemplaire. Il fallait à ces artistes une force d'âme peu commune pour persévérer, malgré tout, dans l'expression personnelle de leur art ; mais ils n'auraient pas su agir autrement et peindre selon les critères en vigueur à l'époque.

Peut-on demander à des enfants de faire preuve de la même constance pour affirmer leurs goûts ? Ils sont bien obligés de se normaliser, s'ils veulent continuer à faire partie d'un groupe. Il est pénible et oppressant de se sentir isolé sur un chemin, même quand on sait, au fond de soi, que ce chemin est le bon et qu'il convient à sa quête personnelle.

C'est donc une amputation qui s'amorce, apportant le soulagement de se sentir dans la norme, entouré de semblables. Ce processus ne peut pas étouffer complètement toute imagination, mais celle-ci sera cantonnée dans les rêves les plus secrets, les moins réalistes, ceux qui demandent de l'audace, même pour être seulement effleurés. Sans aucun rappel de la réalité, les inventions peuvent alors réellement devenir « folles ».

Pour un enfant, la question ne se pose pas clairement. Il ne peut se dire : « Soit je conserve mes idées personnelles, je parle de mon univers, et tant pis si on me prend pour un fou, si on se moque de moi, si personne ne veut prendre le risque de devenir mon ami, soit je m'applique à refouler toutes ces idées, et je suis comme tout le monde. » Il ne sait pas ce que ce renoncement va lui coûter : bloquer l'expression de sa personnalité profonde pour complaire à l'entourage peut verrouiller à jamais toute manifestation spontanée, avec les dommages qu'entraîne cette trop grande réserve dans le domaine du sentiment, pour ne prendre que cet exemple.

On pourrait penser que, dans certains cas, il est plus aisé de mettre en œuvre sa créativité – lorsqu'une véritable profession répond à cet appel que rien ne peut faire taire, par exemple. Et pourtant, l'expérience prouve que la situation n'en est pas facilitée.

> Toute petite, Valérie manifeste une passion pour la musique. Pendant qu'elle l'écoute assidûment, elle crée en esprit de rigoureuses chorégraphies, comme s'il allait de soi que mouvements et déplacements devaient accompagner les mélodies.
> Bien entendu, il existe des écoles de danse, mais Valérie s'est révélée si douée qu'elle a souvent été rejetée et même parfois harcelée par ses professeurs, les autres élèves emboîtant le pas à celle qui détenait le pouvoir. Valérie a dû lutter durement pour utiliser ses dons, qui décidément la rendaient trop différente de ses camarades. Elle avait, il est vrai, choisi un domaine artistique où la férocité est parfois poussée à son comble. Sans son courage, sa détermination et quelques aides survenues à des moments opportuns, Valérie risquait de rester la victime ignorée de ses dons exceptionnels. Si elle avait jeté le gant, on aurait simplement dit qu'elle manquait de constance, de force, de grâce – enfin de tout ce qui caractérise une danseuse.

Lorsqu'elle est soutenue par un don particulier qui l'alimente chaque jour, la vocation acquiert une intensité exceptionnelle. Mais celui qui est ainsi guidé par son désir d'accomplissement doit déployer une force sans mesure pour parvenir à ses fins. S'il n'envisage pas une seconde de renoncer à son désir, il sait que la route sera difficile, cahoteuse, semée de plus d'embûches qu'il ne peut en concevoir. Ses dons l'ont très tôt distingué de ses pairs, dont sa détermination l'écarte encore davantage : sur ce chemin, sa solitude sera totale.

Si, par essence, le génie est solitaire, tous ne peuvent supporter cet état assez longtemps pour espérer voir leur ambition reconnue et appréciée. Le long de cette route escarpée, combien restent, épuisés, blessés, désenchantés ? Ces « laissés pour compte », et surtout les plus novateurs d'entre eux, bien trop en avance sur leur époque, en sont l'illustration la plus frappante, même si elle semble maintenant banale. Les impressionnistes évoqués plus haut ont finalement eu beaucoup de chance de pouvoir se grouper pour batailler plus sûrement et, surtout, pour se réchauffer grâce au réconfort de l'amitié.

La loi du nombre

Par la force des choses, le plus grand nombre est réducteur : tout ce qui dépasse de la norme qu'il fixe est facteur de désordre et, comme tel, doit être annihilé, car il pourrait comporter des éléments de destruction mortels pour une société.

En écartant ceux qui tranchent sur l'ensemble, l'école ne fait que remplir sa fonction de vecteur des valeurs en cours. Elle sacrifie quelques éléments, considérés comme hors norme, pour le bien de la majorité, sans chercher à savoir s'ils auraient pu contribuer au bien-être des autres par leurs idées neuves et leur façon originale de voir le monde.

De façon paradoxale, pourtant, l'enseignement encourage aussi la créativité ; mais une certaine créativité, mesurée, normalisée, de nature à être comprise par tous, pour que chacun puisse se dire qu'il aurait pu, lui aussi, avoir une idée semblable ou développer un thème d'une façon identique. Il lui aurait seulement suffi d'un peu plus de réflexion ou d'une disponibilité plus grande – d'un rien, en somme. Tout le monde peut avoir une idée originale pour inventer une histoire, dresser un décor, imaginer un jeu, créer un scénario ; seul le résultat change selon le créateur. C'est la rigoureuse logique propre aux enfants doués qui marque la différence ; l'idée la plus novatrice prend toute sa valeur seulement quand elle est étayée par un raisonnement logique sans faille. C'est ce dernier seul qui lui confère la structure nécessaire rendant possible son application.

> Sylvaine adore les mathématiques, elle évolue dans ce domaine avec une étourdissante aisance. Au grand étonnement de ses professeurs, il lui est venu tout naturellement à l'esprit une formule nouvelle, à laquelle personne n'avait encore songé et qui en résumait plusieurs. Elle dit : « C'est comme une symphonie qui s'organise dans ma tête... »

Ceux qui deviendront chorégraphes, metteurs en scène, peintres ou qui élaborent de nouvelles théories scientifiques ont, eux aussi, l'image de leurs créations tout entière dans la tête, comme une symphonie.

Passionnés et d'un dynamisme allant jusqu'à l'impétuosité, ils sont portés par l'idée de l'œuvre achevée, ils la voient, l'entendent, la racontent aux autres avec un enthousiasme communicatif. C'est Bonaparte encourageant ses soldats avant la campagne d'Italie : « Soldats, vous êtes nus, mal nourris ; le gouvernement vous doit beaucoup, il ne peut rien vous donner. Votre patience, le courage que vous montrez au milieu de ces roches sont admirables, mais ils ne vous procurent aucune gloire, aucun éclat ne rejaillit sur vous. Je veux vous conduire dans les plus fertiles plaines du monde. De riches provinces, de grandes villes seront en votre pouvoir ; vous y trouverez honneur, gloire et richesses. Soldats d'Italie, manqueriez-vous de courage ou de constance ? » Au lieu de songer seulement à de victorieuses campagnes, Bonaparte sait évoquer avec conviction le monde qu'il se propose de conquérir, il s'y voit, il y est, et ses soldats avec lui : l'imagination a fait naître de façon vivante, tangible, un avenir tout proche tissé de richesses et de plaisirs ; il suffit de courage et de constance... Bonaparte est d'autant plus convaincant que son évocation de la misère de ses soldats est objective : une compréhension si lucide est gage de réalité pour les richesses promises.

Avec cet exemple extrême, on est bien loin de l'enfant doué « ordinaire » que l'on tente si souvent de ramener à la norme, tout en voulant lui donner l'impression qu'il est libre d'exercer pleinement sa créativité. Il risque alors d'éprouver le sentiment confus d'être atteint dans son intégrité : il doit perdre quelque chose de lui-même pour continuer sa vie au sein du groupe. Tous ne peuvent pas, à l'instar de Bonaparte, créer leur groupe et le marquer de leur empreinte.

Heureux, donc, ceux qui nourrissent une passion que l'on peut vivre avec discrétion dans le secret de sa chambre ; mais plus heureux encore ceux qui rencontrent des semblables, partageant les mêmes enthousiasmes, les mêmes interrogations, et créant à plaisir des univers riches d'innombrables possibilités où leurs dons se renforcent mutuellement, pour aboutir à une œuvre accomplie.

Cette créativité que rien ne vient entraver peut alors ajouter à l'infini des éléments à la construction de départ, comme ces dessins que l'on gribouille en téléphonant, par exemple, ou en écoutant un discours, et sur lesquels le petit carré du début s'enjolive jusqu'aux limites de la feuille.

Le goût de l'inédit

(Hélène Catroux)

Dans sa recherche de sens, l'élève doué emprunte souvent des portes d'entrée inédites pour analyser, questionner, associer des idées, se mettre dans différents points de vue. C'est une démarche très riche, qui constituera plus tard une qualité essentielle pour un inventeur, un chercheur. Dans le cadre scolaire, l'enfant doué va se poser des questions auxquelles les autres n'avaient pas pensé – ce qui peut étonner, voire considérablement déranger, déstabiliser la classe, et ainsi créer un rejet de la part des professeurs et/ou des élèves.

Quel est de fait le statut de l'inédit dans notre système d'enseignement et dans l'éducation ?

Les grands penseurs, les inventeurs, les artistes se nourrissent d'observations multiples, puis osent des rapprochements originaux leur permettant d'ouvrir un chemin qui conduira après eux à des réflexions nouvelles, à d'autres ressources intellectuelles, d'autres techniques. On peut imaginer que ce fut le cas d'illustres personnages tels qu'Aristote, Léonard de Vinci, Pascal, Beethoven, Proust… pour ne citer qu'eux !

Lors d'un échange pédagogique avec des enseignants de l'École normale supérieure, des professeurs de mathématiques me disaient : « Les élèves arrivent avec un bon niveau de connaissances, mais ils ne sont pas entraînés à la recherche. » Ce constat rejoint celui de Georges Charpak[1].

---

1. Physicien, prix Nobel de physique 1992 et membre de l'Académie des sciences, Georges Charpak a lancé en 1996 l'opération « La main à la pâte », qui vise à promouvoir au sein de l'école primaire une démarche d'investigation scientifique. Le

Il n'en reste pas moins que cette recherche de sens peut, en prenant le chemin de l'inédit, égarer.

« Il écrit et répond n'importe quoi ! »

Éric, 6 ans en classe de CE1, en décembre. Sa maîtresse me l'adressait car ses écrits étaient souvent incohérents et ne répondaient pas à ce qui devait être traité.
Dans un travail d'expression écrite, la consigne était : « Lis les phrases suivantes, puis enchaîne-les deux par deux en utilisant un petit mot (alors, mais, car, donc...). »
Éric écrit la réponse (erronée) : « Il fait froid, je crains que mes plantations gèlent, j'espère que les pistes ne seront pas trop glissantes, il ne s'est pas blessé. »
La réponse juste était : « Loïc est tombé de vélo, mais il ne s'est pas blessé. Je mets mon bonnet, car il fait froid. »
L'explication en fut très limpide : Éric commençait à écrire, puis se posait des questions ; à un certain moment, il se disait « Je dois écrire », et il écrivait ce qu'il venait juste de penser, sans le relier à ce qu'il avait écrit avant de réfléchir.
Remis en évocation de la tâche – on reprend le sujet, l'énoncé ou la demande initiale, et on cherche ce qu'il faut faire pour ne jamais s'en écarter –, il a pris conscience que, pour répondre à l'exigence de celle-ci, il lui était utile de se parler. Il parvenait ainsi à rester uniquement dans la recherche de la réponse et à ne pas se laisser emporter par l'attrait d'une réflexion qui se poursuit au-delà.

Un tel processus est difficile à gérer seul. Il faut travailler la mise en projet (voir p. 70), qui va permettre de maintenir la réflexion dans un axe juste. Pour certains élèves, qui peinent à ne pas s'évader même dans les épreuves apparemment les plus

---

cheminement pédagogique adopté donne à l'élève une position d'acteur et développe cet esprit de recherche. Il a d'ailleurs des effets dans les autres matières. L'élève expérimente, observe, pose des hypothèses, argumente, consulte, travaille en équipe. Il peut développer de réelles compétences de chercheur et faire preuve de créativité.

simples, se parler la procédure facilite les choses. Par exemple : « J'ai un sujet qui commande un verbe du premier groupe à la troisième personne du pluriel, donc je mets "ent" à la fin du verbe. »

La situation est évidemment plus complexe encore dès qu'il s'agit de faire une synthèse de texte, ce qui exige de comprendre et de restituer l'essentiel, en excluant son propre point de vue. Néanmoins, là aussi, se parler en rédigeant permet bien souvent de tenir le cap et de ne pas dévier vers des questions périphériques telles que : « À quoi pouvait réellement penser Churchill au moment de la signature des accords de Yalta ? » Ou : « Quel était son véritable objectif ? »

Pour un esprit aussi vif que celui de l'enfant doué, s'arrêter à ce qui est dit sans prolonger immédiatement la réflexion, envisager l'implicite, imaginer les parallèles, les suites, voire les postulats, est un exercice tout ce qu'il y a de moins naturel. Il faut donc l'aider à trouver sa méthode, celle qui lui permettra de répondre aux attentes scolaires… en attendant que sa réussite lui donne accès à davantage de liberté.

« Il n'écoute pas, il rêve ! »

Une fois de plus, ce n'est qu'une apparence. Il ne « rêve » pas, il se questionne sur le sujet, car il est passionné. Il est dans ses propres interrogations, dans son point de vue inédit, dans ce qui n'est pas traité au cours.

Un élève m'a semblé avoir une stratégie au point pour régler ce problème : « Je rêve d'une oreille (il se parle pour réfléchir) et j'écoute de l'autre. » Une oreille est toujours en veille, et il reconnecte son attention quand il évalue que ce que dit le professeur a un intérêt : explication nouvelle, consigne…

De nombreux élèves doués sont ainsi capables de conduire avec succès plusieurs tâches simultanées ; mais cela suppose une bonne gestion et une bonne discipline, tout pouvant à chaque instant se mélanger. Qui plus est, ce comportement dérange, car il ne correspond ni à la norme – « Une action à la fois ! » –, ni à la certitude universelle selon laquelle « Pour bien réussir, il faut se concentrer sur une seule chose ! », ni aux critères permettant habituellement d'évaluer si l'élève est ou non concentré : « Il dessine ou il lit pendant mon cours, ou il fait des exercices de grammaire pendant que je lis un document d'histoire. » S'il est vrai que certains élèves laissent parasiter leur attention, leur compréhension, leur mémorisation par des activités annexes, d'autres ont besoin de mener différents projets.

Astrid, 8 ans, lit un roman historique tout en écoutant le cours de formation spirituelle. Contre toute attente, ses questions pertinentes montrent qu'elle a de l'intérêt pour le cours et qu'elle suit parfaitement.

Je reconnais qu'un tel comportement est assez déstabilisant pour le professeur et les camarades de classe. C'est pourquoi il est important, avant de le condamner et de l'interdire, de vérifier la qualité de l'attention et de la productivité. Restons ouverts à des possibilités hors norme. Car certains enfants ont avant tout besoin d'apprendre à gérer les multiples sollicitations qui font bouillonner leur tête. Le recours à une bonne mise en projet, telle que nous l'avons décrite plus haut, est alors utile.

Il reste que, pour d'autres élèves, leur propre cheminement est plus attrayant que le contenu du cours. Dans ce cas, il est urgent de chercher avec eux : quel serait le bénéfice d'écouter pendant le cours et à quelles conditions cela serait possible psychologiquement, au niveau de la forme comme du fond.

Jonathan, élève de quatrième, s'ennuie en classe, sauf en dessin ; il dit même s'endormir en français, en histoire et en géographie. Il reproche aux professeurs leur ton de voix monocorde, leur discours peu stimulant. Il a la nostalgie de professeurs « vivant » leurs cours. Sachant qu'il est déjà capable d'élaborer des sites informatiques, je lui propose de créer mentalement le sien. Il partage son écran mental en deux parties : l'une où il place les informations fournies par le professeur (en les reformatant, c'est-à-dire en les traduisant sous forme de schéma, avec mots et dessins) et l'autre où s'expriment les questions qu'il se pose ou qu'on pourrait se poser. Son besoin de prendre en compte d'autres points de vue en « reformatant » le cours lui permet de se motiver, de ne plus s'ennuyer. Ainsi, il peut écouter, comprendre, mémoriser.

« Il ne suit pas la méthode ! » « Il ne respecte pas le protocole ! »

J'entends souvent ce commentaire de la part de professeurs dont le ton de voix laisse à penser qu'ils se sentent très offensés par ce comportement de l'élève.

J'aimerais que ces enseignants entendent un élève de terminale S me dire, à propos de l'obligation de rédiger la démonstration mathématique : « C'est insultant pour le professeur, car c'est le considérer comme incapable de comprendre sans avoir recours à la lecture de la démonstration. »

Pour un sujet qui a besoin de beaucoup de liberté pour faire jouer sa réflexion, la méthode n'a rien d'attrayant ; elle peut même, à certaines étapes de la tâche, bloquer le raisonnement et la mobilisation des connaissances mémorisées.

Le seul recours est de dialoguer avec l'élève pour qu'il se sente le droit d'avoir cette opinion, mais comprenne qu'il n'est pas de son ressort de changer les contraintes de la présentation des devoirs de mathématiques. Suivre le protocole de démonstration exigé est la seule issue pour avoir la note méritée lors de l'évaluation ou le jour de l'examen. Ce qui ne l'empêche pas, pour les étapes de raisonnement, d'utiliser les stratégies et les mots correspondant à son propre mode de fonctionnement.

« Il est difficile d'admettre qu'il ait un tel QI et qu'il fasse des hors-sujet ! »

De même que la rapidité mentale lui joue des tours en la matière, la créativité de l'enfant doué risque de l'entraîner constamment aux marges, voire bien loin, d'un sujet donné. Vois quelques exemples éclairants.

Énoncé de maths en CM1 – « Le vélo de cross de Vincent vaut 261 €. Celui de Théo coûte les 4/3 de celui de Vincent. Quel est le prix du vélo de Théo ? »
Éric a fait une erreur : il a lu 3/4, car, pour lui, un vélo de cross est plus cher qu'un vélo classique.
Énoncé d'économie – « Après avoir exposé la raison du niveau élevé des taux d'intérêt réels jusqu'au milieu des années 1990, vous en montrerez les conséquences sur l'investissement des entreprises. »
Au début du devoir, Éloi a montré qu'il avait bien compris le mécanisme de la fluctuation des taux d'intérêt et de ses conséquences, mais il a perdu de vue qu'il devait seulement analyser les répercussions sur l'investissement des entreprises. Il s'est laissé emporter par son analyse et a parlé de l'appauvrissement des individus qui amplifiait l'écart entre les riches et les pauvres par le jeu des échanges internationaux.
Énoncé de sujet d'analyse en préparation au bac littéraire – « Plus j'y réfléchis, et plus je trouve que tout ce qu'on met en représentation au théâtre, on ne l'approche pas de nous, on l'en éloigne. » (Jean-Jacques Rousseau)
Certains passages du devoir de Véronique étaient hors sujet, car ils se situaient dans une perspective historique. Pour analyser la fonction du théâtre, Véronique a eu besoin de se resituer dans un déroulement, car c'est ainsi que cela prend sens pour elle. Analyser l'évolution du théâtre donnait du poids et du sens à ce qu'elle exprimait. Il lui était impossible de traiter le sujet sans passer par la chronologie, indispensable à l'amorce de sa pensée.

Voici ce que je propose :

- replacer le sujet dans le vécu de l'étape de lecture de l'énoncé, en écartant toute censure et en insistant au contraire sur le projet suivant : « Ce qui nous intéresse, c'est ce que tu as compris » ;
- reconnaître que, dans son positionnement, il était légitime d'orienter sa réflexion comme il l'a orientée ;
- lui permettre de démonter le mécanisme qui l'a conduit dans un hors-sujet, en l'entraînant à refaire une lecture dans l'optique du cours et des exigences méthodologiques.

Cette recherche de sens qui a besoin d'inédit pourrait être appelée richesse de l'imaginaire. C'est une ressource dont nous manquons beaucoup, dans notre société actuelle. Puisse l'école la développer, la cultiver. Il faut simplement, dans certaines situations, aider à la canaliser en vue d'atteindre un objectif bien précis. Ne pratiquons pas trop vite la « stérilisation » par peur de débordements.

> « L'intelligence est le levier avec lequel on remue le monde. »
>
> Honoré DE BALZAC, *Les Illusions perdues*

TROISIÈME PARTIE

Les désarrois de l'enfant doué

Un chemin personnel

(Arielle Adda)

L'explorateur qu'est l'enfant doué n'aura pas besoin de s'abriter derrière une pensée toute faite ni de se protéger par des citations d'auteurs connus et reconnus qu'il suffit de copier pour avoir l'air d'un connaisseur averti, cultivé et à l'esprit ouvert. Le risque n'est jamais bien grand quand on suit une pensée socialement correcte, même si elle se pare de quelques oripeaux en apparence provocateurs ou iconoclastes.

L'enfant doué ne se laisse pas détourner : il suit sa propre route, même quand il souffre de son isolement, mais il parvient mal à se plier aux normes fixées par une pensée couramment admise, qu'il conteste, comme malgré lui, par son existence même. Il veut avoir le droit de lire les livres qui le passionnent, sans attendre l'âge prescrit, il veut apprendre tout ce que la science a découvert au sujet des animaux préhistoriques, des champignons, des météorites, des glaces polaires, sans pour autant se sentir un être à part, un peu fou avec son goût surprenant pour un sujet si ardu. Il est attiré vers un domaine d'étude, avec l'élan intense qui le caractérise, et il admet mal de devoir se freiner ; il s'irrite des stupides délais qu'on lui impose sous le prétexte qu'il doit préférer jouer, parce que c'est une obligation de profiter de son âge heureux, encore ignorant des contraintes et des devoirs. Il désire plus que tout « apprendre ». Alors doit-il s'imposer une frustration, bien plus pénible à supporter que les longues heures d'études austères qu'il souhaite vivre en paix, sans être aussitôt considéré comme un déviant à ramener d'urgence à la norme ?

Adulte comme enfant, il est ardu de persévérer dans son obstination, de faire front, souvent dans la plus complète des solitudes, parce qu'on éprouve une passion ou qu'on s'est fixé un idéal qu'on se refuse à oublier. La petite lueur subsistant au fond de ceux qui ont fini par se faire une raison peut toujours être ranimée s'ils en retrouvent l'audace : elle est la marque des individus doués, même quand ils se sont consciencieusement et longtemps appliqués à l'oublier et à se comporter le plus normalement du monde.

On ne doit pas laisser s'éteindre cette lumière chez les enfants doués, porteurs de tant de promesses.

Une extrême sensibilité

Son affectivité est tout aussi incomprise et malmenée. Aussitôt, on évoque cette fameuse immaturité affective, qui compense dans l'esprit de la société un surcroît de dons intellectuels, afin qu'une juste répartition des qualités soit assurée.

Ce soi-disant manque de maturité reflète, en réalité, une extrême sensibilité. Certains de ces enfants paraissent désarmés, démunis face à l'agressivité. Ils sont très facilement blessés et ne tardent pas à se sentir perpétuellement écorchés, parce qu'ils n'ont pas eu le temps de cicatriser entre deux attaques. On pourrait les penser susceptibles ou détestant les critiques ; en réalité, ils souffrent de n'être pas tels qu'on les espère et prêtent aux critiques les plus anodines le pouvoir de mettre cruellement en évidence leurs défauts.

Cette sensibilité exacerbée est difficile à concevoir : on ne peut imaginer à quel point ils sont démunis de carapace, on pense que leurs phrases bien construites, leur vocabulaire si riche rendent compte d'une personnalité bien affirmée, bien protégée, solide et capable d'affronter remontrances et jugements.

> Pierre, qui n'a pas 5 ans, dit : « Le courage, c'est quand on domine sa peur. »

Cette phrase est admirable pour plusieurs raisons : c'est, tout d'abord, une des meilleures définitions du courage que l'on puisse donner ; mais elle met aussi en évidence la concision, la précision et la capacité de synthétiser la pensée des enfants doués. L'élégance de la phrase et le choix du mot juste sont naturels : Pierre s'exprime comme il pense, avec rigueur et sobriété. De surcroît, il donne une réponse réfléchie, approfondie, il ne parle pas en l'air, il recherche la meilleure façon d'exprimer sa pensée. Ces quelques mots suffisent à démontrer le fossé qui sépare l'enfant indifférent et encore immature de celui qui ne ménage pas ses forces dès qu'il s'agit de rechercher la perfection.

Dans cette définition, il y a aussi l'expression d'une autre recherche, celle de la maîtrise de ses sentiments. Pierre sait qu'il faut se montrer courageux dans de multiples occasions de la vie quotidienne. On tombe ? On ne pleure pas, même si on a eu très peur. On doit affronter une situation inconnue ? On refoule son angoisse pour ne pas donner l'image d'un petit garçon terrorisé, qui ferait honte à ses parents. On doit rencontrer des enfants dont on ne sait rien – et Pierre a déjà une grande expérience des enfants agressifs et brutaux ? On ne montre pas son appréhension, de crainte que ces enfants ne devinent cette faiblesse et profitent de l'occasion pour en rire un peu.

Pierre a déjà appris la maîtrise de soi, le stoïcisme, il s'entraîne à l'exercice de la *virtus*, la force d'âme des Anciens. Pourtant, à son âge encore si tendre, on penserait qu'il a bien le droit de manifester sa peur, on lui pardonnerait volontiers cette défaillance : il est si petit, si faible, encore tellement ignorant de la vie. Cependant, lui sait déjà qu'il faut apprendre à « dominer sa peur ».

La sensibilité des enfants doués est encore accrue par la conscience à la fois aiguë et indéfinissable de n'être pas exactement semblables à leurs camarades. Ce sont de subtiles, mais constantes, différences qui créent vite une impression de mise à l'écart à l'occasion d'infimes événements : une réaction à une plaisanterie dont ils sont seuls à rire, ou à ne pas rire, une manifestation de générosité qui pourrait sembler incongrue, des larmes intempestives à l'écoute d'une histoire émouvante que leurs camarades ont écoutée comme ils auraient écouté d'autres contes... Comment un jeune enfant, soucieux de conformisme par goût de l'ordre et de l'harmonie, va-t-il supporter ce constant décalage ? Il se pensera un peu marginal, voire idiot – ce que les autres ne se privent pas toujours de lui confirmer –, ou bien, plus grave, franchement fou et donc destiné à vivre à l'écart, enfermé dans un univers peuplé d'individus « bizarres » qui lui ressembleront.

Les « difficultés d'intégration »

Il existe des remèdes à ce malaise, appliqués par la force des choses quand les « difficultés d'intégration » – objets de si nombreuses consultations – deviennent trop importantes. Avec le manque de maturité, ces difficultés seraient le signe incontestable du caractère compliqué et même tortueux de l'enfant doué. Or elles s'aplanissent comme par miracle quand cet être complexe se trouve dans la compagnie d'enfants d'âge différent.

Avec les plus jeunes, il peut parler comme il le désire : ses cadets l'admirent de toute façon et ne s'étonnent pas de ne pas tout comprendre ; il leur enseigne ce qu'il sait et il est écouté, c'est un « grand », mais particulièrement patient et attentif avec les petits. Il peut se laisser aller à la tendresse, abandonner pour un temps ses défenses, à l'ordinaire indispensables, et il savoure comme il convient cette trêve. L'unique inconvénient de cette situation apaisante sera de s'entendre décrire comme tellement immature qu'il ne se trouve bien *que* dans la compagnie d'enfants plus jeunes, des « bébés » auxquels il ressemble.

Avec les plus âgés, il écoute de toutes ses oreilles parler d'un monde qu'il connaît encore à peine, et qui l'attire ; son humour est apprécié, et, comble de bonheur, il peut être chouchouté en tant que benjamin sans pour autant être considéré comme un bébé sans intérêt. Pour une fois, il n'est pas obligé de surveiller son langage et son vocabulaire, des enfants seulement un petit peu plus âgés que lui ne s'étonnant pas de l'entendre parler comme eux : ils n'ont pas encore eu le temps d'intégrer les normes émises par des pédagogues soucieux de classement bien ordonné.

Ces « difficultés d'intégration » sont donc prêtées à un enfant délicat, sensible, parfois poète, doté d'une intuition lui permettant de comprendre ses émotions et les sentiments de son entourage sans qu'il soit besoin de la moindre explication. C'est pourquoi, d'ailleurs, il réagit si douloureusement à l'agressivité : il en perçoit toute la violence et la méchanceté bornée et jalouse. Rien d'étonnant alors à ce qu'il se sente profondément blessé. Il ne sait pas relativiser les manifestations d'une fureur dirigée contre lui sans qu'il comprenne ce qui l'a fait naître, mais il sait discerner l'intention perfide, cachée sous la raillerie, et l'écrasant sentiment de supériorité de ceux qui évoluent à leur aise dans un monde fait pour eux.

Tant d'assurance chez les autres le conforte dans l'idée qu'il lui manque un mode d'emploi que tous les enfants, certainement plus intelligents, plus savants et mieux armés que lui, maîtrisent habituellement depuis longtemps. Il lui paraît si naturel de saisir les intentions cachées, les sentiments obscurs, que les autres ne s'avoueraient même pas, qu'il n'y voit aucune supériorité, mais, au contraire, une faiblesse de plus, faisant de lui une victime désignée. Il a parfois l'impression de n'avoir pas suivi les mêmes cours, d'avoir appris d'autres leçons ou encore d'avoir tout compris de travers. Il est le seul à se sentir pétrifié par une violence qu'il perçoit au-delà des mots énoncés, tandis que d'autres n'y verraient qu'une maladresse dans l'expression ; ce n'est donc pas tout à fait le même langage qui est employé, puisqu'il *entend* au-delà du sens ordinaire et qu'il réagit à ce qu'il a *entendu*, non à ce qui a été formellement exprimé.

À quel moment y a-t-il eu une erreur ? Manifestement, l'enfant doué souffre d'une carence, d'un déficit qu'il faut détecter afin de le traiter avec efficacité. Son métabolisme est différent, mais à son âge tout peut encore rentrer dans l'ordre. Comme certains doivent se soigner en prenant du calcium, du magnésium ou de complexes molécules pharmaceutiques, lui devra prendre une dose de conformisme tous les matins avant d'aller à l'école, et il verra comme il sera alors heureux.

On doit tout de même rappeler que cette faculté d'entendre non ce qui est dit, mais ce qui s'exprime par-delà le langage permet des échanges enivrants quand deux individus pareillement doués peuvent se comprendre à demi-mot ou sans mots du tout, d'un simple regard, d'un bref sourire. Fortifiés par cette complicité, ils laissent alors les autres trahir leurs sentiments néfastes, heureux de découvrir qu'ils ne sont pas seuls à parler ce langage subtil et pudique.

C'est, bien entendu, tout le bonheur qu'on leur souhaite, et on peut les aider à le savourer en leur donnant l'opportunité de rencontrer des semblables. Il ne faut pas s'imaginer que la confiance s'établira d'emblée – ces enfants sont prudents –, mais peu à peu ils découvriront le savoureux plaisir de la complicité.

L'échec paradoxal des enfants doués

(Arielle Adda)

Les enfants doués surprendront toujours leur entourage, même quand celui-ci pense avoir déjà tout vu et tout connu.

Il en va ainsi quand on voit avec étonnement un enfant plonger subitement dans un profond désespoir ou bien exploser sous l'emprise d'une colère effrayante pour un motif qui semble vraiment dérisoire : une construction qui vacille, un dessin maladroit, enfin une défaillance d'une importance si minime que personne n'y aurait prêté attention si la réaction disproportionnée de l'enfant doué n'avait dramatisé l'affaire.

Chassé du paradis

Tout a pu commencer très tôt, dès la maternelle : les enfants doués, qui attendent tant de l'école, y vivent parfois un drame, avec une intensité difficile à concevoir quand on oublie la passion qui les mène en toute occasion.

Au début, tout va bien : la maîtresse est gentille, elle apprend à faire des choses intéressantes, et puis, un jour, cela se dégrade, sans cause apparente. En fait, il ne s'agit que d'un fait insignifiant, négligeable : une tâche mal accomplie, et la maîtresse dit : « Ce n'est pas bien, tu as mal travaillé. » Pour l'enseignante, il ne s'agit que d'une remarque ponctuelle, tout à fait anodine, qui sera vite oubliée ; mais elle a été comprise par l'enfant comme un jugement définitif. Lui qui s'appliquait, qui voulait réussir, faire plaisir et en être complimenté se sent rejeté dans les ténèbres extérieures : il n'est pas bien, donc mauvais, il ne vaut plus rien, il a déçu, il est « fini », comme on le dit des sportifs vieillissants qui ratent leur ultime prestation.

Cet enfant a basculé dans ce qui lui semble un enfer sans que personne se doute de quoi que ce soit. Désormais, il ne veut plus retourner à l'école, il en est malade, il pleure, il a mal au ventre ; il ne revit un peu qu'au moment des vacances. Pour lui, la vie sera une longue suite de perspectives grises, tout accomplissement glorieux lui étant maintenant interdit : il n'est pas bien, il est nul, bon à jeter.

Pour comprendre ce mécanisme, qui semble bien compliqué et surtout hors de proportion, il faut savoir que, jusqu'à cette terrible catastrophe, on lui disait toujours « C'est bien ! », approuvant son application et sa bonne volonté. Un enfant tellement attentif, et que sa facilité comble, en outre, de multiples grâces, mérite bien tout l'amour qu'on lui porte. Il sait que « C'est bien ! » comporte surtout un jugement moral et « Ce n'est pas bien ! » une désapprobation du même ordre. Il a donc mal agi, comme s'il avait volé, menti, délibérément accompli une mauvaise action. Il est un vilain enfant, ou bien la maîtresse le considère comme tel – ce qui revient au même, la parole de la maîtresse étant sans appel.

Une fois l'événement compris, on peut essayer de remettre un peu d'ordre dans la confusion du jugement de valeur, en prenant un exemple concret et éclairant : pour un gâteau raté ou brûlé, on ne va pas mettre la cuisinière à la porte et lui retirer toute reconnaissance de son travail – d'autant plus que cette cuisinière accidentellement maladroite est généralement aussi la mère de famille et que personne ne songerait à la priver d'une parcelle d'amour parce qu'elle a oublié un plat dans le four.

Reste à convaincre un enfant affligé et souvent angoissé qu'il se trouve dans la même situation que sa maman quand elle lui donne à manger un gâteau en miettes. Lui dira-t-il qu'il ne l'aime plus, qu'il ne veut plus d'elle comme maman et qu'il a honte d'elle ?

Affirmer que les avis de la maîtresse ne sont pas toujours d'une stricte objectivité est peu recommandé. D'une part, il est dangereux de critiquer cette dernière : elle finira par entendre parler de cet avis peu favorable et risque d'en concevoir une rancune dont l'enfant fera les frais ; par ailleurs, il n'est jamais bon de rabaisser l'autorité accordée par la hiérarchie aux yeux d'un très jeune sujet, qui doit apprendre à vivre en société. D'autre part, l'enfant peut ainsi prendre l'habitude de critiquer tout ce qui ne lui plaît pas et de tenir pour négligeables les avis de ceux qui lui font des remontrances. Il se croira d'une autre essence, insensible aux critiques, toujours infondées selon lui, et donc inutiles, alors qu'elles sont indispensables à la construction de soi.

La perte de soi

Il ne faut pas oublier que, il y a encore si peu de temps, l'enfant aujourd'hui critiqué était un bébé qu'on admirait et félicitait sans cesse ; à chaque victoire sur sa maladresse, on lui formulait des encouragements qui lui semblaient tout naturels : il ne pouvait en être autrement.

Les remontrances de la maîtresse ont fait naître un sentiment d'angoisse provoqué par la perte de tous ses espoirs. L'enfant qu'on a ainsi morigéné, ne serait-ce que très légèrement, est envahi par une appréhension insupportable à l'idée qu'il va désormais se révéler défaillant, décevant, voire irrémédiablement idiot, lui qui désirait tant goûter aux plaisirs dispensés par le savoir et en attendait un bonheur infini. Il croit qu'il va être obligé de renoncer à ces joies multiples pour s'enfoncer dans un terne ennui, puisqu'il se montre incapable de réussir les tâches qu'on lui propose. La pression qu'il s'impose à ce moment-là est intenable, insoutenable, si douloureuse qu'il ne cesse de s'agiter, comme pour échapper à une sensation d'oppression qui l'écrase : cet enfant endolori, qui remue en tous sens sans trouver de repos, offre un spectacle d'autant plus pénible qu'on se souvient de sa sagesse admirable. Il est alors urgent de démonter avec lui le mécanisme qui l'a conduit dans cette situation impossible, de le dédramatiser, si possible avec l'appui de la maîtresse, qui ne pouvait se douter des exigences perfectionnistes de cet élève ni de l'angoisse mortelle qui l'étouffe. Faute d'une telle démarche, l'image idéale d'un enfant progressant joyeusement sur les chemins de la connaissance laissera place aux plus sombres perspectives d'avenir.

Cet enchaînement maléfique m'est apparu avec évidence grâce à un petit garçon qui a très bien su expliquer son malaise.

> Antoine a tout juste 3 ans quand il vient passer un test, parce qu'il est difficile de lui trouver une école acceptant de ne pas le mettre en petite section de maternelle. Il est adroit de ses mains, parle très bien, calcule rapidement et, surtout, fait montre d'une rare application, d'un calme et d'une sagesse exemplaires. Quand on lui propose une tâche, peut-être un peu ardue pour lui puisqu'elle est destinée à de plus grands, il répond : « C'est difficile, mais je vais essayer. » Et de fait, généralement, il réussit. C'est un enfant à proprement parler adorable.
> L'année suivante, rien ne va plus. Il ne veut plus aller à l'école, sans qu'on en comprenne les raisons. Ses parents lui proposent de revenir me voir, pour une simple conversation cette fois, et il en paraît heureux. Néanmoins, une fois dans le bureau, il devient agité, capricieux, insupportable, incapable de s'exprimer, presque provocateur, accumulant de petites bêtises. Tout dialogue est impossible.
> Sitôt après la séance, il saura très bien expliquer pourquoi il s'est conduit de cette façon bizarre : c'est le seul moyen qu'il a trouvé de faire comprendre son malaise. On imagine aisément, en effet, qu'il ne pouvait raconter avec clarté et objectivité combien la maîtresse le rendait malheureux par ses critiques. Il a donc exprimé son désarroi de la seule manière qui lui était possible. Évidemment, il serait, une fois encore, réprimandé, mais il le supporterait d'autant mieux qu'il espérait qu'on lui viendrait en aide, une fois son message compris.

Antoine a ainsi pu faire clairement comprendre la souffrance endurée quand il entendait « Ce n'est pas bien » : dans son esprit, ce jugement le remettait en cause dans la totalité de son être.

Relativiser l'échec

On doit expliquer les différences entre les apprentissages de la maison et ceux de l'école. On va à l'école pour apprendre des données théoriques, qui peuvent sembler parfois inutiles parce qu'on ne les met pas toujours immédiatement en application. Ces données sont complexes, et les connaître exige un travail assidu et austère, bien éloigné de l'énergie vitale qui aide les jeunes enfants à acquérir les premiers apprentissages. Pour rassurer tout à fait cet enfant inquiet, on peut lui raconter comment les singes, par exemple, se développent dans leur tout jeune âge bien plus vite que les enfants, jusqu'au moment où le langage apparaît. L'enfant désemparé comprendra alors qu'on ne peut comparer ce qui s'apprend instinctivement et ce qui demande une élaboration complexe du cerveau, qui a besoin de longues années pour se développer pleinement. Dans ces cas-là, il n'y a pas de honte à trébucher parfois.

Il faut donc s'appliquer à relativiser cet « échec », puisque l'infime maladresse de l'enfant a été vécue par lui comme une véritable déroute, de même ordre que celle qui sanctionne un examen raté et ferme à l'étudiant ambitieux les portes de l'accomplissement rêvé ou encore celle de l'amoureux éconduit qui voit sa princesse idéale au bras d'un autre. Il s'imagine semblable à ces athlètes, pourtant si bien entraînés, condamnés à disparaître dans l'amertume et la honte parce qu'ils ont échoué tout près du but. C'est que, pour un insuccès dérisoire, l'enfant doué pense aussitôt avoir atteint ses limites et s'être ridiculisé, surtout aux yeux de ceux qui le jalousaient et vont désormais pouvoir ricaner à leur aise devant sa déconfiture ; de la même manière que la réussite lui est si aisée qu'il ne saurait dire comment on l'atteint, il ne sait pas non plus pour quelles raisons il échoue ; il peut penser que sa facilité, qui lui paraît tellement naturelle et faisant intimement partie de lui, l'abandonne subitement, peut-être pour toujours. On conçoit bien alors son désespoir et sa rage impuissante.

Des colères violentes et surprenantes, des accès de tristesse insondable, un apparent dégoût de la vie rendent bien compte du malaise de l'enfant doué, confronté à une inexplicable situation d'échec qui, à ses yeux, annoncerait la disparition de ses qualités intellectuelles, à l'image de la lueur d'une étoile déjà morte diminuant inexorablement dans un rougeoiement révélateur.

Cette idée proprement insupportable d'impuissance est aisée à combattre, du moins en théorie. Il faut expliquer à l'enfant inquiet que le travail, l'effort, l'apprentissage procuré par une réflexion plus approfondie permettent d'assimiler un savoir-faire : il n'y a plus d'impuissance, mais, acquise par l'exercice, une solide maîtrise de ses capacités, de nature à dissiper dans l'instant toute l'angoisse surgie en même temps que l'échec. C'est un palier, indispensable à franchir pour nombre d'enfants doués qui ont longtemps cru qu'il leur suffisait d'entreprendre pour réussir. Pour eux, la notion d'effort reste longtemps purement théorique : relire deux fois une leçon représente un véritable pensum. Il n'y a ni orgueil ni mépris dans cette attitude, naturelle chez ceux qui disposent d'une telle facilité.

Ce processus, bien dans la logique des enfants doués, échappe souvent aux observateurs qui refusent de reconnaître ces particularités. On imagine alors leur scepticisme condescendant quand ils interprètent de telles réactions et qu'on tente de leur exposer le mécanisme banal propre aux enfants doués quand ils découvrent qu'ils ne sont pas tout-puissants. Ces observateurs critiques ont beau jeu alors d'évoquer la fameuse « immaturité affective » de l'enfant doué, qui a bien l'air de pleurer pour une vétille et qui, manifestement, ne comprend pas les raisons de son échec, même quand il est patent qu'il n'a pas travaillé comme il aurait dû. Cette inconscience suffit à prouver son degré d'infantilisme !

C'est pourtant ce mécanisme qui provoque, chez les enfants bénéficiant de telles facilités, abattement et tristesse infinie lors d'un premier échec à un examen, accident de parcours que les écoliers ordinaires considèrent sainement comme une péripétie ennuyeuse, sans plus. Pour l'enfant doué, il s'agit d'une confrontation brutale avec une réalité devenue tout à coup abrupte et impitoyable.

Il est vrai que ces tourments sont inconnus des autres enfants, plus sereins devant l'obstacle : ils savent qu'ils ne sont pas parfaits et ils apprécient même parfois cette faiblesse, cette ignorance qui leur valent tous les soins de la part d'un entourage aimant. Ils ne craignent pas de décevoir, alors que l'enfant doué vit mille morts à l'idée que ses parents, si fiers de lui, vont être obligés de s'accommoder désormais d'un enfant gauche, aux possibilités limitées.

Le plus précieux des trésors a, lui aussi, besoin qu'on le fasse fructifier par un travail approprié ; il offre alors une richesse infinie... La vie n'est pas un conte de fées, où un palais merveilleux surgit en une nuit, quand une marraine bienveillante exauce dans l'instant tous les souhaits ; elle ressemble plutôt à ces romans initiatiques où le héros doit combattre mille périls, risquer sa vie, apprendre au cours de son périple à se servir de ses armes et, plus encore, de sa réflexion, avant de réussir son entreprise. Une belle princesse se mérite, elle qui a dû aussi se plier à d'austères contraintes pour honorer son titre.

Éloge de la patience

Si la voie du raisonnement qu'il a empruntée sitôt la question posée se révèle fausse, l'enfant doué se sent complètement perdu, sans possibilité de revenir en arrière pour retrouver les bases de départ, puisqu'il n'a pas clairement identifié ces données. Égaré sans rémission ni recours, il peut se fâcher, s'il se trouve dans une période d'incertitude qui lui rend l'échec insupportable, ou bien sombrer dans un grand abattement, s'il a déjà commencé à douter sérieusement de ses dons, ou encore à se désintéresser totalement du sujet abordé, comme si ce domaine n'offrait aucun attrait pour son goût déjà bien affirmé. On le dira tour à tour colérique, dépressif ou original et peu scolaire, on tentera de l'aider à améliorer cet état, alors que tous ces maux viennent d'une méconnaissance du processus ordonné et rigoureux que doit suivre une réelle réflexion pour parvenir à une conclusion intéressante.

Il a longtemps cru que le raccourci qu'il employait spontanément constituait le seul chemin possible et que les autres élèves faisaient des détours inutiles, qui les ralentissaient, sans bénéfice aucun. La révélation de la nécessité de suivre cette voie en apparence si lente bouleverse sa conception du travail. Le chemin ne lui semble pas naturel, et il a du mal à accepter de l'emprunter. Il est même difficile de convaincre un enfant à l'esprit trop rapide de l'importance des étapes. Non seulement elles ne lui semblent pas indispensables, mais encore elles seraient utilisées seulement par des élèves besogneux, à l'esprit confus et lent, qui doivent progresser péniblement pour parvenir à un résultat acceptable. On conçoit que la seule idée de devenir à son tour semblable à ces élèves laborieux soit de nature à précipiter l'enfant soudainement perplexe dans un abîme de tourments. L'essentiel lui paraît alors de trouver rapidement une parade, afin de masquer son désarroi en attendant de retrouver sa facilité, et non de remédier à cette défaillance qu'il espère accidentelle. Lorsque l'« accident » se reproduit trop souvent, il se sent déjà trop meurtri pour songer à emprunter aux autres leur mode de raisonnement, quand bien même celui-ci aurait fait la preuve de son efficacité.

Éviter la paralysie mentale

(Hélène Catroux)

Face à la difficulté, le comportement de l'élève doué peut agacer. Certains enseignants l'expriment ainsi : « Il est trop émotif ; à la moindre difficulté, il se bloque. » Ou encore : « S'il prenait la peine de chercher un peu, il trouverait. »

Les parents peuvent ajouter, au vu des résultats : « Il ne prépare pas sérieusement ses contrôles, il n'apprend pas, il se moque du travail écrit. »

On peut comprendre qu'un tel comportement, chez un élève repéré intelligent, déroute. Pourtant, je voudrais pouvoir, lors de mes entretiens, brancher une vidéo pour permettre aux enseignants comme aux parents de prendre conscience du drame et de la souffrance éprouvés par l'enfant doué quand la réponse ne vient pas immédiatement. Je pense que ce constat déclencherait chez eux de la compassion.

Soudain, le vide

Il me semble important de se replacer dans la réalité vécue par l'enfant doué : pendant de nombreuses années, les apprentissages se font sans effort et très rapidement. Il comprend, mémorise, retrouve rapidement les connaissances dans sa mémoire – celles-ci prennent même la forme qu'exige la contrainte scolaire –, le tout sans avoir besoin de réfléchir.

Récemment, un étudiant en classe préparatoire me demande un rendez-vous : « Jusqu'ici, je n'ai pas eu à réfléchir ; maintenant que je suis en prépa, je souhaiterais que vous m'appreniez à réfléchir. » Pour obtenir son baccalauréat et l'admission dans cette prépa, il n'a pas eu à faire d'effort...

Puis un jour survient brusquement l'inattendu, l'inédit : lors d'un raisonnement en mathématiques, d'une dissertation en histoire, en économie ou dans toute autre matière, le rythme de la pensée se grippe, les éléments ne s'enchaînent plus, la mémoire semble vide ; et impossible de se « reconnecter ».

Pour éprouver les mêmes émotions que la personne confrontée à une telle situation, imaginez-vous ouvrir votre ordinateur et ne plus retrouver un document qui a demandé des journées de travail et dont dépend votre reconnaissance professionnelle. La sauvegarde n'a pas fonctionné. Qu'éprouvez-vous ? Angoisse, interrogations, impuissance. Tout s'écroule. Cela peut aller jusqu'à la paralysie mentale.

Je me souviens d'avoir été appelée au secours par la mère d'un élève de première S qui voyait son fils devenir comme fou. Pour la première fois de sa vie, lors d'un exercice de maths, le raisonnement ne s'enchaînait plus. Plus il cherchait, plus sa pensée ralentissait et se montrait incapable de se repositionner dans une direction de recherche : « D'un seul coup, j'ai imaginé que je ne pourrais plus être au niveau en maths et qu'il me faudrait renoncer à mon rêve d'être ingénieur. »

« Quand je bloque, c'est le vide ; c'est comme si j'étais suspendu au-dessus d'un précipice par un fil qui va se couper », disait un autre élève qui était dans la même situation.

J'ai choisi des exemples vécus par des grands, mais on peut observer ce phénomène chez des plus jeunes, qui vivent ce type de situation avec une profonde désespérance.

« C'est comme si, pendant la nuit, un mauvais lutin avait effacé ce que j'avais récité à ma maman la veille au soir », me disait un enfant de 7 ans qui n'avait pas retrouvé dans sa mémoire les règles de grammaire lors du contrôle.

Pour la tranche d'âge, jusqu'à 13 ans, voire plus, ce sont de fait des problèmes de mémorisation – enregistrer ou retrouver dans sa mémoire –, davantage que des troubles du raisonnement, qui induisent la peur d'avoir perdu son intelligence.

On pourrait penser que, confrontés à l'impossibilité nouvelle de raisonner rapidement et sans effort, les grands sont en mesure, grâce à leur intelligence, de se repositionner, en se laissant un temps de recherche. Mais ce ne peut pas être le cas, puisqu'ils pensent que cette intelligence qui se « branchait », sans qu'ils soient conscients du processus mis en œuvre, a disparu.

Tout se calme quand ils découvrent que l'intelligence est fidèlement à leur disposition et que seul le mode d'emploi de celle-ci est à revoir.

Oui, on peut à tout moment sortir de l'impasse en se reprogrammant mentalement pour déclencher une stratégie de recherche. Alors, le mur qui brusquement s'était dressé, mettant le raisonnement en échec, s'évanouit tel un mirage et ne fait plus écran aux pouvoirs de l'intelligence. De l'impression de vide, on peut ainsi passer à la pleine possession de ses ressources.

J'aimerais que chacun puisse se dire : « Je suis un être normal, mon intelligence ne peut pas être endommagée, elle a seulement besoin de recevoir des consignes précises pour que je puisse atteindre mon objectif. Jusqu'à présent, elle était branchée en automatique. Maintenant, elle a besoin que je fasse preuve d'astuce pour retrouver le chemin du raisonnement. Je dois jouer avec mes connaissances et, si c'est nécessaire, accepter de faire simple. » Autrement dit, l'élève doué a tendance à ne pas chercher des chemins de réflexion qui pourraient lui simplifier la vie. Il lui arrive même de ne pas trouver la solution faute de se la représenter. Il doit donc apprendre à emprunter d'autres voies, souvent plus directes que ce qu'il imaginait.

Une question de méthodologie

Concevoir que des personnes douées puissent avoir peur de perdre leur intelligence est, pour beaucoup de parents et d'enseignants, hors de leur champ de conscience.

Il faut réaliser que, s'ils ont l'habitude de réfléchir vite et bien, sans effort, les élèves doués sont conscients – à la puissance x – qu'il existe un infini entre ce qu'ils savent et la somme des connaissances. L'impression de perdre leurs capacités, conjuguée à la certitude de leur ignorance, contribue à les fragiliser davantage encore.

La solution réside dans un travail méthodologique visant à optimiser leurs propres ressources en leur permettant de sortir de leur état d'impuissance. Ce travail est non seulement possible, mais nécessaire.

Dialogue avec Émilie, élève de seconde, qui pour la première fois est confrontée au besoin d'un peu de temps pour comprendre, réfléchir, résoudre…

« Je deviens idiote, je ne sais rien, lisez mon carnet de notes…

– Les années précédentes, ta scolarité se passait comment ?

– J'avais des notes convenables sans travailler à la maison et sans toujours écouter aux cours. Dès que je décidais de réfléchir un peu, j'arrivais à faire un devoir d'histoire ou de géographie, et même des exercices de maths.

– Tu peux te remettre dans la situation d'un contrôle l'an dernier ? (Julie évoque.)

– Oui.

– Que fais-tu ?

– Je suis décontractée, je lis le sujet, puis tout vient tout seul, c'est comme si les connaissances passaient directement dans mon stylo.

– Tu peux évoquer la même situation, dans la même matière, cette année ?

– Là, je suis un peu affolée, vais-je savoir ? J'ai du mal à lire le sujet, à cause de mon inquiétude, je ne sais pas dans quel sens chercher la réponse. C'est comme si je n'avais plus rien dans la tête, c'est comme

si tout avait disparu de ma mémoire. Rien ne s'enchaîne, je ne "connecte" plus.
– Tu décris avec beaucoup de justesse ce qui t'arrive. Tu voudrais qu'il se passe quoi ?
– Que les réponses, le raisonnement arrivent tout seuls, comme cela se passait jusqu'à cette année.
– Ces réponses, ce raisonnement qui arrivaient tout seuls, où prenaient-ils leur source, où existaient-ils ?
Après un moment de réflexion, tellement l'évidence la perturbe :
– Dans ma mémoire.
– Oui, ta mémoire a stocké des connaissances qui sont disponibles. Simplement, quand la tâche devient plus complexe, il faut laisser à ton intelligence un peu de temps pour connecter ta mémoire au bon endroit et élaborer le raisonnement. Sache aussi que, si tu te dis que tu ne sais rien, tu branches le programme "Ne rien savoir". Souviens-toi, ton intelligence fait exactement ce que tu lui demandes. »

Dans cette situation, on revient à la description du fonctionnement du cerveau limbique (voir *Les lois de l'intelligence*, l'interaction cognitif-affectif). En pensant que l'on ne sait rien, c'est comme si l'on fermait à triple tour la porte de sa mémoire et que l'on égarait la clé qui commande la sélection de la programmation des stratégies mentales pour comprendre, réfléchir.

En revanche, si l'on se met en état de confiance et que l'on se « programme » pour la réussite, en s'imaginant atteindre l'objectif et en se représentant mentalement (évocation) les stratégies devant être mobilisées, on est sûr que l'intelligence ne pourra que réussir. C'est la force du projet.

Voici la procédure que je propose :

- je m'imagine au contrôle, une réponse n'arrive pas tout de suite ;
- je me calme en activant un ancrage positif, je me remets dans le moment du cours où était traitée la question ;
- je laisse revenir ce que je sais. J'accepte que la réponse ne vienne pas rapidement. Peut-être faudra-t-il, à partir de la connaissance qui se rend disponible, en déduire la réponse.

Cette procédure prend en compte les lois neurophysiologiques : nous avons un circuit pour faire entrer l'information, un autre pour rechercher celle-ci, la rapidité de ce dernier variant en fonction de l'entraînement auquel on l'astreint. Ce qui justifie l'intérêt de l'entraînement à utiliser ses connaissances dans différentes situations.

Une telle programmation, qui exige un peu de temps, ne pourra se mettre en place que dans la mesure où l'élève aura pris conscience de ces lois. Il serait juste de partir du constat qu'il les utilisait auparavant sans en être conscient, et qu'il lui faut désormais apprendre à maîtriser le processus.

La mémoire, base des compréhensions futures

L'incapacité à retrouver les connaissances dans sa mémoire alors que tout semblait être su s'éclaire quand on découvre combien on défiait les lois de la mémorisation en pensant que comprendre, faire quelques exercices suffisaient à constituer une banque de données mentale opérationnelle – c'est-à-dire fiable et mobilisable à volonté. De fait, quand elle répondra à ces deux critères, la mémoire permettra de satisfaire aux exigences du contrôle tant sur la forme que sur le fond.

Il est vrai que, pendant de nombreuses années, il suffisait à l'élève d'écouter en cours (même d'une seule oreille), de comprendre et d'appliquer pour réussir le contrôle.

Mais, dès que les exigences se complexifient, il est nécessaire de prendre un peu de temps pour s'assurer du bon fonctionnement de la mémoire. Pour vérifier l'état de la banque de données mentale, on peut se poser les questions suivantes :

– quand j'ai compris, qu'ai-je en mémoire ?
– est-ce juste, classé, formulé selon les exigences du contrôle ?
– saurai-je quand et comment l'utiliser ?

Se positionner ainsi est très exigeant, car cela prend du temps et expose au risque d'une évaluation mitigée révélant que l'on n'est pas tout à fait au point. Or un tel « diagnostic » peut être très éprouvant psychologiquement. Il est tellement plus confortable de penser que tout ce qui est compris est mémorisé : « Je peux tranquillement passer à d'autres activités... »

Explications ou conseils n'ébranleront pas la croyance selon laquelle « Il suffit de comprendre pour réussir, la mémorisation est en prime ». Mieux vaut d'ailleurs ne pas insister. Inutile, par exemple, de s'acharner à faire apprendre par cœur des tables de multiplication à un enfant qui s'y refuse. Il est préférable d'attendre qu'il soit furieux de perdre des points car il fait des erreurs ou n'est pas assez rapide dans les opérations. Il en est de même en ce qui concerne les définitions de géométrie (le professeur est en droit d'enlever des points si l'on ne sait pas s'exprimer en utilisant le langage conventionnel des mathématiciens).

Je conseille aux parents d'attendre une série de résultats « insatisfaisants » (souvent à un niveau acceptable pour le commun des mortels...) pour travailler sur la problématique suivante : « Comment obtenir les notes auxquelles mes connaissances, mon niveau de réflexion me donnent droit ? »

Une autre situation peut conduire l'enfant à consentir au travail sur la mémorisation : la prise de conscience que des lacunes ou un stockage mal organisé le retardent ou le mettent en incapacité de raisonner. Il sera alors prêt à découvrir que les connaissances mémorisées sont la nourriture des compréhensions futures, ainsi que le dit Antoine de La Garanderie : « L'acte de mémoriser, c'est lancer dans l'imaginaire de l'avenir ce que l'on veut y retrouver... » Ou : « Mémoriser consiste à mettre sur l'orbite de l'avenir ses acquis. »

Pour faire comprendre cette loi de la mémorisation, je fais souvent réfléchir sur l'exemple suivant :

– premier scénario : je range le dossier d'un élève par ordre alphabétique ;
– deuxième scénario : je range le même dossier par ordre alphabétique tout en m'imaginant le retrouver si j'ai besoin

d'écrire un article sur la rapidité mentale, car j'ai pu y noter beaucoup d'expériences qui se rapportent à ce thème.
Je pose la question : « Penses-tu que le premier scénario et le second ont produit le même effet dans ma mémoire ? »
La réponse est invariablement : « Non. »
J'ajoute : « Qu'imagines-tu comme différence ? »
La réponse est souvent : « Vous retrouverez plus rapidement le dossier dans le deuxième scénario. »

Ainsi, j'ai l'illustration du processus de la mémorisation si bien décrit par La Garanderie. Je fais prendre conscience à l'enfant que s'imaginer retrouver le dossier pour une ou plusieurs utilisations précises ne demande pas plus de temps que de le ranger sans se projeter dans l'avenir.

Il est évident que cet exemple ne suffit pas à assurer magiquement la gestion de l'acte de mémorisation. L'entraînement prenant pour base des situations de classe – au cours, en travail personnel, en préparation de contrôle – est une étape incontournable.

Prendre conscience des lois de l'intelligence, s'entraîner à les utiliser afin d'atteindre l'objectif défini vont permettre de se rendre maître de son intelligence. Alors, on pourra rendre grâces pour cet outil merveilleux, qui est toujours à disposition. Et se rappeler que, quand il y a dysfonctionnement, ce n'est pas l'intelligence qui est en cause, mais son mode d'emploi.

La découverte des limites

(Arielle Adda)

Accompagnant la crainte de se perdre, la précédant, l'amplifiant parfois, la notion de limite joue un rôle non négligeable dans l'histoire des enfants doués. Commençons par décrire la façon dont elle s'élabore, d'abord chez le tout jeune enfant, puis chez les plus grands, en fonction des diverses circonstances familiales.

L'ivresse du verbe

Quand le nourrisson commence à s'insérer davantage dans le monde qui l'entoure, il découvre, de ce fait même, l'existence des limites. Elles sont de tous ordres, mais celles qui vont modeler plus particulièrement sa personnalité touchent la notion de pouvoir.

Le bébé est tout-puissant dans sa faiblesse : il lui suffit d'exprimer un besoin pour le voir satisfait, et il s'imagine même peut-être qu'il en ira toujours ainsi. Par la suite, il ne cessera de se heurter aux limites que lui impose sa maladresse, avant qu'il apprenne à la maîtriser : il découvrira qu'il commence par tomber avant de marcher correctement et de se diriger avec l'aisance qui semble tellement naturelle chez les grandes personnes. De même, il devra, dans un premier temps, rechercher longtemps le mot exprimant justement sa pensée – une fois qu'il aura compris qu'il était préférable de parler au lieu de hurler. Dès lors, c'est un univers nouveau qui se révèle : celui que l'on peut s'approprier par le langage, en nommant ses composants, en les évoquant dans son esprit pour ensuite mieux préciser son désir et énoncer clairement ses idées propres, avec une chance de les voir alors prises en compte.

C'est dans cet univers du verbe que l'enfant doué découvre, avec un plaisir indicible, voire avec une ivresse mêlée de vertige, le nouveau pouvoir qu'il commence à acquérir : l'horizon illimité de la pensée s'ouvre devant lui, brillant de mille feux étincelants qui doivent en cacher d'autres, plus merveilleux encore.

Il n'y a plus de limites au pouvoir de l'esprit qui peut penser au futur, élaborer des conduites adaptées aux différentes circonstances de la vie, mettre des paroles sur les rêves, et même, comble du bonheur, jouer avec ces mots, hier encore si difficiles à prononcer.

À ce moment-là, les limites semblent reculer, s'estomper, se perdre dans la vision floue d'un avenir lointain, encore impossible à concevoir pour un enfant si jeune.

Il est très rapidement et très facilement à son aise dans ce monde du langage, puisque c'est une de ses prédilections, et son nouveau pouvoir l'étourdit parfois. Cette virtuosité, tôt acquise, masque et relègue à l'arrière-plan la maladresse motrice, encore bien compréhensible, de ce petit prodige de la parole. Cette limite-là est sans importance, et son aisance quasi absolue dans les jeux de l'esprit lui fait oublier qu'il existe quelque part des seuils intangibles et inviolables.

Les contraintes de la fratrie

Le plus souvent, pourtant, ces limites sont restées, à l'école, quasi théoriques quand il s'agissait de l'enseignement proprement scolaire, comme s'il en existait un usage qui serait propre à l'enfant doué ; elles n'auraient pas la même signification pour lui et pour ses camarades. Il comprend vite, il apprend sans aucun effort, il devance et devine les explications : il « sait ».

À la maison, tout dépend de sa situation au sein de sa famille. Il est prouvé, statistiques à l'appui, que le QI des aînés est plus élevé et que le chiffre baisse à mesure que le rang dans la fratrie augmente[1]. On suggère que l'aîné pourrait bénéficier d'une attention particulière, pourtant parfois bien lourde à porter, et surtout que son horizon serait largement ouvert, tandis que le cadet devrait se freiner presque spontanément pour ne pas risquer de dépasser un aîné qui, peut-être, ne le lui pardonnerait pas. Ce cadet serait toujours un peu dans l'ombre, ignorant la responsabilité, le pouvoir de décision, la place d'interlocuteur privilégié. Cette constante limitation est si naturelle qu'elle n'est même pas mentionnée, mais elle serait une des raisons de ce frein mis au développement intellectuel. En contrepartie, le cadet aurait le droit de se montrer plus longtemps capricieux, naïf et irresponsable.

Pour justifier les statistiques, on peut aussi imaginer que l'aîné bénéficie, certes, d'une position plus glorieuse au sein de sa famille, mais qu'il a surtout dû apprendre très vite les contraintes, les sacrifices, les lois morales et la maîtrise de soi, quand il devait refouler sa colère face au cadet bien inconséquent et bien maladroit, détruisant d'une menotte mal dirigée une construction patiemment élaborée... Parfois, il lui a fallu partager sans maugréer son territoire et accepter dans sa chambre un dévastateur souriant, ou bien s'encombrer de cet admirateur collant quand il avait envie de s'amuser avec ses amis.

Il est bien entendu que cette rapide évocation ne peut rendre compte des nombreux cas contredisant cette assertion statistique. Parfois, l'aîné refuse de renoncer au moindre de ses privilèges, considérant au contraire que ses parents ont une dette à son égard, dette impossible à régler : il leur faudrait donc éternellement payer pour le tort qu'ils lui ont causé en le dotant d'un cadet. C'est alors au cadet d'apprendre la contrainte, le sacrifice, l'oubli de ses désirs propres, puisque sa vie quotidienne se déroule à l'ombre d'un tyran qui ne tolère aucun man-

1. Une étude de l'Institut national d'études démographiques réalisée en 1965, portant sur un échantillon représentatif de 100 000 élèves âgés de 6 à 14 ans, a mis cette supériorité en évidence, confirmant les résultats des études américaines. Cité par J.-C. Terrassier in *Les Enfants surdoués ou la précocité embarrassante*, ESF, 1981.

quement. C'est lui qui doit exercer très tôt, pratiquement dès sa venue au monde, l'art de la diplomatie : il lui faut, en permanence, se faire pardonner son existence – bonne façon d'aiguiser ses capacités intellectuelles –, aux côtés d'un aîné bloqué dans une fureur stérile. Entre ces deux extrêmes, il y a des changements de rôle, chacun privilégiant habituellement un domaine qu'il s'est choisi, où il règne en maître, dans un *modus vivendi* qui évite trop de drames. C'est, d'ailleurs, le conseil que l'on donne habituellement aux parents : que chacun possède son domaine propre où il peut briller tout à loisir sans craindre de comparaison désavantageuse.

Ce pourrait être cette discipline, tôt acquise, qui contribuerait à élever ce fameux QI.

On dit aussi que les filles, meilleures élèves et acceptant plus facilement la discipline, devraient cette sagesse à leur éducation : quoi que l'on fasse, on a toujours tendance dans une maison à demander davantage de services aux filles, comme pour mieux les préparer à leur futur rôle de ménagère, de cuisinière, de mère – et ce même si les parents rêvent pour elles d'une brillante carrière, tous ces apprentissages n'étant pas considérés comme incompatibles lorsqu'il s'agit de filles. Ces subtiles différences de régime modèleraient tôt la personnalité et rendraient les filles généralement plus souples et moins rebelles. Accoutumées si jeunes à renoncer à la satisfaction de leurs désirs, elles souffriraient moins en subissant les contraintes scolaires.

Le rapport au père

Cette découverte des limites est différemment vécue, selon l'histoire familiale. Prenons pour exemple les garçons ne vivant pas avec leur père. Ce modèle leur fait défaut, certes, mais ils ne doivent pas se mesurer quotidiennement avec quelqu'un de plus fort, de plus savant, avec lequel la rivalité est illusoire et absurde. Ignorant cette réalité-là, ils méconnaissent la notion de castration ; ils sont seuls de leur espèce, ne se heurtent jamais aux limites familières aux petits garçons dès qu'ils se comparent à un père sage et invincible – ces limites peuvent être évoquées, mais de façon théorique, sans mise en pratique. Il n'y a pas à la maison un homme qui rappelle la loi et qui exerce tout naturellement sa force et son savoir-faire d'adulte dans les activités les plus courantes du quotidien. Leur mère leur fait bien la morale quand cela se révèle nécessaire, mais elle considère aussi ses enfants comme des interlocuteurs à part entière. De surcroît, les qualités intellectuelles de ces derniers leur épargnent longtemps le fiasco, l'inquiétude de ne pouvoir réussir une tâche donnée. Ils ignorent ces multiples points de comparaison qui meublent le quotidien des garçons nantis d'un père et ils ne savent pas ce qu'échouer veut dire. Très tôt responsables, ils assument pleinement leur rôle, avec d'autant plus de naturel que leur mère, généralement sage et avisée, évite de les charger trop lourdement, heureuse de parler avec un fils mûr, raisonnable, de bon conseil et doté, ce qui ne gâche rien, d'un incontestable humour.

Cette situation reste équilibrée tant que ce fils sans problème suit une scolarité sans aléas.

Un jour survient l'impensable : en classe, il échoue pour la première fois et découvre, justement au seuil de l'adolescence, ce qu'il n'avait jamais osé envisager : il n'est pas tout-puissant. À cet âge, cette révélation est foudroyante ; elle met à bas toute la personnalité déjà bien construite – même si c'était sur du sable, sur cette illusion, jamais contredite par les faits, de la toute-puissance –, et c'est une dépression grave, terrible, qui abat l'adolescent.

À cela s'ajoute l'angoisse de manquer à ses devoirs vis-à-vis de sa mère, qui a pris l'habitude de compter sur lui. Comment fera-t-elle avec ce handicapé mental qu'est devenu son fils ? Il sera une charge, lourde et douloureuse. Elle avait été déçue par le père et voilà que le fils se révèle, lui aussi, gravement défaillant, plus encore que ce géniteur qu'il avait toujours mal considéré, puisqu'il n'avait jamais rempli ses devoirs de mari et encore moins ceux de père.

Dans le cas de ces garçons qui n'ont jamais pu véritablement se mesurer avec un homme adulte, la chute est tellement brutale et cruelle qu'elle pourrait sembler définitive.

Les filles seraient un peu plus protégées : elles ont souvent dû s'accommoder de la réalité, du quotidien, elles sont moins soucieuses de ce pouvoir qu'il faudrait conserver à tout prix ; elles se dépriment si elles échouent, mais les motifs sont plus clairs, « extérieurs », ils touchent moins les fondements de la personnalité. On voit néanmoins des adolescentes réagir à cette perte de pouvoir avec une violence pour elles inhabituelle. Ou bien c'est une dépression masquée qui s'installe, revêtant des aspects tellement éloignés de la cause première que l'on confond facilement cause et effets.

Bénédicte cesse soudain de s'alimenter : elle se trouve trop grosse, elle se déteste. En fait, elle a changé de lycée, et ses notes ont brutalement baissé, ce qui lui a été insupportable, sans qu'elle ose en parler – d'autant plus qu'elle reste, tout de même, dans le premier tiers de la classe ; mais c'est pour elle une intolérable régression.
Il est tentant de penser qu'une adolescente supporte mal les transformations de son corps, refuse sa féminité, a du mal à établir des relations paisibles avec sa mère, etc. En fait, Bénédicte a trouvé là un moyen d'exprimer son malaise : il est plus simple de dire « Je suis trop grosse, je ne m'aime plus » que « Je deviens idiote, je ne m'aime plus ».

Dans ces cas-là, il est urgent de réparer les dégâts provoqués par cette image soudainement fracassée ; ensuite, on apprend comment organiser un labeur dont on découvre en même temps l'existence et la nécessité.

L'ère des malentendus

Les malentendus qui s'installent le plus souvent à ce moment-là pour expliquer un tel effondrement peuvent devenir tout à fait nocifs et gravement destructeurs. On dira : « C'est l'adolescence, ces crises de violence, ce refus du dialogue, ce repli sur soi. » Un adolescent est, par définition, d'un caractère difficile, on ne le comprend plus, il est donc inutile de chercher à savoir pourquoi il est devenu tellement différent du charmant garçon que l'on appréciait, gentil et si adroit dans le maniement de l'humour. Si toutes ces qualités ont disparu, ce n'est qu'un passage dû à l'âge « ingrat » ; tout rentrera dans l'ordre quand le chaos de la puberté se sera apaisé. L'adolescent lui-même trouve un certain apaisement dans ce discours : s'il lui semble devenir idiot, c'est à cause de cet âge « bête » qu'il aborde et non parce qu'il éprouve réellement une incapacité à réussir. Ses limites sont celles qui se dressent devant tout adolescent à un âge déterminé et non celles qu'il croyait découvrir avec effroi et qu'il aurait été le seul à avoir atteintes, peut-être définitivement, pendant que les autres ne connaîtraient qu'un bref arrêt avant de continuer leur progression illimitée.

Mais cet apaisement ne dure jamais longtemps.

Ne pas réagir, négliger ce problème de limites subitement découvertes, c'est conforter dans son affliction un adolescent qui se croit devenu stupide et en éprouve un accablement dont il ne saurait se remettre, à cause d'un désarroi qui aggrave encore l'ampleur de sa chute scolaire.

Comme pour lui donner raison, on a tendance à penser qu'un enfant ayant sauté une classe manque de maturité et que c'est cette carence, finalement normale, qui explique ses soudaines difficultés. Au moment où il découvre combien il est faillible, on lui fournit une excuse toute prête, dont il sent bien au fond de lui qu'elle n'est pas valable, qu'elle ne justifie aucunement ses manques. On la lui répète et il affecte de la croire : ce ne serait pas son pouvoir qui disparaîtrait, ce serait seulement un défaut de maturité. Poussant un peu ce raisonnement, on en arrive à dire : « Cet enfant a su faire illusion, il a donné le change, des maîtres abusés l'ont cru plus intelligent qu'il n'était, il n'aurait pas dû sauter de classe – d'ailleurs, ce n'est jamais bon pour un enfant de sauter une classe. » Ces malentendus dramatiquement intriqués ne sont qu'un simple exemple de verdict énoncé par des pédagogues avertis. Ils aggravent dangereusement la situation déjà extrêmement fragile d'un élève qui vient de se heurter à un barrage dont il ignorait l'existence.

On voit bien l'absurdité d'une telle explication : alors qu'il se désole de son pouvoir perdu – celui qu'il exerçait avec tant de facilité dans ses jeunes années –, on lui explique qu'il deviendra plus fort et plus habile quand il sera plus âgé : dans l'état d'esprit où il se trouve, il ne voit que des catastrophes s'amoncelant à l'horizon et certainement pas l'image à venir d'un étudiant brillant. Par quel miracle, lui qui a perdu ses dons, pourrait-il devenir à nouveau un bon élève, simplement parce qu'il aura un an de plus ?

Ce passage à vide est plus douloureux encore quand l'enfant n'a pas été confronté dans son jeune âge à l'idée que tout pouvoir absolu est illusoire et qu'il lui faut renoncer à ce pernicieux fantasme pour continuer sa route en pleine possession de ses moyens.

Il est alors impératif de lui venir rapidement en aide, de démonter avec lui les mécanismes qui l'ont conduit à ce marasme et que sa facilité a mis en place sans qu'il y prenne garde. Attendre qu'il se reprenne de lui-même est inutile, vain et dangereux : jamais il ne comprendra sans aide comment il a pu chuter pareillement, pourquoi il s'est heurté si douloureusement à la barrière de ses limites, comme à une falaise trop escarpée pour qu'il soit possible de la franchir un jour.

Le douloureux apprentissage de la sagesse

L'idée de limite, qui semble aller de soi, n'est pas toujours si claire quand il s'agit des enfants doués. Dès le début de leur scolarité, ils se sont construit, sans qu'il y paraisse, une image d'eux-mêmes très spécifique, différente de celle de leurs camarades, en particulier quand il s'agissait de leur pouvoir sur les idées et sur les raisonnements, qui constituent une grande partie de la vie des écoliers. Pour eux, les limites sont mouvantes, imprécises, noyées dans un horizon tellement lointain qu'il en devient abstrait, irréel. Le choc est alors sans merci.

Quand la plupart des enfants acceptent sans frémir de se sentir dépassés par une difficulté – plus tard, plus âgés, ils auront appris à la surmonter –, les enfants doués, qui jusque-là « savaient » sans apprendre, sont épouvantés par cette défaillance.

Au prix de chutes douloureuses, de passages à vide angoissants et de soulagements momentanés, quand le chemin abrupt se transforme quelques instants en autoroute, ils parviennent à se former d'eux-mêmes une image plus juste et plus réaliste, qui leur donne la force de combattre l'adversité et leur évite de sombrer trop brutalement dès que leurs notes accusent une baisse. Cette image plus équilibrée leur permet d'atteindre des résultats à peu près satisfaisants sans trop forcer leur talent, tout en contentant leurs professeurs. Mais l'exercice demande une attention soutenue, afin de ne pas être surpris par une difficulté inopinée. Ils ont appris qu'ils n'étaient pas si dissemblables des autres élèves, ils ont mûri et accepté d'être faillibles et ignorants, dans le même temps qu'ils se voyaient capables de progresser et de se perfectionner.

Toutefois, quelques enfants, plus angoissés que d'autres, refusent cette sagesse : ils se bloquent dans une voie sans issue, avec toutes les conséquences dommageables que cette conduite insensée entraîne.

L'exemple type est bien celui de l'enfant qui ne cesse de poser des questions.

La tyrannie du questionneur

(Arielle Adda)

On a vu que tous les enfants éprouvent à un moment donné de leur vie affective un désir de toute-puissance ; chez certains, le renoncement à ce désir et l'acceptation de la réalité avec ses frustrations, ses rappels à la raison et la reconnaissance de la hiérarchie familiale semblent impossibles à envisager. Ils agissent comme s'ils allaient perdre leur substance même en admettant leurs manques et leurs faiblesses ; alors, ils cherchent éperdument une parade, les enfants doués parvenant plus facilement à mettre en place un système apparemment efficace, du moins dans un premier temps. Il va de soi qu'il s'agit de cas extrêmes, la plupart des enfants doués préférant la paix et l'harmonie à la guerre à outrance ; mais il est tout de même bon d'évoquer ces situations particulières, par bonheur plutôt rares.

L'illusion de la toute-puissance

Certains enfants semblent avoir pris très tôt ce pli : ils posent des questions incessantes, accablant leur entourage de cette manifestation d'une curiosité d'esprit « étourdissante » dans tous les sens du terme. Au début, ces questions étaient tout naturellement inspirées par un réel désir de savoir, de comprendre, d'apprendre comment fonctionne ce vaste monde qui les attire et qu'ils sont impatients d'explorer. Ils recherchent des explications à tous les mystères qui les entourent, ne doutant pas un instant que leurs parents, qui savent tout, sauront également leur répondre et étancher cette soif de savoir. Ils se sentent confusément encouragés dans cette quête par la fierté qu'ils perçoivent quand ils posent ces questions « intelligentes » révélant une si grande ouverture d'esprit.

C'est alors qu'ils risquent de basculer insidieusement dans une attitude rigide, défensive à l'excès, qu'on pourrait même qualifier de « déviante ».

Au début, donc, ils croyaient naïvement que leurs questions allaient leur permettre de tout connaître, de tout comprendre. Ils se fâchaient très vite quand leurs parents ne savaient pas leur répondre : c'était une insupportable entrave sur la voie royale de leur épanouissement. Et puis ils ont entrevu que cette boulimie de savoir, si intense soit-elle, ne pourrait jamais leur permettre d'acquérir toutes les connaissances. Il y a des limites, bien plus proches que ce qu'ils avaient imaginé. Ils s'étonnent que les adultes admettent avec indifférence leur ignorance ; eux qui avaient cru qu'ils pourraient, grâce à leur incommensurable énergie, englober tous les savoirs dans leur immense cerveau découvrent avec horreur que cette puissance n'est pas absolue. Cet instant de lucidité leur est si douloureux, si insupportable, si intolérable même, qu'ils s'empressent de l'oublier, de l'enfouir au plus profond d'eux-mêmes, sans imaginer une seule seconde qu'une révélation de cet ordre, même si elle ne dure que le temps d'un éclair, laisse à jamais sa marque. Ils ne peuvent accepter que l'infini leur échappe : en s'y employant sans répit, ils sauront accéder à la toute-puissance, dont l'idée ne cesse de les hanter. À ce moment-là, abandonner ce pouvoir absolu serait, pour eux, bien pire que la plus affreuse des morts ; il est, tout simplement, impossible d'envisager un tel renoncement.

Ils choisissent alors de persister dans cette quête, qui devient permanente, sans un seul moment de relâche. Ils ne tardent pas à systématiser cette attitude, jusqu'à faire d'elle leur première et principale caractéristique. On dit alors d'eux : « Il est tellement curieux, il s'intéresse à tout et tout le passionne, il connaît déjà quantité de choses, si jeune et si cultivé ! » On ajoute, avec une nuance d'excuse : « C'est difficile de lui répondre, nous ne sommes pas omniscients ! »

Ce faisant, ces boulimiques poursuivent un double objectif : d'une part, ils renforcent l'image flatteuse d'un enfant intellectuellement insatiable ; d'autre part, ils pensent qu'en accumulant des connaissances comme autant de munitions et en se refusant à comprendre qu'il est impossible d'englober toute la science de l'Univers, ils vont devenir très forts, « imbattables », comme on le dit de certains champions. Ils veulent ignorer que l'apprentissage du savoir sert surtout à saisir que les chemins en sont illimités. Avoir conscience de cet infini est déjà le premier pas vers la sagesse. Ensuite, seulement, on peut aborder sereinement les choses, parce qu'on a commencé par prendre le temps d'apprendre à étudier, à analyser, à réfléchir de façon à la fois intuitive et rationnelle, sans oublier qu'il est dans la nature humaine de trébucher face à une difficulté et de devoir accroître ses efforts pour poursuivre victorieusement la route menant à une culture authentique. Il aura aussi fallu renoncer aux rêves insensés de pouvoir absolu : c'est alors seulement que l'enfant doué peut exercer ses capacités dans toute leur potentialité.

L'angoisse du vide

Les connaissances entassées à la manière de pierres destinées à construire un mur ne forment pas une efficace défense contre l'angoisse du vide : ce mur factice s'écroulera à la première interrogation plus profonde et douloureuse, laissant son « maçon » désarmé, exposé à toutes les agressions et incapable de riposter. Sous cet amas de pierres désormais en désordre, l'intelligence risque de s'étouffer, voire de disparaître.

Tous les enfants ont connu une période bénie durant laquelle ils ne doutaient pas de posséder un pouvoir absolu : bébés, leurs cris étaient aussitôt entendus, et leur entourage s'appliquait avec zèle à satisfaire leurs désirs. L'inconfort était un état passager qu'on s'ingéniait à faire disparaître le plus rapidement possible, faim et soif étaient aussitôt apaisées, colère et peur s'évanouissaient bien vite dans les bras sécurisants d'un adulte attentif.

Puis est arrivée l'époque exaltante de la découverte du langage, dont on a dit comme les enfants doués y excellent. Le pouvoir magique de la parole a été proprement enivrant : inlassablement, le brillant parleur s'est plu à l'exercer, y réussissant au-delà de toute espérance et éblouissant son entourage par sa précoce maîtrise du verbe.

La plupart des enfants goûtent alors l'harmonie que sait créer un dialogue intéressant. Les sentiments sont à peine évoqués, mais l'amour pour les parents s'exprime au travers de mots gentils, de compliments délicats et de plaisanteries qui réjouissent les interlocuteurs. Ces enfants savent qu'ils ont encore beaucoup à apprendre, et ils se fient entièrement à leurs parents pour les guider en toute sécurité sur les chemins si attirants de la connaissance. Ils acceptent leurs limites, leurs manques, leurs ignorances, et ils se sentent emplis d'une énergie formidable qui leur permettra de progresser au fil des ans.

Au contraire, l'enfant qui refuse de reconnaître sa faiblesse, après avoir tant apprécié la toute-puissance de ses débuts dans la vie, se sent très vite en péril. Il voit son pouvoir menacé par mille petits détails, vécus chaque fois comme une remise en question de sa puissance : il peut alors adopter une attitude de pur terrorisme. Il devient tellement difficile, insupportable, tyrannique qu'on finit par lui être reconnaissant chaque fois qu'il se montre plus gentil, docile et gai. C'est désormais son humeur qui régente l'atmosphère familiale ; mais la jouissance qu'il éprouve à exercer ce pouvoir de remplacement ne suffit pas non plus à le rassurer. Qui sait si, un jour, quelqu'un n'aura pas la tentation de se débarrasser de ce poison ? Alors, pour vérifier si on le garde tout de même et si ses parents lui conservent leur affection, il en rajoute, dans une escalade qu'il ne peut interrompre. Une insignifiante broutille peut déclencher chez lui un orage disproportionné : il s'obstine, sans raison apparente, à manger dans une autre assiette que celle qu'il a devant lui ; dans un parcours familier, il s'entête à prendre la route la plus longue quand tout le monde s'engage dans le raccourci ; et, surtout, surtout, il refuse de perdre au jeu, drame insurmontable qui semble mettre sa vie en péril…

Les parents exténués se décident à consulter un spécialiste, sans pouvoir s'empêcher de se sentir un peu inquiets à l'idée de ce qu'ils vont entendre. Dans ces conditions, le psychologue, par le seul exercice de son métier, représente aux yeux de l'enfant en crise *la* menace : sans doute est-il à même de le démasquer dans toute sa honteuse nudité, démuni et seulement hérissé d'armes factices, inopérantes. Alors l'enfant, plus que jamais sur la défensive, devient encore plus agressif : il va casser quelque chose dans cet affreux bureau, démolir l'assurance imbécile de ce psychologue gênant et lui démontrer qu'il est nul, ignorant, et donc bien mal placé pour le juger... Finalement, il se bouchera les oreilles, hurlant qu'il ne veut rien entendre, au paroxysme de la colère et de la peur. Son angoisse sera si forte que, pour une fois, il n'hésitera pas à tenter d'établir une complicité avec ses parents, les prenant à témoin de l'outrecuidance niaise de ce prétentieux, qui prétend le comprendre alors qu'il ne le connaît même pas. Il est prêt à tout pour empêcher que ne s'établisse à ses dépens une connivence entre les adultes. Cette mise en scène bien installée et jouée avec conviction, il n'est pas mécontent de constater l'embarras de ses parents, qui vont bientôt regretter de l'avoir entraîné dans ce traquenard. Ils ne seront donc pas prêts à récidiver, et l'enfant sur la défensive pense qu'il a astucieusement écarté de sa route cette menace alarmante.

Si cette surdité volontaire persiste, cet enfant risquera de fracasser ses dons contre le mur qu'il a si soigneusement échafaudé.

Une défense élaborée

Refuser de renoncer à la toute-puissance, c'est consacrer toutes ses forces et toutes ses capacités à élaborer une « dissuasion » que l'on voudrait absolument sûre, à l'image de ces pays pauvres dont la richesse intérieure est en quasi-totalité employée à se doter d'un armement formidable et coûteux.

Une telle contrainte empêche les qualités de se développer, elles ne sont plus exercées que d'une façon défensive, qui devient vite offensive. L'enfant doué qui se refuse à accepter ses faiblesses et ses ignorances échafaude un système sophistiqué prenant appui sur les aspects les plus caractéristiques du don : il veut qu'on le respecte, qu'on se garde de l'attaquer et que ses parents prennent sa défense, quand il est incompris et critiqué « parce qu'il est différent ». Puisque les enfants doués sont souvent rejetés à cause de cette différence – et parfois de façon tragique –, il utilise l'argument à son propre compte, en l'occurrence en le déviant.

Il va alors détourner l'attention chaque fois qu'il craindra d'être mis en question, accablant ses parents de questions multiples et de commentaires compliqués, destinés à démontrer avec évidence sa grande curiosité d'esprit, l'immense diversité de ses centres d'intérêt et sa soif inextinguible de culture.

La voix de la sagesse lui dicte néanmoins, peu à peu, une conduite plus réaliste : elle lui fait comprendre qu'il est insensé de tenter de couvrir le champ du savoir dans sa totalité, cette ambition démontrant, par sa seule absurdité, sa grande naïveté. Alors, il compose, élisant quelques domaines précis auxquels il se consacre. Là, enfin, il peut espérer parvenir un jour à maîtriser la discipline dans son entier : déjà, on dit de lui qu'il est un « spécialiste » dans sa partie ; on le consulte, il y occupe une place qui pourrait s'apparenter à la toute-puissance à laquelle il ne veut pas renoncer.

Ce replâtrage dérisoire n'empêche pas l'angoisse de surgir à tout moment, accompagnée de la sourde colère que provoque le peu d'efficacité des connaissances amassées face au déferlement d'une incoercible inquiétude. Mais l'enfant apeuré s'entête plus que jamais à colmater ses vides par de vains savoirs.

Comment oser ramener l'attention de cet enfant « génial » sur des points mesquins, dérisoires, tels que l'acceptation de la discipline scolaire et même celle de la vie au quotidien ?

Plus tard, il commencera même à négliger ses domaines de prédilection : il doit consacrer toute son énergie à maintenir son entourage dans l'illusion de son pouvoir. D'ailleurs, il épuise tant ses parents que ceux-ci ne cherchent même plus à vérifier s'il s'intéresse toujours aux pays et à leurs drapeaux ou à de répugnants insectes[1].

Pour celui que rien au monde ne ferait renoncer à son désir de pouvoir, l'unique mode d'existence possible est la tyrannie ; elle seule lui permet de vérifier en permanence si ce pouvoir continue d'être opérationnel. Mais il sait qu'il peut le perdre à tout moment pour une broutille, un incident minime, anodin, qui fera apparaître de façon aveuglante sa faiblesse sans même qu'il se rende compte que cette bagatelle va définitivement sceller les limites de son pouvoir. Il convient donc de se méfier de tout et de tous, surtout dans ce lieu de tous les dangers que représente l'école, où le savoir est malgré tout dispensé, quoi qu'on en dise.

Ces enfants, en apparence tellement sûrs d'eux quand ils se trouvent sur leur territoire, paraissent, au-dehors, timides, effacés, silencieux, parfois même presque mutiques. Ils ne veulent prendre aucun risque, et le silence ostensible qu'ils adoptent plus volontiers constitue aussi une sorte de rapport de forces : la maîtresse qui réussit à leur faire prononcer quelques mots est heureuse et fière de ses dons pédagogiques ; par la suite, elle se montrera plus indulgente et moins exaspérée par les silences prolongés de cet enfant pourtant intelligent. C'est une forme plus subtile de l'exercice du pouvoir, mais il faut bien s'adapter aux situations telles qu'elles se présentent.

C'est à la maison que cet enfant retrouvera le plein exercice de ses moyens de défense : colères, exigences insensées, agressivité de plus en plus offensive, toutes les armes lui sont bonnes. Mais quel effort il lui faut déployer pour espérer conserver cette suprématie !

---

1. Précisons néanmoins que tous les enfants nourrissant ce genre de passion ne sont pas bloqués dans la quête d'une toute-puissance perdue… Certains sont réellement et authentiquement passionnés par de « répugnants insectes », comme le gentil Lucas qui, amoureux de tous les animaux, y compris les limaces, prenait soin des plus aventureuses d'entre elles en les mettant à l'abri pour leur éviter d'être écrasées ! Combien d'enfants absolument charmants n'ont-ils pas, un temps, encombré leur chambre d'invités aussi déconcertants que des phasmes, des lucanes et autres araignées crabes ?

Un prince déchu

L'inévitable anxiété rend le despote toujours plus irritable et plus tyrannique. Plus le temps passe, moins ses capacités intellectuelles, tellement prometteuses dans son tout jeune âge, se développent. Jamais mobilisées sur un enrichissement fructueux, elles s'étiolent jusqu'à faire de cet enfant un « petit prince » ranci, dont les qualités s'exercent à vide : son registre émotionnel n'alimente que son angoisse, sans jamais s'ouvrir aux sentiments des autres.

La moindre faille dans les exigences de ses parents est utilisée pour mieux asseoir son pouvoir ; un avantage accordé, ne serait-ce qu'exceptionnellement comme on l'en a pourtant clairement prévenu, est considéré comme définitivement acquis.

Le contact avec la réalité risque d'être dramatique. Cet enfant, qui a été doué mais a refusé de renoncer à sa toute-puissance, peut se replier sur lui-même et ressasser amèrement les bribes de souvenirs de son pouvoir d'antan. Les armes qu'il pensait si soigneusement entretenues ont perdu leur capacité offensive : ce ne sont plus que ferrailles rouillées, restes misérables et dérisoires de la formidable puissance d'autrefois.

Ce portrait affligeant s'applique davantage aux garçons, plus inquiets à l'idée de perdre quelque chose d'eux, perte qui les priverait à jamais de la puissance qu'ils envient à leur père et qui est encore si fragile en eux. Pourtant, certaines petites filles se comportent de la même façon. Si elles sont surtout tyranniques et se réfugient moins volontiers dans l'accumulation des connaissances, le principe est le même : il s'agit d'assurer son emprise sur l'entourage.

Dans tous les cas, la réaction première doit être le rappel inlassable de la loi, avec ses exigences intangibles qui représentent la réalité, impossible à modifier. Toute concession est considérée par l'enfant comme une victoire, mais elle affaiblit chaque fois le vainqueur dans la construction de sa personnalité et accroît son angoisse face à ce pouvoir vertigineux qui risque de le priver de la protection de ses parents, désormais soumis à son seul bon plaisir.

Ces situations extrêmes favorisent les pathologies que l'on prête si souvent aux enfants doués ; ce terrain nourri d'exigences insensées se révèle propice aux manifestations d'un manque d'adaptation à la réalité.

Parfois, devenu adolescent, cet enfant dépassé par son propre système de défense préférera partir définitivement avant que s'éteigne la dernière lueur, pour tenter de s'abuser encore un peu sur le brillant de son esprit ; son ultime désir est de laisser derrière lui l'écho d'une trace lumineuse. Ce départ peut rester symbolique et permettre un semblant d'adaptation à la vie de tous les jours, grâce au passé étincelant dont subsiste encore un pâle reflet : endormi dans une routine sans éclat, enlisé dans une vie professionnelle terne, il ressassera ses rêves d'autrefois avec une amertume si forte qu'elle lui interdira toute joie. Il peut aussi se réfugier dans un refus radical de la réalité, trop dure, trop brutale, trop matérialiste pour lui, et préférer le monde de la folie. Une vision idéalisée de l'Univers recouvrira alors de sa splendeur immatérielle un quotidien perpétuellement frustrant.

Le parcours chaotique de l'enfant doué avec lacunes

(Arielle Adda)

On sait aujourd'hui que, contrairement à ce qu'avance un préjugé tenace, l'enfant doué n'est pas le mieux placé pour réussir son parcours scolaire. De fait, on rencontre de plus en plus d'élèves, considérés comme très intelligents, qui échouent dans certaines matières, sans que l'on en décèle dans un premier temps les causes.

Les bulletins scolaires reflètent bien cette difficulté à identifier le malaise. On y lit : « enfant intelligent, *mais* étourdi », « enfant intelligent, *mais* montrant des difficultés de concentration », « enfant intelligent, *mais* n'ayant pas l'esprit scolaire », « enfant intelligent, *mais* trop rêveur pour suivre un cours dans sa totalité », « enfant intelligent, *mais* peu sûr de lui »... Comment, alors, s'y retrouver ? Il y a tant d'enfants étourdis, rêveurs, peu sûrs d'eux ! Parfois, un test passé avec l'espoir de trouver une cause à ces subites défaillances scolaires ne donne pas la réponse attendue : il s'agit bien, certes, d'un enfant intelligent, mais qui manque de confiance en ses capacités et manifeste une incorrigible distraction.

Jean-Charles Terrassier a nommé « dyssynchronie » ce phénomène d'hétérogénéité dans le développement des enfants doués[1]. Il évoque ainsi la « dyssynchronie assez habituelle entre le développement psychomoteur et le développement intellectuel de l'enfant surdoué », décrivant « ces enfants très à l'aise au plan lexique [qui] vont fréquemment éprouver des difficultés au

1. Jean-Charles Terrassier, *Les Enfants surdoués ou la précocité embarrassante*, ESF Éditeur, 1981.

niveau de l'écriture et très mal vivre une main malhabile incapable de suivre le rythme de la programmation mentale ».

Ce que révèlent les tests

Les résultats obtenus au WISC mettent bien en évidence ce décalage : le QI Verbal est très supérieur, de l'ordre de 140, en dépit de la note plus faible en arithmétique, mais le QI Performances est beaucoup plus faible, parfois même inférieur à 100. Il faut d'ailleurs éviter de dramatiser à l'excès ce décalage : il constitue un indice, il ouvre une piste de travail, mais ne doit pas être considéré comme la marque d'une quelconque pathologie. Souvent, quelques lacunes, surprenantes chez un enfant aussi curieux d'esprit, constituent d'infimes signes qu'on hésite à pointer, parce qu'il est bien normal qu'un jeune enfant ignore l'ordre des jours de la semaine, le nom des mois et qu'il tarde à apprendre à lire l'heure. En fait, les repères dans le temps font déjà défaut. Plus tard, ce seront les notions de géographie qui manqueront.

Un tel tableau semble se dessiner de plus en plus souvent. Pourtant, ces lacunes particulières sont rarement identifiées comme telles, et l'on continue à imputer certains résultats médiocres au manque d'attention et de sérieux.

Un décalage de cet ordre apparaît dès la maternelle : l'étalonnage du WPPSI-R commence à 3 ans et, déjà à cet âge si tendre, des maladresses ponctuelles sont mises en évidence lors de certains items. Reproduire des modèles à l'aide de cubes de couleurs paraît tout à coup une entreprise impossible, les enfants donnant l'impression de ne pas voir le modèle, manipulant les cubes au hasard comme s'ils avaient depuis longtemps cessé de croire à une éventuelle réussite. La suite se déroule en fonction de leur caractère : s'ils sont impatients, vite fâchés, ils éprouvent une exaspération croissante qui ne tarde pas à exploser en une colère difficile à maîtriser. Cette manifestation évidente, impossible à déguiser, de leur maladresse leur est proprement insupportable. Ils détestent ce monde hostile et, en premier lieu, la personne qui les place ainsi dans l'embarras.

Les enfants davantage soucieux d'harmonie, et qui préfèrent conserver de paisibles relations avec les adultes s'occupant d'eux, peinent misérablement, demandent de l'aide d'une voix timide et se désolent de ne pas se montrer capables de réussir comme on le désire ; ils sont effondrés de se révéler aussi décevants.

Dans tous les cas, les enfants qui échouent à une tâche si semblable à un jeu (« Je n'aime pas tes jeux », disent-ils parfois avec fureur) commencent à éprouver une angoisse qui va aller grandissant, sans jamais rencontrer d'apaisement.

La trahison de l'école

L'école devient alors le lieu de tous les dangers : à tout moment, ils risquent d'être confrontés à un exercice, un travail, une réalisation qu'ils seront incapables de mener à bien, tandis que leurs camarades les exécutent comme en se jouant. Eux qui avaient bien remarqué qu'ils parlaient beaucoup mieux que la moyenne de leur classe, qu'ils savaient déjà plus de choses et qu'ils s'intéressaient à quantité de sujets que les autres ignoraient encore se surprennent dans une situation de total dénuement, sans remède et sans issue de secours. La simple idée que l'activité proposée gaiement par la maîtresse comme un divertissement va les mettre dans un état de malaise profond leur interdit toute détente. Ils sont perpétuellement sur le qui-vive, avec la certitude démoralisante que ce guet est inutile puisque, de toute façon, ils n'ont aucun moyen de remédier à la catastrophe qui s'annonce.

C'est alors qu'ils commencent à éprouver ce sentiment oppressant, étouffant, qui les abandonne à une terrible impuissance : l'angoisse. Ils avancent comme en terrain miné – un pas maladroit et c'est l'explosion –, ils se sentent pris dans un piège qu'ils ne peuvent définir ni même tenter d'évoquer. Comment décrire cette sorte de paralysie qui les gagne parfois si soudainement, et qu'il leur est impossible de prévenir ? Tout à coup, ils ont l'impression de perdre le contrôle de leurs gestes, ils ne maîtrisent plus leur travail, se rendant compte qu'ils exécutent quelque chose que l'on qualifiera, non sans raison, de « n'importe quoi », sans qu'ils puissent réagir efficacement, corriger ce résultat absurde, risible, humiliant.

Cette situation s'installe assez vite et, le plus souvent, à l'insu de l'entourage. Il est si facile d'attribuer ces maladresses à un manque d'attention : il s'agit d'un enfant distrait, qui ne sait pas toujours écouter les consignes et les explications, qui se laisse entraîner à bavarder juste au moment où il devrait se montrer le plus vigilant et, surtout, qui n'est pas encore assez mûr pour réussir les tâches proposées. Quand on invoque ces causes, on écarte soigneusement le fait que cet enfant use d'un langage particulièrement évolué, qu'il a l'esprit vif et sait faire preuve d'humour – toutes caractéristiques s'accordant assez mal avec le diagnostic du manque de maturité. Il est vrai que ses gestes pataudes, ses maladresses en tout genre, ses nombreuses chutes peuvent donner l'impression d'un défaut dans son évolution motrice. Lorsqu'on le voit tenter de saisir une pièce de puzzle de ses mains bien à plat, comme s'il ne songeait pas à plier les doigts, puis la laisser tomber faute d'avoir su la tenir convenablement, et enfin la poser au hasard, sans aucune notion de l'image à réaliser, il est tentant de penser que cet enchaînement de contre-performances est dû à un léger retard moteur, peut-être symptomatique d'une défaillance plus générale.

Si un test est pratiqué à ce moment-là, le résultat est probant : un Verbal très élevé, des Performances catastrophiques. Certains psychologues y voient une pathologie ; il faut s'en défier, car les enfants doués donnent facilement une telle impression, avec leur façon de tout exagérer et de tout amplifier, même leur maladresse.

Il est alors difficile aux parents de défendre la cause de leur enfant : la maîtresse a beau jeu de leur décrire la gaucherie éperdue de cet enfant qu'ils s'obstinent à considérer comme doué sous le vague prétexte qu'il parle bien ; ils prétendent même qu'il saurait reconnaître des lettres et quelques mots, lui qui ne sait pas lever le bras droit quand on le lui demande, ni fermer son manteau !

S'ils ont un seul reproche à formuler, ce serait la propension au désordre chez cet enfant pourtant tellement gentil et désireux de faire plaisir : sa chambre est souvent le théâtre d'un invraisemblable fouillis de jouets et d'objets divers ; quand on lui demande de ranger un peu, il semble perdu, va même jusqu'à pleurer d'énervement, et, s'il le peut, finit par entasser ses jouets n'importe comment, ce qui n'arrange pas sa situation. En fait, il a beaucoup de mal à se représenter sa chambre de façon organisée : les objets ont pour lui une valeur affective et symbolique, qui rend impossible tout classement organisé. En fonction de quel critère peut-il assembler des objets qui ont chacun leur histoire personnelle et une destination différente selon l'humeur du moment ? Essayer de compartimenter son univers lui est si difficile qu'il ne peut y parvenir sans aide. Le meilleur moyen pour lui permettre de dépasser ce blocage est de ranger avec lui, en expliquant la logique de ce rangement. Par la suite, on peut espérer qu'il retiendra cet ordonnancement et qu'il le respectera ; mais il est illusoire d'attendre qu'il trouve un arrangement méthodique par lui-même. Il risque de passer un temps infini à déplacer des jouets sans savoir quelle place définitive leur conviendrait le mieux et de finir dans son refuge favori : on le surprendra plongé dans un livre, qu'il connaît peut-être par cœur, mais où il oublie le cauchemar d'un monde chaotique et désordonné échappant totalement à son désir, pourtant bien réel, d'ordre et de beauté.

Ces parents attentifs souffrent pour leur enfant quand ils le voient partir pour l'école comme on va au bagne et rester si malheureux toute la semaine, ne retrouvant sa joie de vivre que durant les vacances. Parfois, il a mal au ventre, il vomit ; il ne raconte jamais ce qu'il a fait à l'école, ne parle pas de ses camarades ; mais il dit qu'il aime bien la maîtresse, parce que, pour un jeune enfant, c'est un sacrilège de critiquer la maîtresse, même si elle ne le comprend pas.

Il faut savoir que même les maîtresses attentives, qui prennent bien soin de ne pas le critiquer, saisissent toutes les occasions pour le complimenter et l'encourager autant qu'elles le peuvent, sont incapables de combattre l'image déplorable que cet enfant maladroit se construit de lui-même durant ces années d'enfer.

Il fait des cauchemars, bien plus terribles que ceux de ses camarades, parce qu'il ne dispose d'aucune arme, d'aucune astuce pour mettre en fuite les monstres avides d'attaquer les jeunes enfants au moment où ils découvrent le vaste monde et ses périls innombrables. Les autres peuvent courir, se battre, lui est figé dans une chute interminable qui le prive de toute force.

Cette angoisse manifeste, ce retrait en classe, ce malaise global et flou font penser, quand l'environnement y est préparé, qu'une thérapie serait bénéfique. Ce n'est pourtant pas cette thérapie, si bien conduite soit-elle, qui peut réconcilier un enfant avec son image abîmée, d'autant plus qu'il vérifie quotidiennement son incapacité à progresser. Il se sent frappé d'une infirmité sournoise, mauvaise, qui le détraque à l'intérieur de lui-même, en laissant l'extérieur intact. Peut-être la thérapie est-elle seulement destinée à le préparer à accepter sa « maladie », quand elle deviendra plus évidente et qu'il ne sera plus possible de la dissimuler ou de la justifier par un âge encore jeune (voir aussi *Du bon usage de la psychothérapie,* p. 230).

Un répit éphémère

Un entourage scolaire compréhensif tient parfois compte du niveau verbal si élevé : la maîtresse a remarqué que cet enfant un peu particulier savait déchiffrer, écrire le nom de tous ses petits camarades de classe, qu'il calculait déjà avec aisance, qu'il possédait une grande imagination ; avec sagesse, elle en a conclu qu'il serait plus heureux en primaire.

Contre toute attente, en dépit des prédictions alarmistes de certains, cet enfant maladroit va se sentir infiniment plus à son aise en CP. Enfin, il en a terminé avec ces jeux sans intérêt, enfin il va apprendre véritablement des choses utiles.

Les premiers apprentissages sont acquis sans difficulté : il y a bien des moments de distraction, en arithmétique surtout, quand une simple addition semble soudain poser un problème insoluble ; mais, dans l'ensemble, c'est un très bon élève.

L'anxiété des débuts se résorbe lentement. Évidemment, elle a laissé des traces, des mauvais souvenirs : cet enfant reste toujours un peu anxieux, il craint les jours de contrôle, retrouvant alors ses maux de ventre et ses cauchemars ; mais il est rassuré par ses bonnes notes et par les compliments des maîtresses.

La crainte confuse que lui inspirait la perspective d'une infirmité s'atténue, sans disparaître complètement : il ne sait toujours pas faire un nœud, boutonner correctement son manteau, il déteste toujours autant les puzzles, les constructions, mais il a découvert l'ordinateur et il s'y montre d'une adresse remarquable, rassurante pour ses parents, encore parfois gagnés par une vague inquiétude.

Ce parcours apaisant va se poursuivre durant tout le primaire, avec des notes plutôt satisfaisantes : on le considère « bon en mathématiques », parce qu'il calcule vite et bien ; son imagination lui permet de briller en rédaction, sa vivacité d'esprit lui fournit rapidement des réponses astucieuses ; et il entre en sixième sans véritable appréhension. Son entourage éprouve une sérénité plus grande encore : maîtresse et parents sont sans crainte, cet enfant ayant tous les atouts en main pour effectuer un secondaire sans histoire.

Et voilà que, soudainement, apparaissent de nouvelles difficultés : les notes baissent régulièrement ; parfois même, à la surprise générale, ce bon élément semble ne plus rien comprendre aux énoncés. On pense à une distraction passagère, à un moment d'étourderie, mais ce blocage persiste, s'aggrave et devient un symptôme inquiétant. L'élève égaré retrouve les angoisses de son tout jeune âge. Il se sent, à nouveau, « anormal », et la lucidité acquise au fil des ans lui interdit de se leurrer. S'y ajoute maintenant une émotivité qui amplifie immédiatement ses réactions. Il se voit aussitôt bloqué dans son parcours scolaire et désormais voué à une médiocrité obscure et terne. Son affolement est tel qu'il commet des erreurs aberrantes, qu'il aurait facilement évitées en d'autres temps.

Bien entendu, quantité de réactions psychologiques se greffent sur cet état d'impuissance, et on recourt alors à une psychothérapie. Elle allège un peu l'angoisse, mais ne s'attaque pas aux racines du mal, et l'élève en plein marasme n'y voit qu'une aide lui permettant d'accepter plus facilement l'aspect irrémédiable de sa déchéance. Il a retrouvé avec effroi la sensation éprouvée dans son enfance, quand il s'imaginait, privé de ses marques et incapable de trouver son chemin, perdu sur une planète inconnue, perfide et fatale, recelant des sables mouvants impossibles à détecter avant qu'ils n'engloutissent le maladroit s'y étant aventuré sans repère. Il serait tentant de rechercher des causes métaphysiques à ce malaise, qui n'est, pour une fois et en l'occurrence, qu'un trouble instrumental.

De surcroît, il n'est pas étonnant qu'un enfant ainsi égaré, qui éprouve une insupportable angoisse, exprime celle-ci dans les occasions les plus ordinaires de la vie, parce qu'il aura trouvé une minuscule opportunité pour l'extérioriser. Ainsi, de tout jeunes enfants, qu'on pense encore peu au fait des contraintes du quotidien, ne supportent pas que la voiture soit mal garée. Pour eux, un commencement de désordre ou de transgression des règles peut aboutir au chaos général, parce qu'un fait anodin aura dérangé l'ordonnancement des choses. Comment espérer qu'il puisse formuler cette crainte obscure avec son vocabulaire enfantin ?

L'épreuve du réel

Il semble facile d'incriminer l'omniprésent ordinateur, qui met en place des automatismes n'ayant aucun rapport avec les gestes de la vie courante : un enfant habile en construction sur écran ne saura pas empiler correctement trois cubes, et il est bien vrai que l'ordinateur et sa toute-puissante souris procurent une fallacieuse impression de pouvoir absolu. Cependant, les enfants de 3 ans qui commencent déjà à se montrer particulièrement gauches à l'école ne savent pas encore se servir d'un ordinateur, ou alors seulement pour quelques jeux enfantins, naturellement pédagogiques. Il convient aussi de mentionner les envahissantes Play-Stations, qui semblent conférer un enivrant pouvoir à l'enfant qui les manipule avec aisance. On peut seulement rappeler qu'il n'y a strictement aucune corrélation entre la dextérité à ces jeux et l'adresse graphique : quoi qu'on en pense, l'agilité déployée en la matière ne constitue en aucune manière une préparation à un graphisme aisé.

On peut alors poser comme hypothèse explicative que ces enfants à l'esprit si vif ont très tôt saisi qu'il suffisait généralement d'appuyer sur un boîtier ou sur un bouton pour que les portes s'ouvrent, les fenêtres se ferment, les stores se baissent, la TV s'allume, la musique se répande. Tout cela leur paraît normal, puisqu'ils n'ont pas connu autre chose. D'ailleurs, nombre d'adultes qui ont pourtant vécu l'époque où il fallait tourner des manivelles, mettre des clés dans des serrures, se lever pour changer de chaîne à la télévision, sont perdus quand un appareil tombe en panne ; il leur faut alors du temps pour retrouver leurs anciens automatismes.

Or l'enfant doué a une forte propension à sauter les étapes de tous ses raisonnements, et, très tôt, il a observé que les adultes se contentent d'appuyer sur des touches pour exécuter de nombreuses activités : un court moment passé dans une cuisine bien équipée suffit pour faire ce constat. Sitôt qu'il a perçu les premiers éléments du monde alentour, il a établi la relation entre les machines et l'homme, sans prendre conscience des étapes conduisant à l'accomplissement d'une action. Une certaine logique, celle qui suit le cheminement de la pensée, lui échappe, elle ne s'installe pas : l'enchaînement des actes aboutissant à la réalisation n'existe pas pour lui, il n'y a pas de temps de latence, tout est fait immédiatement, comme un désir aussitôt exaucé – situation qu'il a connue dans sa petite enfance, quand un cri bien modulé permettait la satisfaction rapide de ses besoins.

Plus tard, il lui faudra du temps pour découvrir que ce n'est pas la même chose de taper sur une touche pour voir s'afficher une lettre sur son écran et de la dessiner soi-même, avec ses courbes à la rondeur si complexe.

Ce serait cette automatisation, si pratique au quotidien, qui pourrait être en partie responsable de ce décalage. On objectera que tous les enfants connaissent cet environnement, mais que certains se montrent d'une grande habileté, même parmi les enfants doués. Il est vrai que des enfants doués sont aussi très manuels, bricoleurs et d'une étonnante aisance motrice, montant des circuits complexes où ils se sentent comme chez eux – alors que les règles d'orthographe les laissent toujours aussi perplexes.

Ceux qui sont un peu moins vifs ne perçoivent pas avec la même acuité l'enchaînement entre la commande sur boîtier et la réalisation. Le lien s'établit chez eux plus lentement, ce qui leur laisse tout loisir de développer leur adresse manuelle et de goûter au plaisir de réaliser quelque chose par eux-mêmes. Ils aiment manier les couleurs et jouer avec elles, pétrir de la terre, coller, découper. Ils sont moins purement « intellectuels », le concret ne les rebute pas. Ils ne sont pas si pressés d'en avoir terminé, appréciant de voir l'œuvre se construire peu à peu sous leurs doigts. Plus crédules, ils croient à la sincérité des adultes quand ces derniers s'extasient joyeusement devant leurs œuvres pataudes. Ils sont fiers de leurs modelages maladroits, des personnages figés et déformés – bien que souriants, évidemment – qu'ils ont dessinés. Ils reçoivent les compliments sans arrière-pensée et y puisent une énergie toujours renouvelée pour exploiter leur veine artistique.

L'enfant doué, lui, accueille les compliments avec méfiance, il sait très bien que ses productions ne sont pas belles, il les compare avec celles qui ornent les murs des maisons, il préfère éviter le ridicule d'une maladresse affichée avec naïveté et il arrête de dessiner.

On doit évidemment, dans ce cas, se remémorer l'éternel souci de perfection gâchant si souvent la vie des enfants doués : même ceux qui se laissent parfois aller à quelque indulgence à l'égard de leurs productions ne se défont jamais complètement de la lucidité, souvent cruelle, qui les caractérise : ils savent parfaitement bien que leurs dessins les plus beaux sont « objectivement » très mauvais, même quand ils sont joliment colorés. La personne en forme de montagne, raide et empotée, agrémentée de « mains-fleurs » (comme les appelait Françoise Dolto) aux doigts gigantesques, et surmontée d'une figure traversée par un sourire qui la coupe en deux, n'a rien à voir avec la jolie maman qu'ils auraient aimé représenter (voir aussi *Le perfectionnisme ou le goût de l'absolu,* p. 191).

Pourrait-on penser que, tout jeune, l'enfant doué n'est pas dupe de ses productions, qui n'offrent, bien entendu, qu'une très lointaine ressemblance avec les œuvres des adultes ? Dès lors, il perdrait foi en ses capacités, du moins lorsqu'elles s'exercent dans le domaine manuel. Par la suite, au lieu de bénéficier de l'apprentissage, comme tout jeune enfant, il se méfie des compliments portant un jugement approbateur sur ses piètres résultats et se détourne de ce genre d'exercice, jusqu'à laisser en friche l'ensemble de ce domaine.

Très vite, ses parents se rendent compte de cet apparent désintérêt ; ils disent : « Il n'a jamais aimé faire de puzzles, il déteste ce genre de jeux. » Et ils n'ont aucune raison d'insister. Personne n'aurait l'idée de forcer un enfant à pratiquer des jeux qui ne lui siéent pas : le jeu est destiné à faire plaisir, à procurer une détente et non à faire peiner misérablement, comme sur une tâche incontournable et très ennuyeuse. Le piège se referme alors, lentement, mais inexorablement : l'enfant commence à penser sérieusement que ce type d'activité ne s'adresse pas à lui ; il en serait dispensé, puisqu'il ne les aime pas. Il n'est donc pas nécessaire qu'il s'applique à fournir un effort pour réussir un « jeu » qui ne présente aucun attrait à ses yeux. Comment imaginer que ce manque d'intérêt va marquer de son empreinte la personnalité tout entière et provoquer des drames dans les années à venir ?

Pourtant, on peut se souvenir que cet « incorrigible maladroit » a été un petit enfant dynamique, qui a généralement marché tôt, a vite acquis une bonne maîtrise de son corps, avant de s'engager avec passion dans les voies complexes du langage. C'est à ce moment-là que le piège s'est mis en place.

Mais l'on sait aujourd'hui, avec Hélène Catroux et Laurence Vaivre-Douret, dont les passionnantes recherches ouvrent de nouvelles voies[1], qu'il est des processus permettant de déjouer ce piège. Et l'enfant doué, renouant alors avec le plaisir du jeu à l'état pur, se restaurera une image débarrassée de ces manques si mutilants pour lui.

---

1. Travail de Laurence Vaivre-Douret sur le développement de l'enfant aux « aptitudes hautement performantes : importance des fonctions neuropsychomotrices », in *Actes du Congrès des professions médicales et paramédicales,* ANPEIP, Grenoble-IX, mars 2002, et revue *ANAE* n° 67, juin 2002.

Un esprit sain dans un corps sain

(Hélène Catroux)

Les enfants doués manifestent souvent une maladresse caractérisée dans le domaine moteur. Ce phénomène a été mis au jour par Jean-Charles Terrassier, qui a clairement défini chez les sujets à haut potentiel une dyssynchronie de développement entre l'intelligence, la psychomotricité, l'affectivité et la sociabilité. Autrement dit, il semblerait qu'une rapidité intellectuelle hors norme handicape le sujet, dont les capacités motrices, notamment en matière d'écriture, ne sauraient suivre le même rythme.

Or les recherches menées par le Pr Laurence Vaivre-Douret[1] sur la construction des fonctions neurophysiologiques permettent aujourd'hui d'avancer l'idée que la dyssynchronie ne serait pas le lot des enfants doués, et qu'il est possible, si on s'y attache dès le plus jeune âge, de contrer aisément le phénomène.

---

1. Professeur des Universités en psychologie du développement, Laurence Vaivre-Douret est directeur de recherches à l'INSERM, neuropsychologue clinicienne, psychomotricienne cadre de santé.
Références citées : *Précis théorique et pratique du développement moteur du jeune enfant*, Elsevier, Paris, 1997 ; « Le développement de l'enfant aux aptitudes hautement performantes », *Actes du Congrès des professions médicales et paramédicales*, ANPEIP, Grenoble-IX, mars 2002, et revue *ANAE* n° 67, juin 2002.

Déjà, *in utero*...

Dès 1997, le Pr Laurence Vaivre-Douret rappelait que tout individu reçoit, au cours de son évolution, des informations provenant de ses propres perceptions comme de l'environnement. La mise en œuvre des systèmes sensoriels – tout ce qui relève du goût, de l'odorat, de l'ouïe, du toucher et de la vue, mais aussi du système vestibulaire, soit celui qui, dans l'oreille interne, gère l'équilibre – s'effectue dès la vie utérine, dans un ordre précis. Ces systèmes s'enrichissent mutuellement et progressivement, si bien que l'on peut avancer que l'expérience acquise dans le ventre de la mère participe à l'organisation des structures neurophysiologiques cérébrales.

On se rend compte, selon Laurence Vaivre-Douret, que, par la suite, un bon fonctionnement cérébral en la matière ne tient pas « tant à l'apprentissage – au sens d'entraînement – qu'à l'ouverture des propositions qui sont faites à l'enfant ». Autrement dit, ce n'est pas la datation précise des étapes franchies qui importe (assis, debout, marche, etc.), mais la chronologie des étapes transitoires (retournement, pivotement, quatre-pattes, etc.), favorisant la maturation motrice et permettant à l'autonomie de l'enfant de se développer. Il est donc capital de laisser à l'enfant « son initiative motrice et, par là même, sa motivation : il trouvera ainsi ses propres stratégies d'action pour, dans le plaisir de la découverte », parvenir aux acquisitions attendues grâce à une méthode toute personnelle d'appropriation des connaissances.

La richesse de l'exploration retentit sur le développement de la pensée et sur celui de la personnalité. On décèle notamment, à plus long terme, des effets sur l'affectivité propre à chacun et sur le développement ou non d'un « certain esprit de curiosité et d'initiative ». Car l'expérimentation personnelle permet d'acquérir un certain sens du réel qui fait place à l'imaginaire et à la créativité.

La spécificité des enfants doués

Les recherches accomplies par l'équipe de Laurence Vaivre-Douret ont mis en évidence, entre 2000 et 2002, des traits de développement propres aux enfants doués : avant 3 ans, leur développement psychomoteur, langagier, cognitif et affectif est très précoce, spontané et rapide, respectant l'ordre de développement, sans saut d'étapes. De fait, il y a alors synchronie relative entre le psychomoteur et le psychologique. D'où vient que les choses « se gâtent » ensuite ?

Il semble en fait que la dyssynchronie « ne soit pas un fait de développement, mais une dégradation ou une détérioration de fonctions qui ne seraient pas exercées car non reconnues (par la famille, l'école, l'environnement, etc.) – ce n'est pas de son âge » : cette mise en sommeil empêcherait de profiter de « périodes fertiles de maturation neuronale liées au désir et à la facilité d'apprendre ». Et, quand on manque une occasion de ce genre...

La leçon de tout cela est qu'il faut respecter le fonctionnement du cerveau en développement en ne privilégiant pas les sollicitations cognitives aux dépens des sollicitations corporelles. Ces dernières permettent à l'enfant de construire son équilibre entre tonus et posture, entre pensée et acte, entre sentiment et expression – bref, de se construire dans sa relation au monde, donc à autrui.

Précisément parce que leur rythme mental est rapide, les enfants doués ont besoin, pour s'épanouir, d'activité corporelle – physique, sportive, artistique : elle seule leur apprend à s'autoréguler, à apprivoiser leur fulgurance.

La pédagogie du concret

Les recherches exposées plus haut sont d'un grand recours quand il s'agit d'orienter les sollicitations visant, selon l'âge et les besoins, à favoriser un développement harmonieux.

Ainsi, il serait judicieux de proposer la manipulation de constructions en matériaux divers. Mais il est important que ce projet de construction s'inscrive dans le plaisir et le sens. C'est à l'enfant d'imaginer ce qu'il veut construire, puis de tout mettre en œuvre pour y parvenir.

Les actes de la vie quotidienne sont d'excellents prétextes à l'éducation psychomotrice : mettre le couvert, transporter des contenants sans en renverser le contenu, faire la cuisine sont autant d'occasions d'initier un geste mentalement avant de le réaliser : « Tu souhaites mélanger les œufs et la farine, tu vas choisir quel instrument ? Tu veux obtenir quelle consistance ? Tu peux t'imaginer faire ? » De même, la décoration d'un plat peut être un excellent exercice, car il demande de la précision dans le geste ; il s'agit dès lors de bien faire ressentir l'intensité du geste : plus celui-ci sera programmé juste, plus il aura une fonction pédagogique. C'est la programmation mentale du geste réalisé consciemment qui induit la dextérité.

Bien entendu, les situations doivent être choisies en fonction des intérêts de l'enfant, qu'elles aient pour lui un sens et fassent jouer sa créativité. J'ai ainsi constaté que, si les exercices de calligraphie chinoise permettaient d'acquérir beaucoup de souplesse et de dextérité, la maîtrise de cette écriture complexe autant qu'esthétique était suffisamment motivante pour que les contraintes de l'entraînement s'estompent. De même, en sculpture ou en peinture, le travail de la matière, visant à la dompter, crée une dynamique de créativité.

Le sport est quant à lui une école de contrôle mental sur le gestuel. Quelle que soit la discipline où ils excellent, les grands champions réussissent en apprenant à anticiper mentalement le geste. Ils expriment fort bien comment ils « voient », « sentent » le geste qui va leur permettre de réussir. De même, ils corrigent leur erreur mentalement, puis refont lentement le mouvement adéquat en sentant jouer leurs muscles. Un sport ainsi pratiqué développe la coordination mentale et enseigne à réguler la rapidité du geste en fonction de la situation.

Les enfants qui, dès le plus jeune âge, ont été sollicités dans de telles activités concrètes et ont tôt pris l'habitude de se programmer mentalement prennent plaisir à écrire, découper, colorier, travailler la matière, etc., car ils s'y montrent compétents. Et leur habileté laisse le champ libre à la créativité. On peut donc se risquer à avancer que les désorientations, les excès de rapidité, les dyssynchronies multiples qui causent tant de difficultés dans le passage à l'écrit et à l'application pourraient aisément être corrigés, voire disparaître totalement.

Combattre la « surchauffe mentale »

De nombreux enfants doués doivent apprendre à déconnecter l'intellectuel « pur et dur », à vivre dans les sensations et non dans l'analyse des sensations. Il leur faut trouver l'harmonie corps-émotions-intellect, pour se « rebrancher » à la terre.

La démarche du Dr Vittoz[1] est à cet égard très précieuse, en permettant le développement de l'attention et de la concentration. On reproche souvent à l'élève doué sa dispersion et sa rapidité excessives, sources de tant d'erreurs : avoir à sa disposition une technique qu'il puisse utiliser en classe comme dans ses activités extrascolaires et dans la vie quotidienne est d'un grand secours. Savoir se poser pour se programmer juste en vue de réussir est en effet vital pour l'équilibre. Voici quelques exemples d'application de cette méthode :

➤ *En classe*

– Rééduquer l'attention par des exercices de perception en projet de conceptualisation. Certaines erreurs de compréhension sont provoquées par une écoute parasitée, une lecture trop rapide ou une mauvaise observation : être ici et maintenant dans ce que je regarde, dans ce que j'entends, je gestue… en vue de découvrir, de comprendre, est la condition

1. Suisse, le Dr Vittoz met au point, au début du XXe siècle, une méthode de rééducation du contrôle cérébral : la conscience de l'acte senti est, dans la perspective vittozienne, la première étape à franchir. Se rendre présent à ce que l'on perçoit, être dans la conscience du geste, induit une régulation mentale et une réelle détente. Voir aussi *La peur de l'évaluation*.

nécessaire des actes mentaux de l'apprentissage (voir *Les lois de l'intelligence,* p. 64).
- Gérer les peurs (voir *Les lois du cerveau limbique,* p. 75) qui empêchent de comprendre, de se laisser réfléchir, de mémoriser, de retrouver dans sa mémoire.
- Gérer l'émotionnel.

➤ *Au quotidien*

- Gérer la précipitation du geste.
- Gérer le temps.
- Savoir se recharger en énergie positive.

Ce processus est en même temps simple et efficace. Les effets peuvent en être particulièrement spectaculaires sur les difficultés d'écriture, si fréquentes chez les enfants doués et lieu privilégié du phénomène de dyssynchronie. Se repositionner psychologiquement, puis expertiser les exigences du geste pour le réussir, sans oublier de synchroniser la rapidité mentale avec le geste d'écrire, sont dès lors non seulement possibles, mais grandement facilités.

Ainsi, les recherches en neuropsychologie et neurophysiologie nous permettent de jouer avec la dérégulation que peut induire une grande rapidité mentale pour donner au don la possibilité de pleinement s'incarner dans l'harmonie du corps, de l'esprit et de l'intellect. On en revient toujours à la même réalité : l'homme a les moyens d'être aux commandes.

Le perfectionnisme ou le goût de l'absolu

(Arielle Adda)

Nul n'est plus perfectionniste que l'enfant doué, ce qui aux yeux des autres est un gage de qualité : un perfectionniste se satisfait uniquement d'un travail idéalement exécuté, il est prêt à le recommencer s'il n'est pas content du résultat, quitte à y passer un peu trop de temps.

Et alors, ne manquera-t-on pas de faire remarquer, comment se fait-il que ces enfants, tellement soucieux de leurs réalisations, écrivent si mal et rendent si souvent des devoirs constellés de taches et de ratures ?

Une passion très sélective

En premier lieu, il faut se souvenir que la passion constitue également un de leurs traits majeurs : ce perfectionnisme s'applique tout naturellement à leurs domaines de prédilection, dont font très rarement partie les devoirs de copie demandés par l'école... Et, justement, ils passent un temps infini à exécuter ces fameux devoirs, sans intérêt pour eux, et souffrent mille morts pendant ce temps-là, même une fois qu'on a tenté de leur rappeler la logique la plus simple : pourquoi ne pas se débarrasser au plus vite de cette corvée pour profiter ensuite des plaisirs de la vie, l'esprit libre et la conscience en paix ?

Ils disent « Oui, bien sûr ! » et continuent à traîner de façon exaspérante en face de leurs cahiers. Pour eux, exécuter une tâche qui les ennuie représente la pire des situations : ils pensent que leur véritable existence se trouve ailleurs, mais leur souci de perfection persiste à les troubler sournoisement : ils savent qu'il leur sera difficile d'écrire de la belle écriture qu'ils admirent chez les grandes personnes, ils se raidissent à l'idée de ce pensum et de la façon lamentable dont ils vont l'exécuter ; quand leur poignet est un peu raide en haut de la page, c'est le bras tout entier qui sera tétanisé après quelques lignes. Cet inéluctable enchaînement plonge ces enfants malhabiles dans un état d'abattement qu'ils ont bien du mal à surmonter.

Perfectionnistes ? Bien sûr, et donc très malheureux de constater une maladresse qui leur semble impossible à vaincre. La situation s'aggrave encore quand ils tombent sur une maîtresse, également soucieuse de perfection, qui supporte très mal ces gribouillages erratiques, surtout de la part d'un élève tellement brillant à l'oral.

Pendant qu'ils semblent s'enliser dans une rêverie vague et stérile en face d'une page blanche qu'il faut pourtant remplir, ils imaginent le travail achevé, d'une belle écriture de maîtresse, dans une présentation impeccable, les traits bien droits, sans une bavure. Un rêve inaccessible pour eux, qui ont bien du mal à se résoudre à la triste réalité et à griffonner, puisqu'ils ne savent pas écrire autrement, ce devoir pesant. Ils entendent déjà les critiques acerbes ou désolées de la maîtresse et ils en souffrent, avec tout l'excès que procure une imagination fertile quand elle anticipe un moment désagréable.

La tension subie est si grande qu'elle croît d'année en année, et il est toujours surprenant de voir l'évolution des cahiers au fil du temps : en CE1, l'écriture est assez ronde et « normalement » cabossée, puis les angles deviennent plus vifs, les lettres plus grosses, les lignes plus irrégulières, tombant piteusement sur la fin, à l'image de la fatigue découragée du scripteur ; en CM2, la débâcle est à son comble, et l'on envisage des solutions radicales et désespérées – comme celle qui consiste à éviter tout graphisme et à doter le maladroit d'un ordinateur, à l'instar des enfants souffrant d'un handicap qu'il faut compenser.

Cette option de dernier recours est tout de même à éviter : il est inutile de placer délibérément l'enfant dans une position d'infirme tant qu'on n'a pas tenté toutes les autres solutions. Si le décalage permanent entre l'idéal proposé et l'exécution qui en est faite semble favoriser l'usage de l'ordinateur – l'écriture y est parfaite, le dessin impeccable, la maladresse gommée –, on voit bien les dangers de cette fallacieuse habileté qui rend ensuite tout travail manuel interminable et pesant.

Erwan est en CM1. Il écrit de plus en plus mal et souffre beaucoup de ce handicap sans, pour autant, tenter de le combattre avec ses pauvres moyens, dont il doute. Quand je lui dis qu'en refusant d'écrire, il néglige de faire travailler une partie de son cerveau, sa mère s'exclame avec soulagement : « Voilà un argument qu'il peut entendre ! »

Par la suite, Erwan s'est appliqué, acceptant enfin de réagir. Les résultats furent dans un premier temps mitigés, mais son graphisme s'est peu à peu amélioré, d'autant plus que son maître, sensible à ces marques de bonne volonté, l'encourageait avec diplomatie.

Ce problème d'écriture, si souvent pierre d'achoppement chez les enfants doués, met très justement en évidence l'aspect paradoxal de ce souci de perfection. En la matière, il aboutit à un refus frileux de tout graphisme, puisqu'il suffit de quelques mots tracés de façon gauche pour renvoyer au maladroit une image de lui-même abîmée et « sale ». Quand survient un incident sans aucun rapport avec l'écriture, mais qui a démontré qu'il pouvait, lui aussi, commettre une erreur, il s'effondre alors en répétant cette litanie mille fois entendue : « Je suis nul, je ne réussis rien, ils sont tous meilleurs que moi, ils se moquent de moi parce que je suis un "gogol" », sans pouvoir entendre raison.

Devant cette image fracassée, il est difficile de se souvenir que cet enfant est capable d'une minutie et d'une attention admirables qui, plus tard, lui feront réaliser un dossier exemplaire sur un sujet qui l'intéresse, par exemple, ou bien concevoir un spectacle dans ses moindres détails, faisant l'admiration des professionnels les plus avertis, parce qu'il n'imagine pas réaliser autrement une entreprise et s'étonne de ce que les autres se satisfassent de réalisations approximatives. Il lui faudra simplement assez d'ascendant pour persuader ses collaborateurs de le suivre dans cette tâche, qui demandera dix fois plus de temps et d'attention qu'il n'était prévu. Mais, à la fin, quelle gloire ils pourront savourer tous ensemble !

Dans le quotidien d'un élève, ces opportunités exaltantes sont peu nombreuses ; les moments de découragement l'emportent largement, et le souci de perfection finit même par aboutir à une fuite accablée. La peur de décevoir, celle de ne pas répondre à l'attente des adultes, d'être en dessous des espoirs que l'on avait placés en eux les incitent parfois à refuser tout travail. C'est pour cela qu'ils craignent par-dessus tout les examens et leurs notes impitoyables. « Je n'aime pas les examens », disent-ils d'un ton qu'ils voudraient dégagé, comme s'il s'agissait d'un caprice anodin, « et puis je ne veux pas savoir ma note », ajoutent-ils en luttant de moins en moins efficacement contre l'angoisse qui les envahit à la seule évocation de la note, celle qui va les situer au milieu des autres, dont ils jalousent l'inquiétude bien plus mesurée.

Quand il s'agit d'un très jeune enfant, encore éloigné du risque de confrontation à un examen, ce souci de perfection, déjà bien ancré, peut provoquer les premiers malentendus.

> Aurélie, 6 ans, vient passer un examen psychologique. Après l'entretien préliminaire avec la psychologue, sa mère lui dit : « Tu vas rester avec la dame pour les jeux, je vais faire une course et reviens te chercher. » Aurélie s'effondre en pleurs. Les adultes réagissent automatiquement : « Tu n'es plus un bébé, tu n'as pas de raison de pleurer ! » Or Aurélie n'a vraiment pas l'air d'un « bébé » ; elle a simplement très peur de ne pas réussir aussi bien qu'il le faudrait les « jeux » dont on lui parle, la croyant encore trop naïve pour ignorer ce qu'est un test. Il suffit de la regarder pour comprendre l'intensité de la tempête qui l'envahit soudain. La psychologue, confuse de sa légèreté, lui demande pardon pour son manque de compréhension, et Aurélie, enfin détendue, peut alors travailler sans réticences ni craintes excessives.

Cette peur d'être toujours en décalage par rapport à leurs espoirs peut finir par devenir paralysante, tout en étant exaspérante pour l'entourage, qui ne comprend pas ces états d'âme que rien de semble justifier. En permanence, les enfants doués considèrent qu'il leur faut fournir encore un effort pour atteindre une barre, qui serait toujours un peu plus haut – « trop haut », soupirent les enfants doués dans leurs moments de découragement. Comment leur faire admettre que la barre n'est pas du tout située hors de leur portée, qu'elle est à une hauteur parfaitement accessible, mais que ce sont eux qui se sous-estiment avec un aveuglement entêté, difficile à combattre.

Ses ailes de géant…

En fait, l'envergure intellectuelle de ces enfants est si grande qu'elle leur permet d'entrevoir la perfection dans toute sa splendeur, au lieu de n'en deviner qu'un pâle reflet qui sera accepté sans critique, les autres élèves le prenant pour le modèle achevé. La notion de perfection n'est en effet pas exactement la même pour les individus doués, un peu comme s'ils savaient percevoir à la fois l'infiniment petit – celui qui échappe à un œil moins bien exercé – et l'infiniment grand – d'une ampleur que l'imagination peine à concevoir. Un élément, même minuscule, qui détonne va heurter douloureusement le regard de celui qui sait voir au-delà d'une approche succincte, tout comme une fausse note blessera affreusement l'oreille du musicien averti.

Ainsi, ils réagiront vivement à une poésie qui sait toucher le cœur et l'esprit, ils goûteront le rythme des vers, le choix et la musique des mots, et ils se désoleront de ne pouvoir écrire de semblables merveilles si cette muse-là les inspire. En contrepartie, ils s'agaceront des phrases bêtifiantes et mal rythmées qu'ils doivent apprendre, parce qu'on estime que c'est là une poésie facile à comprendre par un enfant.

La notion de perfection d'un enfant doué est alors mise à mal de toutes les façons : on le prive de la beauté entrevue, estimant qu'il n'a pas l'âge de l'apprécier, mais il en a lu suffisamment pour comprendre qu'il est encore loin du compte avec ses quelques rimes naïves. Pour achever son malheur, il doit s'appliquer à retenir des « morceaux choisis » sans saveur. Heureusement, sa mémoire efficace lui épargne de prendre une trop grande peine ; mais c'est le plaisir qui manque.

Le perfectionnisme s'accompagne de l'idée d'absolu : il abhorre le plus petit défaut venant troubler une harmonie parfaite. « Un seul coup de pinceau peut détruire la plus belle œuvre d'art », disait Léonard de Vinci.

On imagine aisément le désenchantement de l'enfant doué quand il évalue lucidement ses propres œuvres. Comment peut-il apporter quelque crédit aux compliments enthousiastes des adultes, alors qu'il est tout à fait conscient de la maladresse de ses productions ? Il dessine ? Le trait est maladroit, raide. Il écrit ? Le style est pesant, alambiqué. Il récite ? C'est d'un ton qui peine à restituer la force des images. Il parle d'un sujet qu'il pense connaître ? Il sent combien ses connaissances sont limitées et redoute la moindre question un peu pointue. Il danse ou exécute un exercice ? Ses gestes sont pataudes, il retombe lourdement.

Par bonheur, le langage – encore lui ! – offre plus facilement l'occasion de satisfaire ce souci de perfection tellement contraignant. Il procure même un bonheur absolu : celui d'utiliser le mot exact avec un soin du détail et du raffinement qui interdit tout usage faussé.

Pierre, 4 ans et demi, arbore un tee-shirt orné d'un magnifique dauphin. « Oh, le beau poisson ! » lui dit gentiment une dame amie. Pierre est scandalisé par une ignorance aussi énorme de la part d'un adulte : « C'est un cétacé ! »

À sa maman, qui vient de lui intimer l'ordre de « fermer la lumière » de sa chambre, Marion, 3 ans, précise aussitôt : « On ne ferme pas la lumière, maman, on l'éteint ! »

La richesse du vocabulaire, les finesses de la syntaxe, les subtilités des figures de style, qu'il redécouvre spontanément, offrent enfin à l'enfant la possibilité de pousser au plus loin la recherche de l'expression la plus précise et la plus élégante, sans être entravé par toutes ces agaçantes contingences imposées par un défaut d'habileté manuelle…

Quand on envisage toutes les implications de cette caractéristique embarrassante apparaît avec évidence l'inconfort absolu qu'elle implique pour celui qui en est doté. La perfection ne peut être atteinte, elle sera toujours hors de la portée de celui qui la vénère, elle reste immuable dans l'Olympe où elle trône, loin des mortels réduits à l'admirer en soupirant de déception.

L'enfant doué doit commencer par apprendre qu'il est extrêmement rare de toucher à la perfection. Il doit s'habituer à y renoncer, sous peine de connaître essentiellement la frustration ou de passer sa vie à rechercher, sans doute en vain, l'idéale harmonie. Mais cette sagesse restrictive n'est pas très encourageante, elle ne donne pas le désir de hardiesse qui préside aux plus belles découvertes et aux œuvres d'art les plus exaltantes.

L'idée de perfection demeure une étoile qui guide le voyageur sur terre, lui indique une voie, lui suggère un chemin ; elle reste en haut dans son isolement glacé, mais sa lumière ne fait jamais défaut. Parfois, néanmoins, un éclat illumine le monde, et l'on voit à l'œuvre Praxitèle et Michel-Ange, le cœur s'exalte au flamboiement d'une rosace, l'esprit s'élève aux mots de Racine, aux notes de Bach. L'esprit gonflé d'un courage renouvelé, l'enfant doué affronte alors son quotidien et rêve un peu plus encore aux possibilités qui s'offriront à lui quand il sera grand et libre de ses choix.

Pour l'heure, il apprend des bribes de mathématiques, des rudiments de physique, poursuit cahin-caha son chemin et tente de passer ses examens au plus vite, pour prendre ensuite la direction qui l'attire depuis tout petit ; c'est dans cette interminable routine que son élan risque de s'émousser, au point qu'il pourrait en oublier ce que perfection signifie.

Son caractère est pourtant ainsi fait qu'il ne peut s'empêcher de rester exigeant vis-à-vis de lui-même et des autres, qui n'en peuvent mais. Il s'agace de recevoir des compliments alors qu'il n'a pas du tout l'impression d'avoir travaillé : on le félicite pour n'avoir fourni aucun effort, finalement. Il a le sentiment d'une injustice, pour une fois à son profit, certes, mais cet aspect arbitraire des jugements laisse mal présager de l'avenir ; un autre jour, ce sera lui la victime, toujours à cause d'une distribution aléatoire des notes et des appréciations. Il ne comprend pas que l'on ne soit pas aussi pointilleux que lui et, encore une fois, il se sent différent : sans cesse déçu par son travail, plus rêveur que jamais, il s'abîme dans des contemplations qui le restaurent et l'aident à poursuivre sa route austère et laborieuse – en attendant de pouvoir tracer sa propre voie, bien plus engageante.

Prenons garde de ne jamais éteindre cet espoir par des remarques trop conformistes et trop désabusées : souvenons-nous que, plus souvent qu'on ne le croit, la réalité devient ce qu'on a voulu qu'elle soit.

Enfin, n'oublions jamais que la notion même de perfection varie selon les individus : une phrase banale ne recouvre pas la même réalité dans tous les cas. On a ainsi coutume de dire des enfants doués qu'ils doivent avoir l'opportunité d'aller jusqu'au bout de leurs possibilités. Or ils découvrent vite que les possibilités n'ont pas de limites clairement établies, qu'il est toujours possible de les repousser si l'on s'en donne la peine et si on le désire réellement. Sinon, comment les athlètes pourraient-ils améliorer un record ? Pour tous ceux qui entrevoient la perfection absolue, « aller jusqu'au bout de ses possibilités » devient limitatif : on fixerait ainsi une borne à l'élan magnifique qui pourrait les conduire au-delà des terres connues…

La peur de l'évaluation

(Hélène Catroux)

Le don va de pair, on l'a vu, avec une extrême lucidité et la conscience aiguë de ses propres limites. Si l'on ajoute à cela des résultats scolaires souvent médiocres au regard des capacités réelles, on comprend que l'évaluation, quelle qu'en soit la forme – interrogation-surprise, contrôle mensuel, test récurrent, examen de fin d'année – induise souvent des rejets.

« Pourquoi les contrôles puisque je sais que je sais ? »

Certains sujets trouvent la chose inutile, comme cet élève de troisième menacé d'orientation et que les résultats au test de QI – 150 – ont sauvé d'une marginalisation dans une branche technique.

D'autres contestent la forme et le barème de notation, voire le choix du sujet : « L'interrogation sur les verbes irréguliers a fait baisser ma moyenne d'anglais. À cause de cette interrogation idiote, ma note finale ne donne pas une représentation de mon niveau réel. » Ou encore : « Le dernier contrôle de physique a porté sur tout le programme de l'année. En début d'année, je ne travaillais pas, alors ma note est catastrophique. Ce n'est pas juste, car la partie du programme sur laquelle le professeur nous a interrogés ne fait pas partie des connaissances dont nous aurons besoin les années prochaines. »

Ces réactions cachent souvent des peurs qui se situent au niveau identitaire : quelle représentation va-t-on avoir de moi ? L'échec met l'élève doué dans un très grand désarroi – ce qui me semble cohérent, puisqu'il existe essentiellement par sa capacité de comprendre et de savoir. Mais le perfectionnisme propre aux enfants doués, souvent à un degré très élevé, peut venir amplifier le phénomène de rejet, de blocage, d'effroi face à l'évaluation.

« Il n'est pas sérieux, il se croit au-dessus des lois ! »

Les professeurs préciseront : « Il ne rend pas ses devoirs, il bâcle son contrôle, il stresse pendant l'épreuve. » En réalité, il préfère ne pas se confronter à l'évaluation. Les résultats ne peuvent qu'être mauvais puisque, de son point de vue, il ne saura pas satisfaire à la demande qui lui est faite. N'oublions pas que son projet de comprendre ne constitue pas systématiquement une banque de données mentale, avec un contenu mobilisable lui permettant de répondre aux exigences du contrôle. Il aura les connaissances, mais pas toujours les mots précis ni les bonnes procédures d'application.

Alors, il va opérer comme s'il n'avait rien fait, écrire illisiblement ou répondre en partie seulement. Laisser croire qu'il se moque de son travail est moins difficile à gérer que l'échec, car il est en droit de se dire qu'il aurait pu faire mieux s'il l'avait décidé. En revanche, prendre le risque de répondre en respectant en plus les normes de présentation lui fait craindre de s'exposer à des résultats désespérants. Ce qui, somme toute, est logique quand on est convaincu de n'être jamais à la hauteur des attentes… Certains élèves sont ainsi persuadés d'avoir un mauvais résultat quand ils obtiennent un 16/20 en devoir d'économie.

Désamorcer la terreur

L'évaluation qui ne prend pas en compte ce qu'est l'élève dans sa vérité devient jugement. En découle un grand stress, dont les conséquences peuvent aller de la paralysie intellectuelle – « Lors des contrôles, je n'arrive pas à me lancer. J'ai peur de faire faux », « Brusquement, ma tête se vide, je suis nouée, je peux même m'évanouir » – jusqu'à la phobie scolaire. Certains élèves sont ainsi frappés d'interdiction de notes afin de pouvoir retrouver le chemin de l'école.

À l'école La Garanderie, nous recevons ainsi des élèves que nous devons, dans un premier temps, apprivoiser pour qu'ils puissent refaire du lien avec l'école.

Théodore, 12 ans, avait quitté l'école depuis deux mois. Il était trop déprimé pour continuer à supporter les contraintes scolaires, il s'ennuyait, n'arrivait pas à entrer en contact avec ses camarades, ses résultats étaient très mauvais. La non-reconnaissance de sa véritable identité – « On me considère comme un débile » – était amplifiée par l'attitude de ses parents, qui ne comprenaient pas que leur enfant se mette dans un tel échec.

Un psychothérapeute a pu l'aider : déscolarisation, hôpital de jour, prise en charge des parents pour qu'ils soient partie prenante du processus de restauration. Au départ, nous avons accueilli Théodore pour juste un quart de journée, avec un seul professeur, en prenant soin de respecter le contrat, qui était de travailler le programme qu'il souhaitait. Il n'avait aucun contact avec les autres élèves (il arrivait et repartait en dehors des mouvements des autres pour les récréations et les sorties), et le projet n'était pas qu'un jour il vienne à plein temps dans l'école. L'objectif était de lui permettre de prendre conscience de ce que son intelligence pouvait fonctionner correctement et l'aider à retrouver du plaisir à apprendre.

Peu à peu, Théodore a découvert comment constituer une banque de données mentale qui pouvait lui donner des chances de réussir les évaluations. À partir de là, il a demandé à être intégré à mi-temps, puis à plein temps dans notre école. Comme pour d'autres, les professeurs se sont montrés vigilants, le mettant en condition avant le test.

Nous proposons ainsi des prétests avant le test (équivalent du contrôle). Un élève exprimait bien l'intérêt de l'autoévaluation : « Le pré-test me permet de faire le point sur ce que je sais et ne sais pas. L'analyse des résultats m'indique la direction du travail à faire. » Il reste que, pour certains élèves, dans un premier temps, l'évaluation orale des corrections n'est pas chiffrée : c'est l'élève qui analyse son travail. Bien sûr, pour certains sujets, un travail en psychothérapie doit être fait en complémentarité afin de désamorcer la peur.

Dans le même ordre d'idées, il m'arrive fréquemment de différer des tests de QI pour ne pas mettre en danger de désespérance. J'ai en effet pu constater que, plus le QI est élevé, plus certains types d'évaluation faisaient courir des risques. Avant de proposer un test de QI, je repère donc si la personne est dans un état minimal de confiance en soi. Comment pourrait-elle mobiliser ses ressources si la peur la paralyse ? Une étape préliminaire, qui peut se faire en douceur à travers l'entretien profil, me semble nécessaire. La démarche introspective ne met pas « en danger ». Il ne s'agit pas d'une évaluation extérieure, mais de sa propre évaluation, en observant les processus mentaux mis en œuvre dans des exercices « non chargés scolairement ». Le « Tu as le droit d'être ce que tu es » rassure. Et d'ailleurs, après avoir constaté que leur intelligence fonctionne bien et compris que leurs mauvais résultats scolaires ne sont pas induits par une déficience intellectuelle, mais par un mode d'emploi non adéquat, ils expriment souvent le souhait d'être testés.

L'évaluation à sa juste mesure

Certains résultats scolaires, généralement accompagnés de commentaires ressentis comme injustes, remettent en cause l'intelligence de ces enfants et les touchent au plus profond de leur être.

C'est ainsi que beaucoup d'entre eux se mettent en danger, oubliant que, dans la plupart des écoles, c'est au vu des résultats que se fait l'avancement dans le cursus. Ils se font traiter injustement de « jean-foutre ». On est loin du lieu commun selon lequel « si on est intelligent, on ne peut que réussir ».

Travailler sur cette problématique de l'évaluation exige de :

- mettre le sujet dans des conditions d'auto-observation, afin qu'il détecte les mécanismes qui induisent le désarroi, les paralysies, etc. ;
- faire prendre conscience que ce n'est jamais l'intelligence qui est remise en cause dans le résultat des contrôles ; ce sont le savoir et le savoir-utiliser qui sont évalués ;
- s'entraîner à constituer une banque de données mentale opérationnelle (voir *Éviter la paralysie mentale,* p. 148) ;
- trouver des moyens pour gérer le stress. Différentes méthodes peuvent permettre de s'imaginer réussir l'évaluation (PNL[1], sophrologie[2], méthode Vittoz[3], etc.). Elles devront prendre en compte la sensibilité spécifique de l'enfant doué.

Le modèle du sportif qui prépare une compétition peut être proposé à l'élève voulant assurer la réussite de l'évaluation. La notion de « challenge », à condition de pouvoir s'appuyer sur ses

---

1. PNL (Programmation neurolinguistique) : la PNL décode les programmes mentaux, conscients et inconscients, pour pouvoir les reproduire, les améliorer ou les modifier. *Neuro-* : ces programmes utilisent notre neurologie et son architecture biologique pour se manifester. *Linguistique :* ils s'expriment au « travers de langages sensoriels » dont la « syntaxe nous permet de comprendre et d'agir sur les couches profondes de l'humain ». La PNL nous permet d'agir au niveau du « langage de programmation » tant psychologique que neurologique. (Note établie à partir de la revue de l'Institut belge Ressources, 54, Grand-Chemin, B-1380, Lasne. mail@ressources.be, site Internet : www.ressources.be.
2. Sophrologie : la sophrologie tend, dans un état de relaxation, à éduquer et rééduquer les capacités mentales pour rétablir un état de bien-être, de pleine possession de ses moyens.
3. Méthode Vittoz : il s'agit d'une « psychothérapie de synthèse et de reconstruction ». Elle apporte des procédés techniques parfaitement simples pour l'apprentissage de l'utilisation de son cerveau.

ressources en savoir et en savoir-faire, peut dynamiser le projet. Le défi peut motiver.

La proposition pédagogique adéquate consiste, une fois encore, à maintenir le cap : faire du sens. Apprendre est un jeu intellectuel qui donne du plaisir. L'évaluation n'est qu'une étape nécessaire pour se situer. Si on l'accepte comme incontournable dans un système que l'on peut néanmoins contester, elle ne sera plus redoutable. Dans ces conditions, constituer une banque de données mentale organisée pour réussir le défi devient à son tour un jeu intellectuel.

Notre système scolaire a besoin de revoir comment évaluer. Peu de propositions pédagogiques forment les élèves à la pratique de l'autoévaluation. Il faudrait se fixer pour objectif que l'évaluation soit un moyen de dynamiser l'apprentissage et non pas un jugement qui bloque.

Voici les pistes que j'ai pu expérimenter pour aider à analyser ses erreurs :

- Est-ce un problème de connaissance ou un problème d'application ?
- De quoi aurais-je eu besoin pour réussir (à différents niveaux : connaissances, procédures, formulation, mais aussi confiance, environnement facilitant, etc.) ?
- Qu'ai-je à faire pour ne pas retomber dans la même erreur ?
- Quand, comment vais-je mettre en place cette remédiation ?

En se positionnant ainsi, on peut obtenir que l'évaluation dynamise l'enfant, car elle est alors un moyen d'avancer et non plus un jugement qui peut le conduire en « enfer ».

L'atteinte de l'identité

(Arielle Adda)

« [Ce] rire trempé de pleurs qu'on ne voit pas »
Charles BAUDELAIRE,
« La Muse vénale », in *Spleen et Idéal*

Contrairement à ce que voudrait laisser croire un lieu commun vieux comme la jalousie, qui le représente en puits de science présomptueux, machine à calculer affublée de grosses lunettes d'écaille, il n'est pas facile de discerner d'emblée les traits particuliers aux enfants doués. Ce sont de subtils éléments qui n'apparaissent pas de façon aveuglante, mais se laissent entrevoir au fil du temps, quand on songe à échapper aux idées toutes faites concernant les enfants en général.

Leur image est donc souvent brouillée, confuse, aux yeux d'un observateur distrait prétendument au fait de la nature des enfants et qui se croit autorisé, en raison même de ce savoir, à appliquer des schémas établis qu'il ne songe pas à remettre en question.

Une perspicacité suspecte

Les enfants doués sont pertinents, observateurs et très tôt dotés d'un esprit critique bien aiguisé ; ils expriment tout naturellement le fruit de leur analyse, sans déguiser leur pensée quand ils se sentent en confiance.

Évoquant l'un de ses professeurs, Mélanie, 9 ans, la juge « trop nerveuse et trop fatiguée pour enseigner à tant d'enfants ». On

> stigmatise alors son effronterie, quand elle se contente d'exprimer son opinion, de façon lucide et réaliste, sans volonté d'impertinence.
> Elle sera enchantée, et assurément soulagée, quand elle comprendra pourquoi on la taxe si souvent d'insolence : pour parler avec les adultes – dont elle espère être facilement comprise, sans devoir traduire sa pensée en mots plus simples, comme elle est parfois obligée de le faire avec ses camarades –, elle se contente d'employer leur langage, qu'elle manie évidemment à la perfection. Mais ce n'est pas de son âge...

L'audace du propos, chez une si jeune fille, surprenait tant ses interlocuteurs qu'ils en négligeaient le contenu, si judicieux, pour s'attarder au « danger » d'une si précoce perspicacité. Craignaient-ils pour leur propre image face à cette enfant trop subtile ?

> Benjamin, 5 ans, suit la leçon de calcul : au tableau est affiché un dessin représentant quatre enfants assis autour d'une table, un gâteau au milieu, et deux autres s'en approchant, dont l'un seulement porte une chaise. « En combien de parts faudra-t-il couper le gâteau ? » « Cinq ! » répond Benjamin avec assurance. « Nul ! » réplique la maîtresse. Et Benjamin de justifier sa réponse : « Mais celui qui n'a pas de chaise ne pourra pas s'asseoir à cette table, ils seront donc cinq ! » « Nul ! » confirme la maîtresse, renvoyant Benjamin au purgatoire de ceux qui ignorent combien font 4 + 2.

Pour aggraver encore cette impossibilité à dialoguer sans faux-sens, les camarades ne se privent pas de railler celui qui se montre tellement « nul ». Pour une fois qu'il ne comprend pas les questions, qu'il répond à côté... C'est une occasion à ne pas manquer.

Habituellement, on se moque de lui parce qu'il dit des choses incompréhensibles, absurdes, éloignées du sens commun.

> « S'il n'y avait plus de lois ni de règles, comment serait la vie en société ? » demande la maîtresse à sa classe de CM2. « Ce serait le chaos », répond aussitôt Lionel, qui a déjà réfléchi au sujet ; et la classe de partir d'un grand éclat de rire en entendant ce mot bizarre.

« Vous chercherez le sens de "chaos" », dit alors la maîtresse. Et Lionel n'a pas fini d'entendre parler de son intervention intempestive.

Si cet hurluberlu n'avait eu le mauvais goût d'employer un mot que personne ne connaît, la maîtresse n'aurait pas demandé ce travail supplémentaire, parfaitement dénué d'intérêt. On fera payer à Lionel sa performance inopportune.

« À l'intérieur du corps, il y a un squelette pour le tenir et du sang qui circule », affirme Valentine, 6 ans, à sa classe hilare.

D'où viennent ces enfants qui énoncent avec naturel de telles inepties ? Malheureusement, la maîtresse n'entend pas toujours ces « inepties », notamment quand elles ne répondent pas à une de ses questions ; elle n'est donc pas toujours là pour prendre la défense de cet enfant qui se fait remarquer. Et, quand elle le fait, son intervention se retourne généralement contre celui qu'elle a voulu soutenir : « Avec tes idioties, on a du travail en plus ! »

Ce ne sont là que quelques exemples, parmi une infinité, des glissements faussant les interprétations des paroles et des comportements des enfants doués. Et ce n'est qu'un début...

« Mais fais un effort ! »

Quand on demande à un enfant doué de faire un effort en classe, cela signifie le plus souvent qu'on lui suggère de s'appliquer à accepter de subir, sans trop le manifester, l'ennui d'un enseignement répétitif. L'effort ne porte pas sur la quantité de travail à fournir, mais sur la contrainte qu'il doit s'imposer pour ne pas s'agiter à l'excès, bavarder avec ses voisins ou encore dormir et rêver – qui plus est, peut-être, de manière ostensible.

Il y a tout de même des domaines où l'effort exigé est réel, mais ils ne sont pas très attrayants ni très stimulants pour l'enfant doué qui s'ennuie. Il lui faut, par exemple, « soigner son écriture »

– dans son cas, il s'agit d'un authentique effort ; ou noter les étapes d'un raisonnement mathématique, pour s'initier à la sacro-sainte « méthode » ; ou encore apprendre par cœur les tables de multiplication… Mais rien de tout cela ne demande d'effort intellectuel – celui qui oblige à plonger en soi pour en tirer une idée qu'on ne se serait jamais cru capable de faire jaillir ; qui fait saisir un raisonnement élaboré et subtil que l'on saura transposer ; qui permet de mener une réflexion à son terme pour aboutir à une conclusion originale, novatrice, ou simplement pertinente. Les joies couronnant un effort méritoire demeurent étrangères à l'enfant doué, qui a parfois l'impression qu'il a déjà suivi ce cours, mais quand ? En rêve ? Dans une autre existence ? Serait-il en train de redoubler une classe sans s'en être aperçu, distrait comme il peut l'être ? Pour lui, l'effort consiste donc à s'adapter, sans se poser ces questions absurdes et malvenues. Il a déjà beaucoup à se faire pardonner : son manque d'intérêt, voire son ennui, ou, tout aussi exaspérante bien que d'une autre nature, sa façon de toujours lever le doigt « pour se faire remarquer ».

La notion d'effort serait donc différente pour chacun. Mais peut-on imaginer un instant le quotidien d'un enfant tenu à l'écart de tout ce bonheur dont il entend parler ? On dit alors qu'il ne s'intéresse pas à ses notes, que cela lui est égal, mais on a tout fait pour qu'il se désintéresse de la scolarité. Lui seul est tenu en dehors de cet échange fructueux : un élève donne son énergie, sa curiosité d'esprit, son raisonnement ; en retour, on lui offre d'accroître ses connaissances, de s'ouvrir davantage au monde ; et, pour parachever ce parcours idéal, il reçoit une bonne note. Quelle frustration pour celui qui, loin d'approfondir ses connaissances, a l'impression de n'avoir accès qu'à un lassant succédané de savoir ! Et l'on voudrait qu'il soit attentif, présent, appliqué ; on le taxe d'étourderie, de nonchalance, voire, quand la situation s'aggrave, d'insolence ! Qui pourrait jouer la comédie de l'intérêt passionné en entendant répéter pour la millième fois, au moins, une donnée qu'il pense connaître depuis qu'il sait parler ?

Ceux qui, de longues années durant, ignorent cette notion d'effort seraient semblables à des voyageurs qui prennent chaque matin l'autobus : ils regardent distraitement par la fenêtre, goûtant le repos d'être transportés sans avoir à se préoccuper de la circulation, du trajet, des éventuelles intempéries. Au chaud et la pensée vagabonde, ils flottent, simplement attentifs à ne pas manquer l'arrêt et à présenter leur ticket au contrôleur. Il faudra ensuite du temps, et bien des déboires, à ces touristes de la scolarité pour comprendre que celle-ci n'est pas un trajet qu'il suffit de vérifier d'un coup d'œil, mais un itinéraire plein de surprises, bonnes ou mauvaises – de moins en moins bonnes à mesure que le temps passe et que l'on se croit encore dans l'autobus des débuts.

On peut tenter d'expliquer à des adolescents en pleine déconfiture que la vie des écoliers n'est pas une éternelle promenade et qu'ils doivent, effectivement, mettre un peu du leur pour appréhender ces techniques de travail dont ils ont vaguement entendu parler sans jamais se sentir concernés. Un changement d'attitude si radical ne peut s'effectuer en un jour : il y aura des rechutes, des embûches détectées trop tard pour être évitées, des moments de découragement, quand la belle mécanique de mémorisation cesse de fonctionner de la même manière qu'un moteur cale sans préavis et sans rémission, juste au moment où l'on se rendait à un rendez-vous important. Mais l'essentiel aura été compris : la réussite n'est pas donnée en cadeau, elle doit se mériter tôt ou tard ; elle n'est pas non plus magique, il ne suffit pas de fournir un coup de collier au moment adéquat pour gagner son ordinateur, sa Mobylette, son séjour en Amérique, par quelques bonnes notes. Pour prévenir l'échec qui s'amorce, il ne suffit pas d'un effort momentané, vite relâché, à l'image de séances de rééducation restituant à une jambe fracturée son agilité d'antan.

Le plus difficile est bien de faire passer ce message perçu comme moralisateur, austère et peu attirant pour un adolescent qui arrive justement à un âge où la vie commence à offrir d'autres intérêts, si peu scolaires.

L'intégration sociale

Dans cette rude épreuve qu'est parfois la scolarité, les enfants doués ont deux façons de réagir, en fonction de leur caractère et de la primauté qu'ils accordent à un mode de vie en particulier.

Ceux qui sont plutôt conciliants, qui privilégient l'harmonie et détestent les conflits, les relations agressives, apprennent à satisfaire leur soif de connaissances de quelques miettes d'enseignement, dispensées avec la parcimonie que l'on sait. Pour s'en contenter sans ressentir une trop grande frustration, ils agrémentent ce maigre aliment de condiments plus gais, tels que les copains, les jeux, la récréation, parfois le sport pour les plus heureux. Ils discernent le bon côté de l'école et y apprécient tout ce qui leur plaît, sans être obligés de trop sacrifier leur nature profonde ; à ceux-là, la scolarité laissera un souvenir éclairé de nombreux moments heureux, même si, de l'enseignement par lui-même, il ne subsiste qu'une vague trace grise, dont les aspects utilitaires ont néanmoins été bien assimilés : tables de multiplication, règles de grammaire, dates clés, citations intéressantes et, pour les poètes, sonnets et ballades, toujours bienvenus aux moments plus romantiques de l'existence.

À côté de ces « sages », souvent réduits à la raison par leur refus de vivre en état de guerre permanent, il y a des enfants plus entiers, plus rebelles, moins soucieux de paix, pour qui l'acceptation d'une loi qui les contraint à l'excès serait une compromission entamant leur intégrité. Il ne leur est tout simplement pas possible de se soumettre à des règles qu'ils contestent du plus profond de leur être. Ils étoufferaient, ils en mourraient... Une telle personnalité, dynamique, hardie, têtue et même obstinée, tôt et bien dessinée, ne tarde pas à s'opposer à toute forme de discipline, dès lors qu'elle lui paraît arbitraire, injustifiée, injuste. Ces enfants au caractère si affirmé possèdent un sens aigu de l'injustice, jusque dans les plus petits détails du quotidien : ils seraient prêts à enfourcher immédiatement leur blanc destrier pour voler au secours de l'équité. Généralement, cette belle envolée vers un combat épique et noble se termine piteusement par une punition, assénée par une maîtresse choquée de tant de pugnacité de la part d'un enfant encore si jeune, qui doit commencer par apprendre à se taire et à accepter l'autorité sans la discuter. En fait, il ne songe pas à contester l'autorité comme telle ; il récuse seulement l'usage, jugé par lui maladroit, qui en est fait. Si un fougueux général l'entraînait pour la défense d'une juste cause, il exécuterait sans hésiter les ordres les plus exigeants. Mais cette autorité-là, qui s'exerce sur des points dérisoires, insignifiants, sans valeur, lui paraît le comble de l'absurde. Il est donc salutaire et sain de se dresser contre cette volonté jugée tatillonne et stupide, qui privilégie le détail sans importance et ignore l'essentiel : l'enseignement de tout ce que les rares échappées sur le monde de la connaissance ont laissé entrevoir d'attrayant, et même de fascinant.

Dès lors, après quelques escarmouches, cet enfant sera irrémédiablement qualifié de « difficile », voire de « caractériel ». Il verra les punitions l'accabler de plus en plus souvent et de plus en plus lourdement, puisqu'on le considérera d'emblée responsable de la moindre protestation ou du plus petit désordre dans la classe. Lui se fige dans sa colère, qu'il estime parfaitement justifiée, et le voilà engagé dans un parcours jonché d'incessants malentendus, impossibles à dissiper. On le change de maîtresse, d'école, on élargit de plus en plus l'aire de recherche de l'établissement idéal, où il serait compris et ses qualités appréciées. Mais lui faire entendre raison, le ramener à davantage de pondération devient de plus en plus difficile, puisque cet incurable rebelle pense qu'on veut lui ôter ce qui constitue sa nature même en éliminant les caractéristiques propres de sa personnalité, considérées comme « gênantes ».

Les parents égarés sont souvent tentés de lui donner raison : objectivement, son attitude est cohérente, elle se défend. Mais, socialement, elle devient intenable : une famille entière ne peut se murer dans sa conception de la justice et vivre en marge de la société, incarnée en l'occurrence par l'école, forte de son bon droit et du poids de son expérience accumulée au cours des siècles.

Il y a bien des années d'accalmie, quand cet éternel justicier ne voit rien à redire à l'attitude de l'enseignant, qui semble même le comprendre et apprécier l'élève au caractère entier, capable d'entraîner toute une classe dans la défense de principes d'une incontestable valeur, comme dans une recherche approfondie sur un sujet passionnant. Mais le gros du temps est à la tempête.

Un justicier passionné

Entre ces deux positions si tranchées, il existe des nuances. Un élève peut ainsi passer d'une catégorie à l'autre, parce que les circonstances l'auront guidé presque malgré lui : il se retrouve tout à coup à la tête d'un groupe contestataire sans très bien savoir comment, et son souci d'harmonie doit céder la place à des arguments plus percutants, uniquement parce que la situation l'exige. Comment en est-il arrivé là ? Tout simplement poussé par ses camarades, qui lui ont reconnu une certaine habileté dans la discussion, ou bien une pondération bienvenue, ou encore une facilité à exprimer des émotions et à décrire des événements avec clarté et précision. Les plus cyniques, les plus manipulateurs, ceux qui évitent de se mettre en avant, ont compris qu'il est possible de placer en première ligne celui qui sait se montrer, à l'occasion, tellement passionné et efficace dans sa démarche. Ils pensent peut-être aussi qu'il lui sera plus facile de se récupérer, au cas où ses camarades seraient dans l'obligation de le déjuger, de renier la cause qu'ils l'avaient chargé de défendre : plus indépendant d'esprit, moins soumis aux jugements péremptoires des professeurs, il montre une vivacité d'esprit qui lui soufflera sans doute une réponse pertinente et inattendue de nature à désarçonner un adulte, même s'il s'agit d'un pédagogue aguerri. Ce caractère mieux affirmé l'empêchera d'ailleurs d'en vouloir trop longtemps à ceux qui l'auront trahi, parce qu'il saura comprendre les raisons de leur fuite, sans les traiter de lâches.

Cette place périlleuse et prestigieuse est parfois encouragée par les parents, qui se désolaient jusque-là des « difficultés d'intégration » de leur enfant, à l'amitié si rare ; ils voient dans l'élan qui anime leur fils une marque incontestable d'assimilation – avant de commencer à se soucier des suites malencontreuses. Ce n'est que plus tard qu'ils s'inquiéteront de voir leur fils qualifié de « meneur », ce qui n'est jamais très bien vu dans un établissement scolaire. Le « meneur » traîne avec lui une image de tête dure, de rebelle difficile à dompter, capable d'entraîner ses camarades dans des actions surprenantes et dangereuses – attitude absurde que l'adolescent justement indigné n'adoptera certainement pas, mais on ne fait pas toujours la distinction entre un être épris de justice et celui qui se fâche pour le plaisir de l'affrontement avec une hiérarchie qu'il conteste par principe.

Cette conduite véhémente serait surtout l'apanage des garçons, plus entiers, plus volontiers excessifs, et d'autant plus portés à se précipiter de façon irréfléchie au service de la justice que l'enseignement scolaire offre pour eux peu d'intérêt : il n'y a donc pas grand sacrifice à consentir pour se porter en première ligne si le combat en vaut la peine...

Bien que manifestant un sens tout aussi aigu de la justice, les filles semblent plus circonspectes, plus précautionneuses, plus diplomates. Elles pèsent soigneusement les conséquences d'une action d'éclat et ce qu'elle suppose de réactions parentales, pas obligatoirement bienveillantes ni compréhensives. Peut-être tiennent-elles aussi davantage compte de l'état de leur famille et se gardent-elles alors d'accroître leurs ennuis par un comportement trop peu conforme. Elles envisagent plus volontiers les retombées, où leurs parents seront automatiquement impliqués, et privilégient alors la paix familiale, parfois déjà chancelante ou nettement en péril.

Quoi qu'il en soit, ce sens aigu de l'injustice semble bien constituer une des caractéristiques propres aux enfants doués. On peut penser qu'il est particulièrement développé chez eux car, très tôt, ils ont pris l'habitude de voir leurs réactions, leurs paroles, leurs actions si mal comprises qu'ils pouvaient se sentir victimes d'un malentendu qui confinait à l'injustice. Il leur faut donc tenter d'éviter aux autres cette souffrance qu'ils connaissent bien, encore accrue par l'impression d'une irrémédiable impuissance leur interdisant de se défendre. Ils ont payé pour savoir que tout argument avancé serait retourné contre eux, et qu'ils aggraveront leur cas en tentant de se justifier. Dès leur tout jeune âge, ils savent l'amertume du ressentiment éternellement ressassé en solitaire, faute de pouvoir être exprimé. Ils se souviennent du jour où ils ont voulu donner une réponse originale et pertinente à la maîtresse, qui les a envoyés promener en riant : leur remarque n'intéressait personne dans la classe, et même pas elle, la maîtresse, c'est dire l'absurdité de leur propos !

Les périls du désordre familial

L'attitude rebelle peut être aggravée par une situation familiale douloureuse et chaotique. Certains enfants se retrouvent ainsi, pratiquement dès leur venue au monde, dans une situation de trouble conjuguant perversité, désordre et manipulations. Il leur est alors bien difficile de démêler ces passes d'armes où chacun des protagonistes affirme sa bonne foi avec la véhémence et l'apparente sincérité de la victime persécutée – rôle d'autant mieux tenu que son auteur est plus pervers.

L'enfant qui survient dans ce fatras guerrier – parfois en tant qu'ultime et dérisoire tentative d'apaisement – le perçoit parfaitement, dans le même temps qu'il mesure son impuissance. Il tente bien quelques menues actions de pacification, de réconfort vis-à-vis du plus meurtri, mais il est rapidement débordé par la violence de la situation. Ce serait alors pour se protéger, pour éviter de se trouver lui-même trop atteint par cette atmosphère délétère, qu'il adopte une position très ferme de contestation de tout ordre. Attitude justifiée par le fait que son environnement, qui aurait dû donner une image d'ordre, lui substitue celle d'un chaos, présenté comme inévitable et presque normal. Pour préserver son intégrité, il lui faut se défendre systématiquement contre toute idée d'ordre imposé, puisqu'on ne peut savoir si elle reflète bien l'ordre de l'Univers ou si elle n'est pas, elle aussi, pernicieuse, toxique, malsaine – à l'image de ces adultes incohérents que sont malheureusement ses parents.

Or qui représente mieux l'ordre, social celui-là, que l'école ? Un enfant ne peut opérer par lui-même une sélection : il y aurait un ordre cohérent et donc bénéfique, et un ordre apparent, recouvrant un amas de douleur, d'agressivité, de malaise indéfinissable, imprégnant souvent plusieurs générations. S'il ne veut pas être pris à son tour dans ce maelström de souffrances à peine supportables, il doit se tenir dans une position de repli.

Ses dons intellectuels lui permettent de donner le change durant les premières années de scolarité, mais, ensuite, l'échec semble inévitable, à cause de cette mise en doute profonde, inconsciente, des idées qu'on cherche à lui inculquer et qui sont peut-être nocives et destructrices. Il reste alors « à côté » de la voie classique, même quand il a le réel désir de la suivre, une fois les orages dissipés par exemple, ou bien quand il prend conscience que son avenir est en jeu et qu'il ne veut pas le saboter.

L'habitude de se méfier de tout ce qu'on lui dit peut être tellement ancrée en lui qu'il lui sera très difficile d'accepter de recevoir un enseignement et d'y adhérer sans réticence. De surcroît, sa méfiance première l'a empêché d'acquérir les bases du savoir, et il devrait fournir un effort démesuré pour rattraper tout ce retard. Pour aggraver encore sa situation, on dira que les désordres familiaux sont responsables de ses carences – affirmation véridique, sans être exhaustive, qui finit par priver de tout libre arbitre et de toute faculté de réaction celui qui a eu la malchance de venir au monde dans le chaos.

La vie est parfois bien peu prodigue en cadeaux. Et l'enfant ainsi atteint dans son identité devra beaucoup travailler pour se réconcilier avec soi-même et se reconstruire.

La confusion des motifs

La façon dont cette image de soi a été faussée, brouillée, déformée par les malentendus successifs qui ont accompagné l'évolution de l'enfant doué apparaît très clairement dans l'histoire de ces adultes qui se reconnaissent enfin, en lisant la description de ce qu'ils ont été enfants et de ce qu'ils sont devenus – même si subsiste une part d'ombre que rien n'a jamais pu éclairer. Pourtant, paradoxalement, un grand nombre d'entre eux ont été suivis en thérapie ou ont entrepris un travail de cet ordre, guidé par un thérapeute. S'il persiste une brume, une obscurité, ce n'est pas faute de tentatives pour l'éclaircir. Depuis longtemps, ils ont eu ce désir d'une meilleure connaissance d'eux-mêmes et, l'accompagnant, d'une réponse enfin cohérente.

C'est ici qu'apparaît un piège massif et pratiquement impossible à éviter : dans l'histoire de ces patients, on trouve une explication tout à fait valable aux malaises ressentis. Le plus souvent et le plus banalement, il s'agit d'enfants « nés de père inconnu », qu'une mère trop discrète sur le sujet ne mentionne que rarement et avec tant de gêne que l'enfant n'ose rien demander. Parfois, cette absence de nom du père est remplacée par une marque évidente, seule trace laissée par l'inconnu, d'une ascendance différente : ainsi, point n'est besoin d'épiloguer sur la différence d'un enfant noir vivant au sein d'une famille blanche.

On dira : « Bien entendu, cet enfant ne veut pas admettre ce manque de père, il veut protéger sa mère, éviter de la culpabiliser encore davantage ; mais il souffre, et on se doit d'apaiser sa souffrance, en incitant sa mère à lever enfin le secret... »

Pourquoi, alors, imaginer d'autres causes, absurdes et compliquées, qui ne feraient qu'embrouiller inutilement une situation déjà bien complexe, comme elles le sont toutes ? On travaillera, avec une infinie patience, cette histoire douloureuse. Ce père absent, qui a refusé son rôle et préféré abandonner son enfant, souvent sans même désirer le connaître, est terriblement lourd à porter. On parle de l'amour qui a présidé à la conception de l'enfant, mais cet amour a été si fugitif, un simple éclat trop vite éteint. Et cette lueur est bien fragile pour se construire une image forte et solide.

Il y a pourtant des signes discrets indiquant que ce drame des origines n'est pas la (seule) clé de la personnalité : il y a bien la souffrance et la révolte, quasi normales dans ce cas, mais il y a aussi les bons résultats scolaires, la curiosité d'esprit, parfois même des passions étonnantes – que l'on peut, toutefois, aisément justifier grâce à une grille bien conçue. Le goût des monstres préhistoriques ? Élémentaire, il correspond à la recherche du passé enfoui. Celui des timbres ? C'est la quête du pays inconnu où ce père défaillant a sans doute trouvé refuge et d'où parviendra peut-être, un jour, une lettre au timbre exotique... La passion des avions ? C'est là encore la recherche du père et des pays inconnus où il a disparu. L'attachement pour les animaux ? Il n'y a pas de meilleur remède à un manque affectif. Ces exemples sont, bien sûr, si réducteurs qu'ils en deviennent caricaturaux ; mais l'outrance permet parfois d'exposer avec une clarté quelque peu brutale une opinion que l'on nuancera et pondérera ensuite.

Le sens des responsabilités

Les enfants doués, placés dans une telle situation de carence, ont tendance à prendre très tôt des responsabilités. Ils veulent protéger leur mère, puisqu'elle n'a personne d'autre et qu'elle est sans doute un peu maladroite pour n'avoir pas su garder auprès d'elle un homme qu'elle avait pourtant séduit... S'agissant d'un fils, la cause est immédiatement entendue : Œdipe n'est jamais très loin ! Si c'est une fille, on la dira un peu exclusive.

La lucidité impitoyable de ces enfants leur permet de juger sans concession les compagnons d'appoint : ils comprennent parfaitement que leur mère a besoin de compagnie, que sa solitude d'adulte lui pèse et qu'elle voudrait un appui, mais quel manque de sens critique ! Ils en sont réduits à attendre patiemment que leur mère se rende compte par elle-même qu'elle commet une erreur, parce qu'il serait inutile de l'inciter à user d'un jugement plus aigu. Il faut attendre, dans un inconfort plus ou moins grand, qu'elle accomplisse seule le chemin menant à une plus grande lucidité pour être prêt, à ce moment-là, à la consoler de ses espoirs encore une fois fracassés.

Cet itinéraire, plus ardu et chaotique que le chemin classique, peut aussi être celui de l'enfant d'un couple mal assorti. Il s'épuise alors à colmater les brèches les plus graves et s'acharne à éviter un effondrement dramatique, à l'image de l'exemplaire enfant hollandais dont le petit doigt, glissé dans la minuscule faille, empêcha l'eau menaçante de démolir la digue et de détruire la région.

L'enfant doué consacre à ces tâches, vécues comme un devoir impératif, une grande énergie, au détriment de sa propre enfance. Mais il conserve, tant qu'il le peut, un refuge dans le travail et un autre dans son monde privilégié, choisi avec passion.

Si l'on ne tient pas compte de l'acuité de son regard, de la maturité de son esprit et de sa lucidité exigeante, on enferme dans un malentendu improductif cet enfant courageux, aux qualités prometteuses. En oubliant que, parmi les personnes qui ont composé, un court instant, une famille, c'est lui qui possède le jugement le plus droit et la plus grande rigueur d'esprit.

Dans de tels cas, le passage à l'âge adulte est parfois si douloureux qu'il entraîne des comportements angoissés et même destructeurs. Si personne n'a clairement reconnu à l'enfant doué ses qualités intellectuelles et ne s'est rendu à ses jugements, il ignorera tout de sa valeur et pensera au contraire qu'il n'est pas apte à la vie ordinaire. N'ayant d'autre image de lui que celle d'un enfant privé de père ou placé dans un environnement familial difficile, il pensera n'avoir pas su mieux faire que subir maladroitement son destin. L'aveuglement de son entourage à son propos signifie simplement qu'il a failli à sa mission, qu'il ne vaut rien, qu'il n'a rien compris au monde qui l'entoure – même si c'est justement ce monde qui ne l'a pas compris. Il est alors bien difficile de trouver en soi l'énergie nécessaire pour construire sa propre vie.

Les blessures secrètes

Les enfants doués ne traversent pas tous de tels orages : ceux qui mènent une existence tranquille au sein d'une famille calme parviennent à suivre un parcours paisible qui n'attire pas l'attention de leur entourage. Au contraire, on se réjouirait plutôt de leur sagesse. Enfant aimant et généralement obéissant, élève correct, frère attentif, sœur patiente – rien n'indique un malaise latent.

Durant ses premières années, les malentendus, même fort irritants parfois, sont demeurés supportables. L'image, banale et conformiste, qu'on lui renvoyait de lui-même restait acceptable. Avec la prudence et la diplomatie qu'il avait tôt pris l'habitude d'exercer, l'enfant doué a pu continuer sa route, plus solitaire qu'il n'y paraissait, sans soulever d'interrogations gênantes et sans provoquer de bouleversements profonds dans son environnement familial.

Vient l'adolescence, qui perturbe parfois exagérément le délicat équilibre que l'enfant doué avait réussi à maintenir.

Chez les jeunes filles, les problèmes liés à la nourriture prennent, dans certains cas, une place prépondérante, et les malentendus changent alors de registre, devenant plus douloureux, voire intolérables.

D'une adolescente boulimique, on dira qu'elle refuse son corps, qu'elle veut le transformer à son gré, qu'elle a un problème affectif : elle ne s'aime pas, elle est en conflit, normal chez une adolescente. On lui renvoie d'elle une image qui ne correspond en rien à ce qu'elle est : une affamée de reconnaissance aspirant à vivre enfin tous les élans qui l'animent. Alors, elle suralimente ce double dans lequel elle ne se retrouve pas, comme pour lui donner un peu d'épaisseur, de substance, de vie. Ce faisant, elle étouffe encore plus pesamment l'autre, la jeune fille mince, fragile et délicate qui ressent depuis l'enfance le vertige du manque, de l'incompréhension et du malentendu…

Cette armure qu'elle se façonne la protège, pense-t-elle ; mais rien ne peut combler ce gouffre, et le reflet épais et disgracieux que lui renvoie le miroir peut seulement la rendre de plus en plus étrangère à elle-même. Enfin, son désespoir a un nom, il est justifié, peut-être pourra-t-il être soigné. Entre deux nausées, sous la couche de graisse, l'enfant éperdue souhaite de tout son être qu'on sache interpréter comme il convient ces signes, et qu'on trouve enfin les vraies raisons de son indicible malheur.

En attendant la délivrance, elle entretient cette protection vitale, sans laquelle elle serait exposée à tous les dangers : elle se sent désarmée, vulnérable, nue.

Cette « armure » lui paraît essentielle à sa survie, mais chez la jeune fille vorace subsiste le nourrisson d'autrefois : on sait que la moindre modification dans l'environnement d'un bébé risque de faire naître en lui une inquiétude profonde, alors même que ce changement est infime et dépourvu de la plus petite conséquence. Une légère modification peut en annoncer une autre, plus grave et plus perturbatrice, et le bébé méfiant réagit à sa façon à ces prémices d'une éventuelle catastrophe dont il serait la première victime, du fait de sa faiblesse et de sa totale dépendance.

Jamais la future boulimique n'a révisé ces notions anciennes : elle a toujours pensé qu'un changement était annonciateur d'ennuis et qu'il fallait d'abord songer à assurer sa protection. Elle s'y emploie à sa façon, en dévorant, en renforçant sa cuirasse, comme le bébé qui sait qu'il va mourir s'il n'a rien à manger.

Une enfant imaginative, consciente des dangers qui la guettent à chaque détour des chemins qu'elle doit emprunter pour devenir à son tour adulte et responsable, perçoit la nocivité de ces périls de manière aussi aiguë et précise qu'elle se sait dépourvue d'arme efficace ; il lui faut donc, une fois encore, renforcer sa garde, même si une voix lui souffle que cette enveloppe est dérisoire, inutile et malsaine. Mais comment persuader un nourrisson pétri d'épouvante que son mode de défense est vain ?

Tout est danger, tout peut être mortel, et les paroles rassurantes glissent sur l'angoisse sans laisser de trace ni apporter d'apaisement.

À l'opposé, la jeune fille anorexique promène sa silhouette longiligne et gracile. En fait, elle aussi se protège par ses refus de nourriture : elle pense que, lorsqu'elle se sera débarrassée de toute cette graisse qui l'encombre, elle trouvera l'essence de sa nature. Elle est à la recherche d'elle-même comme on creuse la terre, et il lui faut se défaire de ce superflu qui, sans doute, brouille son image. De surcroît, son éternel souci de perfection se trouve bien de cette recherche d'absolu : la maigreur parfaite, idéale, peut devenir une recherche esthétique. Et l'adolescente de rêver aux frêles armatures de Giacometti... Peut-être même s'agit-il à ses yeux du seul domaine où l'on puisse atteindre une sorte de perfection.

Si l'on invoque – classiquement – des rapports troublés avec la mère pour expliquer cette recherche éperdue de sa propre substance, on fera fausse route. La vraie piste consiste à trouver pourquoi cette enfant qui travaille bien en classe, qui possède souvent des dons artistiques, semble tout à coup chercher à se détruire en refusant de se nourrir. En réalité, cette image d'elle-même qui se dérobe sans cesse l'exaspère ; elle se demande si elle saura un jour qui elle est et pourquoi elle ne se sent pas comme les autres. Elle pense que c'est sa destinée de n'avoir pas d'amie, d'être si souvent seule, de dérouter ses parents, alors que ses frères et sœurs ignorent ces problèmes et mènent une existence paisible. Elle s'en veut d'être aussi différente, difficile à comprendre. Finalement, on a raison de dire qu'elle ne s'aime pas et qu'il doit s'agir d'une histoire très ancienne, de difficultés archaïques avec sa mère et peut-être aussi avec son père...

Les parents, préoccupés, veulent bien se remettre en question, même s'ils ne savent pas vraiment dans quelle direction diriger leurs recherches. À quel moment ont-ils failli ? Pourquoi cette jolie petite fille, si gaie et si affectueuse dans ses premières années, semble-t-elle tout à coup à la recherche d'impossibles réponses ? Quels tourments peuvent ainsi l'agiter, quand elle se punit de la sorte, en se gavant ou en se privant de nourriture ?

Souvent, il ne s'agit pas d'anorexie grave : ces jeunes filles ne mangent presque pas, mais elles ne se font pas vomir, elles se trouvent simplement trop grosses. Il est vrai que le perfectionnisme qui les habite s'accorde bien avec le modèle séduisant des mannequins filiformes. On attribue alors à leur excessive coquetterie ce régime obsessionnel : un petit bourrelet, prix infime à payer pour savourer le bonheur de goûter de délicieuses nourritures dans la compagnie d'amis chaleureux, serait encore trop cher pour ces jeunes filles tellement soucieuses de leur apparence. Mais c'est surtout à leur propre regard que ces millimètres de chair deviennent insupportables. Quel meilleur terrain que leur propre corps pour relever un défi, celui de la maigreur absolue ? C'est là qu'elles peuvent enfin aller jusqu'au bout d'elles-mêmes, éprouver leurs limites, même si elles risquent d'en mourir. Elles ne songent d'ailleurs pas un instant que cette issue fatale les concerne, alors qu'elles se sentent enfin tellement maîtresses d'elles-mêmes et de leur destinée. C'est leur corps qui leur joue des tours et les trahit, à leur grande surprise. Elles n'ont jamais pensé que cette simple limitation de nourriture pouvait entraîner des conséquences dramatiques. L'anorexie à visée esthétique risque pourtant de devenir une maladie, irréversible parfois.

Le plus souvent, leur vitalité finit par les freiner ; l'instinct de survie les incite à demander de l'aide, à chercher à l'extérieur une explication, parce que leur quête personnelle reste infructueuse : elles sont aussi minces qu'elles l'ont désiré, libérées de toutes ces contingences liées à la nourriture, mais leurs incertitudes restent toujours aussi douloureuses. Cette ligne étirée qui est désormais la leur ne leur renvoie pas davantage une image satisfaisante ; elles ne savent toujours pas qui elles sont. Même le désir d'extrême qui les caractérise n'est pas apaisé. Et, si la mort peut seule leur apporter une réponse, peut-être est-il préférable de tenter, en désespoir de cause comme on le dit si justement, un dernier essai en demandant à des spécialistes une amorce d'explication.

Les perversions de l'implicite

Dans leur famille, la reconnaissance du don intellectuel est souvent restée implicite. L'intelligence constitue un élément « normal », puisque tout le monde a facilement réussi des études assez ardues. Pourtant, il semble que personne n'ait éprouvé, comme ces jeunes filles, ce besoin d'absolu, ce goût pour l'extrême, ce souci de perfection poussé au-delà de l'imaginable. Il leur a donc fallu trouver par elles-mêmes une réponse à cette quête désespérée : leur souci d'esthétique leur a dicté la voie la plus facile à suivre.

Au début, ce remède semblait parfait : elles ne s'étaient jamais senties aussi bien, légères et débarrassées des contraintes qu'impose la satisfaction de besoins ennuyeux, exigeant de se nourrir à heures régulières, d'absorber toutes sortes d'aliments en suivant un protocole qui finit par devenir lassant. Elles se sentaient l'esprit plus vif qu'autrefois, quand une gangue dissimulait leur véritable aspect et que leur entourage se méprenait sur les raisons de leur sentiment de malaise. Maintenant, on allait enfin les voir telles qu'elles étaient véritablement... Et puis cet espoir euphorique a commencé à s'évanouir, tandis que des troubles physiques se manifestaient et les transformaient en malades peu séduisantes, voire irritantes pour leurs proches de plus en plus éperdus.

Quant à ces jeunes filles qui s'entourent d'une armure de graisse, elles ne trouvent pas la sécurité tant désirée : elles continuent à appréhender l'avenir, sans savoir où trouver une protection enfin efficace.

Anorexiques ou boulimiques, elles se sont fait piéger sur le chemin de leur quête. Elles, qui rêvaient d'absolu, les voilà malades, de moins en moins attirantes – quoiqu'elles se sentent si mal à ces moments-là qu'il leur est bien égal de perdre toute séduction. Elles aimeraient pouvoir enfin apaiser cette jeune fille compliquée et malheureuse pour de si obscures raisons, désormais encore plus difficiles à déceler sous l'afflux des symptômes et des hypothèses. Seule demeure, au fond d'elles-mêmes, l'impression confuse, floue, comme brouillée, que leur être véritable reste enfoui dans des abîmes insondables : elles devront donc se contenter du masque qu'elles ont tant bien que mal plaqué sur leur visage endolori.

Protégées par une armure de graisse ou par une apparence d'une extrême fragilité, elles continuent à se sentir trop exposées à des regards toujours chargés d'une désespérante incompréhension. Il est alors plus urgent que jamais de sortir la douleur du silence en tentant d'échapper aux réponses toutes faites. Seul un dialogue attentif, avec une personne capable de pressentir dans cette enfance en souffrance l'écho d'un don lumineux mais étouffé, peut ouvrir la cage où se débat l'oiseau blessé.

L'enfant doué non reconnu vit une petite mort.

La tentation du suicide

(Arielle Adda)

Un des sujets qui ont la faveur des médias est celui du suicide des jeunes, surtout quand ils sont dits « doués ». Statistiques à l'appui – 10 % affirme-t-on –, on aime à démontrer qu'ils sont nombreux à s'y être essayés… Ce chiffre inquiétant prouverait à l'évidence que ces enfants ne sont pas très « solides » et que l'on peut toujours s'attendre à des comportements aberrants de leur part.

Citer ces chiffres, par ailleurs difficiles à vérifier, est cependant risqué : si l'on connaît le nombre des enfants doués de manière statistique, comment peut-on affirmer avec certitude qu'un enfant qui s'est senti profondément découragé et a perdu toute énergie et toute foi en lui est surdoué ? On le teste sitôt qu'il sort de réanimation ? On reconstitue les réponses qu'il aurait pu donner aux tests pour mesurer son QI ?

Il n'en est pas moins vrai que les enfants doués réunissent certaines caractéristiques qui leur rendent la vie plus difficile, en les privant de la bienheureuse inconscience protégeant les autres enfants.

L'impossible mirage

Répétons-le à satiété : les enfants doués sont, tout à la fois, très imaginatifs, très sensibles et très lucides : quand les circonstances s'y prêtent, ces capacités réunies leur font voir l'avenir sous un jour peu attrayant. Leur clairvoyance les empêche de s'aveugler sur leur force ; ils se savent faibles, ignorants, victimes désignées des forts, des brutaux, comme certains de leurs « camarades » qui s'amusent à les harceler à la récréation. Le monde extérieur est peuplé de ces individus fiers de leurs muscles, méprisant les plus fragiles et ne s'embarrassant pas de remords ; si, pour agrémenter le tout, on leur ajoute un brin de perversité, la vie en société ne paraît pas très séduisante.

Cette même perspicacité leur interdit de prêter foi aux paroles apaisantes qu'on leur dispense, en croyant naïvement qu'ils en seront dupes, alors que leur acuité de jugement leur permet d'évaluer très sûrement le degré de crédibilité qu'ils peuvent accorder à leur interlocuteur et de savoir dans l'instant si on leur ment. Ils identifient parfaitement un leurre, même s'ils affectent de se laisser un temps abuser, pour ne pas froisser leur interlocuteur. Cette situation peut se produire par exemple quand un parent dans la peine, voulant croire à un beau conte de fées, cherche à faire de son enfant le complice de ce mensonge, comme pour rendre son rêve plus plausible et se persuader qu'il va devenir réalité. L'enfant se refuse à décevoir cet adulte qu'il aime et doit protéger encore davantage lorsqu'il le voit renaître à un espoir que lui sait fallacieux.

Leur extrême sensibilité les incite ainsi à ménager leur entourage, mais, d'une façon générale, elle contribue encore à leur ôter une part de leur faibles défenses : ils ont tendance à pleurer un peu trop facilement – à la grande joie des persécuteurs –, se sentent blessés quand on se moque de leurs réactions trop spontanées : de fait, il faut être vraiment bizarre pour réagir avec une telle émotivité à des incidents sans importance, pense la foule. Alors, comment trouver un interlocuteur et même, comble d'utopie, un ami dans cette foule ?

L'imagination, accompagnée de lucidité, aboutit rarement à une issue heureuse : les enfants doués envisagent bien plus volontiers la catastrophe, ignorant très vite la béatitude enfantine qui incite si facilement à penser que tout finit par s'arranger. L'issue dramatique leur paraît plus probable ; ils le vérifient au quotidien, sans trop se tromper.

Alors, quand un imprévu, encore plus désagréable que les autres, vient renforcer ces sombres perspectives, comment ne pas avoir la tentation de s'évader, de s'échapper pour toujours ? Ce futur qu'il faudrait subir dans un environnement hostile, dépourvu de grâce, borné et sinistre, sans jamais être assuré de trouver des compensations, offre une image tellement rébarbative que le courage manque pour s'y engager. Ce serait en permanence un chemin cahoteux, hérissé de pièges douloureux, ne proposant que souffrances et malentendus, bordé de murs opaques, ne laissant filtrer aucune lueur. Il est permis de vaciller quand, pris d'un vertige subit, on n'entrevoit qu'un interminable parcours du combattant, dont on peut douter qu'il vous apporte jamais la couronne distinguant le mérite et la vaillance.

C'est alors qu'il devient « réconfortant » de se remémorer qu'au cœur du drame on a toujours à sa disposition une issue de secours, une porte ouverte en permanence ; ce serait la dernière liberté dont l'individu pourrait bénéficier, et cela ne peut lui être retiré. Rêver du « repos éternel » est parfois apaisant quand la tension devient trop oppressante. D'autant plus que la notion d'éternité reste floue – pour un enfant comme pour un adulte, d'ailleurs. Longtemps ? Très longtemps ? Toujours ? L'idée de dormir « toujours » peut être tentante dans les moments d'extrême fatigue. (Ne voit-on pas des adultes épuisés se rasséréner simplement en ouvrant l'armoire à pharmacie pour vérifier la présence rassurante de tubes de comprimés prometteurs de paix, avant de refermer la porte et de retourner au front, armés d'un nouveau courage ?)

Les enfants doués, toujours passionnés, excessifs, entiers, ont parfois recours à cette idée de disparition définitive comme échappatoire à leur situation pénible. On comprend l'affolement de leur entourage, qui ne sait jamais si la menace est sérieuse ou bien si ce sont des paroles en l'air, dont l'aspect dramatique échappe à leur auteur.

Le vertige du gouffre

Malgré l'attitude déterminée de l'enfant momentanément fâché avec l'existence, l'idée de mort n'est pas profondément ancrée en lui. « Dormir » lui a semblé un instant le seul recours à son malheur, et il le dit, avec la véhémence qu'il met en toute chose. Son malaise est trop grand, il lui faut un remède à la mesure de ce poids qui l'étouffe... Une éternité de repos paraît alors bien attrayante, à l'image des espaces infinis scintillant dans l'obscurité de la nuit. On peut alors lui rappeler qu'il est seulement au seuil de sa vie et qu'il ignore quels chemins passionnants vont s'ouvrir à lui, qui aime tant la science, les lettres, les activités raffinées exigeant toute l'énergie de sa puissance intellectuelle.

L'enfant qui traverse un moment difficile peut se comparer à un serpent en train de muer : il perd sa peau, sa protection, sans savoir si elle sera remplacée par une enveloppe plus solide ou bien s'il va rester ainsi, exposé à tous les dangers. À ceci près que le serpent n'a pas d'angoisse métaphysique : il sait de toutes ses cellules que sa peau se renouvelle et il attend sereinement de briller à nouveau au milieu des herbes.

On n'a jamais vu de serpent se suicider en cours de mue : cette évidence amuse beaucoup les adolescents quand ils émergent un peu de leur marasme. On cherche alors comment un boa mélancolique pourrait s'en aller vers un monde meilleur, où cette déplorable image d'écorché ne le gênerait plus. Par exemple en se nouant avec tant de force que rien ne passerait, ni fluide ni air, et encore moins nourriture. L'idée d'un serpent finissant en nœud marin est réjouissante – du moins quand on n'a pas de sympathie particulière pour les serpents.

Caroline, adolescente pleine d'humour, a connu une telle traversée. Elle évoque le dessin d'un crocodile qui, au plus fort de sa détresse, téléphone à une maroquinerie. Ce « Allô, la maroquinerie ? » la ramène à plus de réalisme quand elle se sent plonger dans un univers obscur et glacé.

Cette image de serpent a, bien entendu, ses limites, mais elle permet aux enfants de comprendre comment l'existence enchaîne des périodes très différentes, qu'il leur faut affronter sans y être réellement préparés. Beaucoup d'adultes préfèrent oublier leurs angoisses passées, dérisoires ou humiliantes quand ils les considèrent d'un regard plus averti. Cet oubli est si profond qu'il les empêche de déceler à leur tour, avec objectivité, le trouble de leur enfant. Sans parler du fait qu'ils espèrent toujours que leur mode d'éducation, plus libéral, plus ouvert, davantage empreint de psychologie, permettra à celui-ci d'éviter un passage pénible.

Ce bel optimisme méconnaît la nature humaine, volontiers inquiète. Les enfants doivent savoir qu'on fera tout pour qu'ils s'épanouissent et soient heureux en utilisant leurs dons, mais que cet accompagnement n'aplanira pas totalement leur route : ils connaîtront forcément des passages périlleux, notamment lors des changements qui parsèment la vie des écoliers. Ainsi viendra un moment où ils ne se sentiront plus protégés par leur statut de très jeune enfant peu responsable ; un autre où ils changeront de mode de scolarité et peineront pour s'y habituer ; d'autres encore où ils se projetteront dans l'avenir, sans savoir comment on devient sage, savant, adroit et perspicace.

Puis l'énergie vitale reprend le dessus, et tout rentre dans l'ordre. Mais il est indéniable que la tentation a été forte, que l'idée s'est faite insistante et que ce passage a laissé une trace, qui peut bien jouer un rôle initiatique. Il fallait faire le deuil d'un état pour entreprendre l'édification du suivant, et ce deuil s'opère parfois dans une douleur particulièrement violente, à cause de l'imagination, de la sagacité et de la sensibilité.

La sanction du courage

Se souvenir de ce moment douloureux – qu'on a donc su surmonter – prouve qu'on possède plus de forces qu'on ne le pensait et constitue un bon indice pour s'assurer qu'on saura désormais affronter les obstacles, en puisant en soi une énergie inconnue jusque-là, qu'on aurait en quelque sorte gardée en réserve pour les jours difficiles. Parfois, cette réserve est trop bien cachée : on était tout près d'oublier son existence, aucune lueur ne l'indiquait, qui aurait miraculeusement troué au moment opportun les ténèbres environnantes d'un pâle reflet, signifiant que là réside l'espoir. Plutôt que de se cogner désespérément aux murs de ce sombre boyau, il est plus sage de s'arrêter, de réfléchir, de se mettre à l'écoute des infimes signaux envoyés par la vie elle-même, dont l'éclat s'est momentanément amoindri – momentanément seulement.

L'enfant ressort de cette épreuve certainement plus fort et plus décidé : il a choisi de se battre, de se construire en y consacrant toutes ses capacités ; il sait qu'il apprécie déjà bien des moments dans la vie et qu'il va en connaître de plus agréables encore. Il ne se privera pas de ces joies pour un moment de doute. Désormais, il veut apprendre à se servir des armes qu'il manie encore si maladroitement : viendra un jour où il saura s'affirmer avec éclat, faisant taire ceux qui ne savaient prouver leur force que par leur violence imbécile.

Durant un moment de désarroi plus intense que les autres, il avait oublié que l'intelligence constitue une arme efficace et non un facteur de fragilisation, mais qu'il est nécessaire de l'exercer pour qu'elle développe toutes ses potentialités. S'il trébuche, parfois de façon ridicule et stupide, c'est parce qu'il est un être humain et, comme tel, faillible et sujet à des faiblesses inattendues. Même les machines connaissent des défaillances irraisonnées, comme le prouvent les pannes mystérieuses qu'elles nous infligent parfois, non sans facéties…

Cette traversée pénible est plus particulière aux enfants doués ; c'est pourquoi n'ont pas été spécifiquement évoqués dans ce chapitre les événements plus courants tels qu'un échec scolaire grave, un rejet agressif de la part de l'environnement ou le sentiment d'une impuissance rédhibitoire qui entacherait l'existence tout entière. Dans ces cas précis, le mal peut être décrit, on saura lui trouver des remèdes.

L'intelligence est parfois un trésor encombrant, difficile à « ranger », en raison de sa forme trop purement originale pour qu'un moule lui corresponde.

Du bon usage de la psychothérapie

(Arielle Adda)

Quand on étudie de plus près les difficultés propres aux enfants doués, et la façon parfois si douloureuse dont ils les vivent, le recours à la thérapie semble tout indiqué. Et pourtant...

Voilà des enfants qui souffrent et dont les parents sont trop proches, et trop impliqués dans leur histoire, pour les aider efficacement. En outre, on sait que ces sujets pénétrants et sensibles préfèrent ménager leur entourage et taire leurs soucis plutôt que de mettre en évidence l'impuissance des leurs à les aider.

Nous avons dit comment on traitait parfois leur différence, tentant de l'aplanir ou de l'éradiquer sous prétexte d'intégration sociale. Dans cette optique, ce « décalage » est même parfois perçu comme insupportable : il n'est vraiment pas normal qu'un enfant régulièrement scolarisé et ne présentant pas de maladie reconnue puisse faire preuve de tant d'indépendance d'esprit et de tant d'originalité ; pour lui éviter de se sentir malheureux durant toute son existence, il convient donc de le ramener à la norme, et tout rentrera alors dans l'ordre.

L'incompréhension est loin d'avoir disparu : elle persiste avec bonne conscience, comme en témoigne l'histoire de cet adolescent « issu de l'immigration ».

Peu à son aise au milieu de ses camarades, Karim s'enfonce dans un état dépressif qui lui ôte toute énergie et tout espoir revigorant. En dernier recours, il va consulter un psychologue, qui n'hésite pas longtemps : s'il ne parvient pas à se faire des amis dans la cité où il vit, au milieu d'adolescents dans une situation identique, c'est qu'il souffre de

troubles de la personnalité ; il est trop méfiant, trop défensif, trop en retrait – en fait, disons-le sans détour, un peu paranoïaque...
Ce discours n'est assurément pas de nature à apaiser le jeune homme, qui, par bonheur, voit une émission de télévision consacrée aux enfants doués. Il consulte Internet et peut enfin décrire ses difficultés à quelqu'un qui les comprend et ne s'en étonne pas.

Il est encore plus difficile, plus inconfortable et même périlleux de posséder des dons intellectuels plus développés dans un milieu qui en ignore tout.

Parfois, les parents eux-mêmes ont manifesté de tels dons dans leur enfance ; mais sans métier ni diplôme, dans un pays étranger dont ils parlaient mal la langue, dont ils ignoraient les coutumes quotidiennes, il était difficile de faire fructifier leurs dons.

La chance de Karim lui a été donnée par les médias, dont l'utilité dans l'information reste inégalable. Mais pour un garçon sauvé, combien vont méconnaître leur potentiel et s'enfoncer dans un marasme qui peut être mortel ? Car, s'il est dangereux de créditer d'un don particulier celui qui possède seulement un caractère difficile, il est tout aussi nocif d'ignorer le dépressif un peu timide et renfermé qui se consume de tristesse dans la plus grande discrétion.

Un enfant ne peut expliquer clairement son malaise ni en décrire tous les aspects. Il aura bien l'air triste, mais il continuera à jouer, peut-être avec son ordinateur plus fréquemment qu'avec ses copains ; il regardera des inepties à la télévision en disant qu'elles le reposent, mais d'où lui vient cette fatigue insensée et écrasante, alors qu'il travaille à peine ? Il a du mal à s'endormir, il doit faire des cauchemars, même s'il n'en parle pas, il devrait paraître plus épanoui...

Pour son équilibre et pour son bonheur, il convient de consulter un spécialiste.

Entendre ce qui est dit

Le thérapeute accueille ce petit patient comme il accueille tous les autres : il écoute, il attend, il cherche un lien entre les divers événements évoqués devant lui, mais, parfois, cette écoute attentive et bienveillante ne suffit pas. Certes, ce spécialiste sait entendre, mais il faut aussi se souvenir que les personnes douées savent, mieux que les autres, écouter et comprendre ce qu'on leur dit, notion qui prend toute son importance dans une situation de thérapie.

Même dans cette relation privilégiée, il n'est en effet pas si sûr que le thérapeute saisisse réellement le sens des paroles qu'il entend. Il peut avoir la tentation de superposer à ces idées inhabituelles celles qu'il manie de longue date : quelques mots ont réveillé une association d'idées, et il est sincèrement convaincu d'avoir entendu les paroles qu'il s'attendait à entendre dans la bouche de la personne dans la peine.

La situation est toutefois un peu différente selon que la reconnaissance du don intellectuel a été « officielle » ou non. Si l'enfant a passé un test et a été reconnu comme doué, c'est un élément important, dont il faut tenir compte.

➤ *Quand le don est reconnu*

Quand le thérapeute connaît la spécificité des enfants doués, et surtout leur capacité incroyable à se construire un efficace système de défense – parce qu'ils ont été très tôt échaudés –, la relation pourra s'établir plus facilement : l'enfant se sentira en confiance, il ne craindra plus les malentendus qui l'écorchent si douloureusement et il s'exprimera volontiers, sans se réfugier systématiquement dans des dessins stéréotypés qui l'ennuient, mais qui meublent la séance sans provoquer trop de dégâts. Cette entente empreinte d'un naturel et d'un abandon réparateurs sera très bénéfique pour l'enfant qui traverse une période perturbée.

On ne répétera peut-être jamais assez qu'un enfant doué n'a pas conscience de ses dons : il sait seulement qu'il n'est pas comme les autres et il en souffre. Si un adulte lui permet de découvrir une nouvelle image de lui-même, différente de celle qu'on lui renvoie à l'école, il découvre généralement dans le même temps des possibilités qu'il ignorait posséder. Il s'autorise alors à user d'une audace qui l'étonne lui-même, il exprime à un interlocuteur attentif des sentiments qu'il avait gardés pour lui, tant il doutait de sa santé mentale, il ne craint plus de se trahir en dévoilant des idées « anormales » : il est, pour la première fois depuis qu'il vit en société, réconcilié avec lui-même. Cette paix nouvelle qu'il goûte, grâce au thérapeute qui a pu le guider dans cette voie de découverte, lui procure une sensation de bonheur dont il avait, depuis longtemps, oublié la saveur.

Si le thérapeute applique une grille toute faite, où se mêlent incrédulité, mise en doute et explications théoriques du don intellectuel, l'aide qu'il apportera risque d'être décevante ; on aura deux discours parallèles, complètement étrangers l'un à l'autre – situation peu propice au dialogue. Quand on entend parler de « population dite de surdoués », dont il faut étudier l'« hyperinvestissement cognitif », on se dit que la cure s'avère difficile et que la « dynamique familiale » va être, elle aussi, sérieusement mise en question.

Considérer le don intellectuel comme un système défensif semblable à tous les autres est une négation absolue, et parfois dramatique dans ses conséquences, de la spécificité des enfants doués. Il arrive, en effet, que des parents, empêtrés dans leur propre histoire, ne soient pas en mesure de comprendre leur enfant, mais lier l'acuité d'une intelligence aux errements de l'entourage n'aide personne. L'enfant se sentira seulement, encore une fois, mal compris, mais il se dira qu'il en va peut-être de même pour tous les enfants : les adultes, à commencer par les parents, n'ont peut-être jamais été enfants, ou alors dans une autre vie, si bien qu'ils ont tout oublié et se comportent comme s'ils n'avaient aucune expérience en la matière. Manque de chance pour lui, son thérapeute paraît ignorer le monde de l'enfance, ou, du moins, de cette enfance-là en particulier, celle qui a été nourrie de rêves et d'incessantes questions. Alors, il tâtonne, sans pouvoir apporter d'aide efficace.

➤ *Quand le don n'est pas reconnu*

Quand personne n'a songé que cet enfant mal à son aise possédait peut-être des dons intellectuels plus développés que la moyenne, le thérapeute risque d'attendre indéfiniment qu'apparaisse la problématique qui les placera, lui et l'enfant, sur la voie du mieux-être. Il sera séduit par les remarques particulièrement fines, il appréciera une certaine vivacité d'esprit, mais il ne pensera pas, en l'absence d'une connaissance précise du sujet, à une intelligence plus affinée. Il dira : « Oui, évidemment, cet enfant est intelligent, mais cela ne change rien à son problème. » Il ne concevra jamais une éventuelle différence de nature entre cet enfant à l'esprit vif et curieux et d'autres, plus conformistes dans leur expression. On a, de fait, toujours tendance à se référer à l'expérience passée, à l'étude des glorieux prédécesseurs et des maîtres en la matière, certes souvent géniaux dans leur approche clinique, mais qui n'ont pas forcément mentionné de cas d'enfants doués présentés comme tels – bien que le récit de certaines cures s'y rapporte manifestement et qu'eux-mêmes, bons thérapeutes, aient sans doute fait partie de cette « population », comme il est dit dans ces milieux.

Quand le sentiment désolant de solitude, de différence, d'inadéquation spontanée avec la vie quotidienne n'est pas remis dans un contexte qui l'éclaire et lui ôte son aspect pathologique, on peut s'égarer gravement et perdre son temps en vaines attentes.

L'éternel malentendu

Ces réticences ne signifient pas que tous les mécanismes présidant à l'édification de la personnalité soient différents chez les enfants doués, mais qu'ils s'organisent souvent autrement, les primautés n'étant pas les mêmes. Ainsi, le souci de perfection peut être d'une intensité difficile à imaginer, et la contrainte qu'il impose beaucoup plus douloureuse qu'on ne le conçoit ordinairement, sans qu'il y ait d'élément véritablement pathologique dans ce système. Les rivalités fraternelles sont parfois aussi vécues différemment, le sentiment de responsabilité étant plus aigu chez les enfants doués. On verra des aînés qui se sacrifient au-delà du raisonnable pour éviter d'être taxés de jalousie, sentiment détestable et honteux. On risque alors de les considérer comme des sujets timorés et tourmentés, et de les soigner pour leur manque d'audace, eux qui s'emploient si bien à la réfréner ! L'horreur que fait naître la seule idée d'être jugés comme de mauvais aînés est souvent le propre des enfants doués. De même, un benjamin doué s'exaspérera plus que d'autres d'être toujours le « crétin » de la famille : il piquera alors des colères impressionnantes par leur violence, mais justifiées si on se place dans son optique d'éternel ignorant.

Il faut toujours garder en mémoire une des caractéristiques propres aux enfants doués : chez eux, tout est chargé d'une intensité particulière, surtout ce qui relève de l'affectif. Une remarque anodine déclenche un ouragan d'angoisse si l'enfant doué pense qu'il a déçu les espoirs de quelqu'un qu'il aime. Sa peur va l'envahir en vagues successives qui ne lui laisseront pas de répit, mais un adulte aura du mal à concevoir l'ampleur de cette tempête et risque d'en attribuer les manifestations à un trouble plus grave de la personnalité.

Le père de Mathilde a eu un accident très grave il y a cinq ans. Mathilde était encore si petite qu'on pensait qu'elle ne comprenait pas bien ce qui se passait ; mais elle saisissait parfaitement l'angoisse de sa mère et souffrait profondément pour son père quand elle a enfin pu le voir sur son lit d'hôpital. Des années après, elle fait encore des cauchemars, elle a peur de tout, envie de rien, elle s'interdit le plaisir, comme si elle n'avait pas le droit d'être heureuse alors que son père serait si mal. Or il est guéri et ne comprend absolument pas pourquoi sa fille est si renfermée. Elle-même n'ose pas faire allusion à cet accident, que tout le monde s'est appliqué à oublier, si bien que personne ne lui en parle et qu'elle reste bloquée par une angoisse mortelle qui l'habite tout entière et peut-être même grandit en même temps qu'elle.

Mathilde présente des troubles du comportement qui traduisent son anxiété, mais ne reflètent pas un déséquilibre fondamental de sa personnalité, contrairement à ce que l'on pourrait croire en la voyant tellement recroquevillée sur sa souffrance.

Hadrien n'aime pas l'école, n'a pas d'ami, mange trop ; il est certainement très inquiet, mais trouve plus prudent de se protéger quand on le conduit chez un thérapeute. Si ce dernier annonçait à ses parents que leur fils était gravement atteint ? Alors, il tente de le décourager en épelant tous les mots qu'il prononce. Moins aguerri, le thérapeute aurait, en effet, pu s'inquiéter d'un trouble aussi important.

Il arrive que des enfants de 8 ou 9 ans évoquent leur dégoût de la vie et leur désir d'en finir, au grand affolement de leurs parents, qui ont du mal à imaginer que cette débâcle ait été provoquée par une brouille entre amis…

L'ampleur de ces réactions reflète une sensibilité exacerbée et les efforts désespérés des enfants pour se protéger. Ils ont tellement peur qu'on les prenne pour des fous, puisqu'ils voient bien qu'ils ne ressemblent pas à leurs camarades, qu'ils s'ingénient à dérouter le thérapeute, afin de lui cacher leur faiblesse inexcusable et irrémédiable. L'armure qui les enferme alors est absurde et dérisoire : elle met l'accent sur ces failles qu'ils auraient voulu cacher et elle ne leur permet pas de donner longtemps le change, car elle n'est pas banale, quand justement ils pensaient pouvoir ainsi ressembler à tout le monde.

Même dans des circonstances douloureuses, leur créativité propre, leur pensée trop originale, leurs idées jaillissant sans cesse les désignent comme des êtres différents, plus complexes et plus secrets.

Les enfants qui trépignent d'impatience en entendant la maîtresse répéter pour la millième fois comment verbe et sujet s'accordent sont étiquetés « hyperactifs », et la thérapie est parfois préférée au traitement médicamenteux – alors qu'un saut de classe et une meilleure approche de cette personnalité impatiente pourraient tout arranger.

C'est pourquoi il est préférable, comme il a déjà été dit, de faire passer un test de niveau intellectuel. Quels que soient les craintes et les doutes générés par une situation souvent délicate, l'expérience prouve qu'il s'agit là d'une première étape indispensable. Et tous les oiseaux de mauvais augure selon lesquels « il faut attendre », « en ce moment l'enfant est perturbé », « cela ne prouve rien, surtout quand on est déstabilisé » n'y pourront rien : tant que le don n'est pas révélé, on s'engage forcément sur une fausse piste. Aucune excuse n'est donc recevable. Les mauvaises moins encore que les autres.

Les quelques exemples effleurés ici pourraient être multipliés à l'infini. Ils ont pour seul objectif de mettre en garde contre les effets nocifs d'une thérapie entreprise dans une totale méconnaissance du sujet. Un malentendu si profond, si fondamental risque en effet de conduire l'enfant sur le chemin du renoncement et du désespoir. Qu'attendre d'un monde où plus vous vous exprimez, plus vous dites et montrez, moins on vous entend ? Qu'espérer d'une vie où, quand vous cherchez l'air pur des cimes, on vous propose un masque anesthésique ?

Rien. Sinon un interlocuteur qui vous tende, un jour, un miroir dans lequel, enfin, le reflet vous ressemble. Car le propre de la thérapie est de permettre de découvrir en soi des trésors insoupçonnés et de les faire fructifier avec un sentiment de bonheur et de plénitude auquel on n'aurait pas osé rêver, à l'époque où tout semblait noyé dans une grisaille ennuyeuse. Le miroir a paru révéler un scintillement secret, il n'a fait que le réfléchir.

Les risques de méprise

On ne saurait néanmoins conclure sur la psychothérapie sans évoquer deux méprises qui, pour être antithétiques à l'origine, n'en sont pas moins également redoutables.

La première concerne le refus de toute thérapie par des artistes convaincus que leur souffrance, même si elle est parfois difficile à supporter, alimente leur créativité et la rend plus riche, plus originale encore. Guéris de leurs blessures, ils sombreraient dans la banalité… perspective affreuse pour un créateur inspiré. En fait, il n'y a pas grand souci à se faire : la vie se charge bien de fournir toutes sortes d'occasions de souffrance, de la simple écorchure au déchirement presque mortel ; il est donc inutile de prendre le départ déjà encombré de chagrins dont on pourrait se défaire. Une souffrance trop forte risque même de contrarier le jaillissement de cette créativité : elle l'étouffe à la source par le poids incommensurable d'une douleur inexprimable. Au contraire, libéré d'un fardeau étouffant, l'esprit peut s'élever vers les hauteurs de la création inspirée et entraîner à sa suite des admirateurs reconnaissants.

Le second piège, plus pernicieux encore, est directement issu du battage médiatique de ces dernières années : les notions de troubles psychologiques ont été si banalisées que tout un chacun se croit capable – et ne se prive pas – de porter un diagnostic psychiatrique ; par ailleurs, l'idée s'est répandue que les enfants « surdoués » présentaient des caractéristiques hors normes, spectaculaires, et ce au détriment de la réalité.

Ainsi, quand un enfant s'agite, pour une ou plusieurs des multiples raisons qui peuvent pousser un enfant en mal-être à rechercher une position moins douloureuse, on commence par penser qu'il s'ennuie ; et le dernier sophisme à la mode étant que « si un enfant ne cesse de s'agiter en classe, c'est qu'il s'ennuie, or les enfants doués s'ennuient en classe, donc cet enfant est doué », la cause est entendue, particulièrement pour des parents dans l'incertitude. Or l'ennui en classe n'est pas le seul à provoquer cette agitation irritante : l'inquiétude, la peur, l'angoisse suscitent tout aussi sûrement des mouvements incontrôlables. Mais il est plus flatteur de penser que son enfant est doué…

Le phénomène revêt un aspect bien plus déchirant encore lorsqu'il s'agit d'enfants manifestant de graves troubles du comportement : cet ultime et fallacieux espoir peut alors se révéler franchement dramatique. Comme de tels sujets ne ressemblent vraiment pas aux autres, leurs parents s'appuient sur ce frêle indice pour expliquer leurs troubles, leurs réussites paradoxales et leurs carences inquiétantes : ne dit-on pas un peu partout que les enfants doués sont déconcertants ? C'est alors le dernier recours avant de s'engager dans la voie effrayante de la pathologie.

Il est bien sûr douloureux de se résoudre à regarder lucidement la cruelle réalité ; c'est pourquoi ces parents en souffrance veulent croire, sans trop d'illusions pourtant, qu'une simple consultation confirmant le diagnostic de « surdoué », éventuellement suivie de quelques séances de thérapie, va permettre à leur enfant de se défaire de ses bizarreries et d'exploiter les dons intellectuels que celles-ci étouffaient. Ils ont retardé, autant qu'ils le pouvaient, le moment fatidique où il leur faudrait accepter de voir leurs rêves d'avenir se fracasser contre une réalité impitoyable.

On voit en cela que la psychothérapie peut être envisagée pour de mauvais prétextes, et dès lors faussée. C'est pourquoi le diagnostic doit être rigoureux et ne pas se tromper d'objet. Alors, et alors seulement, les bienfaits sont inégalables.

La confusion identitaire

(Hélène Catroux)

De nombreux élèves surdoués ont besoin de comprendre à quel(s) niveau(x) se situe leur problème. Leur extrême sensibilité à l'injustice, leur manque de confiance en soi – amplifié par la conscience des limites humaines –, la finesse et la rapidité de leur intelligence les exposent plus que d'autres à tomber dans la confusion lors de l'analyse du problème.

Comment se repositionner ?

Gregory Bateson, l'un des créateurs de la Programmation neurolinguistique (voir document de présentation en fin de chapitre), propose d'analyser une situation en observant ce qui se passe à différents niveaux :

- identité : « Je suis… » ;
- croyances : « Les mots me jettent un sort quand je veux lire, je n'y arrive pas », « Les langues ne s'apprennent qu'en vivant dans le pays ». Souvent, les croyances sont construites par des valeurs du type : « Il est impossible de trouver une amie fidèle » (je pense à une jeune fille qui a de hautes exigences d'amitié) ;
- capacités-stratégies : ressources intellectuelles, procédures…
- comportement : refus, colère…
- environnement : lieu, conditions…

Pour comprendre comment utiliser cette grille d'analyse, le mieux est de prendre appui sur des situations vécues.

Xavier, 14 ans, dit : « Travailler à la maison me gâche la vie ! » Après un dialogue visant à trouver en quoi le travail, dans sa chambre, lui gâche la vie, il s'exprime autrement au sujet de la même situation : « Cela pollue ma chambre, qui est mon territoire. »
La première formulation pouvait se situer au double niveau des croyances et des capacités. En fait, elle se situe uniquement à celui de l'environnement. Nous avons pu élire un autre lieu de la maison pour travailler, et la chambre a pu rester son « territoire ».

De même, de nombreux élèves se jugent en exprimant : « Je suis nul en… » Il faut alors opérer un premier recadrage en précisant : « Tu peux dire "Mes résultats sont nuls", mais je ne peux pas te laisser dire "Je suis nul". » Je l'aide ensuite à trouver ce qu'il faudrait changer pour améliorer les résultats. Enfin, nous cherchons ensemble quelle stratégie mettre en place pour atteindre l'objectif. Nous sommes passés du niveau identitaire à celui des capacités et de la stratégie.

Jean, élève de sixième, se plaint : « Le professeur est injuste. » (Plainte souvent exprimée par les élèves doués.) À la suite d'un dialogue qui permet de comprendre en quoi et comment le professeur est « injuste », Jean reformule : « Les notes ne correspondent pas à mes connaissances ni à mes capacités intellectuelles. »
Ici, nous sommes passés du niveau d'une croyance au niveau des choix stratégiques que Jean doit faire pour constituer une banque de données mentale opérationnelle.

Alizée, élève de CM2 qui s'ennuie en classe, est découragée. À la fin du deuxième trimestre, les résultats du test de QI étant de 155, il est décidé qu'elle passera directement en cinquième. Elle doit assurer le programme de sixième durant le troisième trimestre et les vacances d'été. Elle vient consulter début mai et traduit sa position face au travail supplémentaire exigé : « Ça ne sert à rien, puisque je ne vais pas passer en cinquième. »
Après avoir vérifié qu'elle ne remettait pas en doute les résultas du test de QI et ses propres capacités intellectuelles, je l'ai amenée à prendre conscience qu'à partir de son comportement – non-respect des consignes, mauvaise présentation des devoirs, souvent faits avec une

rapidité qui entraînait des étourderies, prise en charge peu régulière du travail supplémentaire –, la maîtresse et la responsable du collège étaient en droit de se poser la question : « Est-il juste qu'Alizée passe en cinquième ? » Alizée a pu se mettre dans un projet de réussite et reprendre courage : « En mobilisant mes ressources, je peux envoyer des messages montrant que je suis capable de passer en cinquième. » Dans cet exemple se dessine le parcours suivant : au départ, le découragement met dans une croyance qui s'exprime à la première personne ; après analyse, la prise de conscience se fait et permet de comprendre que le changement se situe au niveau du comportement et des stratégies.

Les élèves entrent volontiers dans ce type de proposition, qui permet de situer le problème au bon niveau et de trouver les solutions. Il est évidemment libérateur de prendre conscience qu'« on a le droit d'être ce que l'on est » et que, pour atteindre ses objectifs, ce n'est pas l'être profond – au niveau de l'identité, des valeurs – qui doit changer, mais seulement un environnement, un comportement, des stratégies. On comprend ainsi que l'on va pouvoir mobiliser ses ressources en ne changeant rien au niveau identitaire.

Il est important d'évoquer aussi, dans le cadre de la quête identitaire, la situation, fréquente à l'école, où une croyance parasite le relationnel : « Les autres me perçoivent mal. »

Frédéric, élève de seconde, exprime son mal-être dans la classe par rapport à ses camarades : « Mes émotions transparaissent ; donc, les autres voient mes faiblesses. » Après avoir reconnu combien c'est inconfortable de s'imaginer que les autres lisent à livre ouvert en soi, on a pu opérer un recadrage : en évoquant des situations douloureuses, Frédéric a découvert qu'aucun indice dans le comportement des autres ne suggérait que leur regard, leur écoute le « scannaient ». Il en est ainsi arrivé à la conclusion suivante : « Je peux gérer mes émotions, et l'interprétation que les autres font de mon comportement leur appartient. » Ce qui lui a permis de participer au cours sans avoir peur du jugement des autres.

Préserver l'identité

Au cours de ce type de travail, consistant à trouver le niveau où se situe le problème, je constate que l'élève est soulagé de voir que « ce n'est pas l'Himalaya » : il suffit la plupart du temps de mettre de l'ordre dans sa mémoire, de se mettre dans un projet de compréhension et d'application ou de s'entraîner un minimum pour entrer dans la « forme » de la restitution (voir *Apprendre à gérer la rapidité mentale,* p. 85). On passe ainsi très facilement de « Je suis nul en... » à « Maintenant, je sais comment me positionner au cours, où une demi-heure de travail suffira pour atteindre mon objectif ; je sais désormais quelle stratégie mobiliser ».

L'enfant découvre que changer l'autre est impossible, mais que l'on a le pouvoir de changer son regard sur les gens ou sur les choses, d'avoir d'autres réactions à une situation qui reste la même, d'utiliser d'autres stratégies. L'état de désespérance induit par la sentence « Je dois me changer » se transforme en un état de sécurité avec « Je ne vais pas me perdre ».

Le traitement des exigences du contrôle inspire ou provoque également une grande confusion. Les enfants semblent croire que se rendre capable d'intégrer les contraintes du programme, des formes de restitution, etc., a le redoutable pouvoir de changer l'être au niveau identitaire. À propos de la gestion de l'évaluation (et ce quelle que soit sa forme), la menace est ainsi exprimée avec beaucoup de précision : « Je ne peux pas passer cet examen, car les critères d'évaluation sont complètement idiots, c'est avilissant de se confronter à un tel type d'évaluation. » Ou encore : « Je ne peux pas entrer dans ces principes, car je donnerais une fausse image de moi. »

Ils ont besoin de découvrir qu'il est possible de passer un examen qu'ils trouvent stupide sans pour autant devenir stupides. Voici le type de dialogue que j'ai dans cette situation :

> « Tu as le droit de trouver telle épreuve inutile ou complètement conne, pour reprendre ton vocabulaire, mais imaginer une autre proposition, est-ce sous ton contrôle, est-ce de ta responsabilité ?

– Non, malheureusement.
– Peux-tu être dispensée de cette épreuve ?
– Non, mais je peux ne pas m'y soumettre.
– Quelles en seraient les conséquences ?
– J'aurais zéro.
– Cette note est-elle compromettante ?
– Elle peut faire baisser ma moyenne, et je ne pourrai pas obtenir mon passage dans la classe supérieure.
– Est-ce juste pour toi ?
– Non.
– Alors, que proposes-tu pour contourner l'incontournable ?
(Rires.)
– Je n'ai pas le choix. Mais accepter de passer cette épreuve, c'est donner raison au professeur et au système.
– Je te repose la question : est-ce sous ton contrôle et de ta responsabilité ?
– Non, et c'est moi qui vais en faire les frais si je refuse de me plier à cette mascarade.
– Alors, quelle solution s'ouvre à toi ?
– Aucune, car, si je consens à passer cette épreuve, je me renie ; et, si je ne la passe pas, je suis bloquée dans l'avancement du cursus scolaire.
– Si tu portes un costume du XVIIe siècle, deviendras-tu marquise ? En acceptant d'avoir à disposition dans ta banque de données mentale les connaissances pour réussir l'examen et suivre la méthode exigée pour présenter les réponses, cela ne changera en rien tes valeurs, tes jugements. »

Je prends alors une feuille de papier, et je trace une ligne épaisse oblique (deux traits parallèles espacés de 1 cm) en diagonale de la page. D'un côté, j'écris « Identité », de l'autre, « Système ». J'amorce ensuite ce questionnement : « À partir de ta réflexion sur le processus de changement, penses-tu que les deux parties "Identité" et "Système" puissent communiquer sans ton contrôle ? » La réponse donnée est « non ». En désignant les deux traits espacés, les élèves argumentent : « C'est une cloison étanche. »

Il est important de montrer qu'aucune des deux parties ne peut influencer l'autre si on contrôle le système. Ainsi, on élimine la confusion.

Si c'est nécessaire, on peut aussi mettre en correspondance deux situations, l'une touchant aux apparences et l'autre aux valeurs : « Est-ce que tu jugerais équivalents le port de l'uniforme de l'école et le port volontaire de l'étoile juive, comme l'ont fait les Suédois pour protester contre le décret d'Hitler ? »

Il reste à trouver comment se préparer le plus légèrement possible à l'examen, en mobilisant les stratégies qui permettront de prendre en compte son propre fonctionnement mental et les exigences de la forme du contrôle. Je suis allée jusqu'à proposer, à un élève très désemparé, de créer pour l'épreuve une « case spéciale » dans sa mémoire, afin de l'isoler du reste et de ne pas « polluer » l'ensemble.

Le regard des autres

Cette peur que, à travers l'évaluation, ce soit le moi profond que l'on juge peut aller très loin.

> Christophe, 13 ans, raconte que, lors de l'épreuve d'histoire d'un examen de collège, il s'interroge : « Comment puis-je m'exprimer pour que le correcteur soit conscient que j'aime l'histoire et que j'ai des connaissances ? » Cet élève si préoccupé de l'image que le correcteur aura de lui perd évidemment de vue l'énoncé du contrôle et finit par faire un hors-sujet.
>
> Nous avons effectué un travail l'amenant à se repositionner, en imaginant son professeur corrigeant sa copie dans l'optique suivante : « Traite-t-il le sujet ? S'exprime-t-il correctement ? » Et non pas en se disant : « Voyons ce que ses écrits nous disent de lui. »

La mise de l'enfant dans un projet de réussite légitimant ses peurs et reconnaissant les risques qu'il y a à changer lui permet de retrouver de la motivation.

Cette démarche part de la personne, qui a le droit d'être ce qu'elle est, avec ses habitudes : celles qui la rendent performante, celles qui la rendent non performante. Il faut aussi prendre en compte les croyances qui l'enferment dans le doute – « Je ne serai jamais à la hauteur des exigences pour la prépa » – ou dans une stratégie d'échec – « Si je ne comprends pas tout de suite, je ne comprendrai jamais. » Une fois de plus, on constate combien la démarche introspective est en la matière d'un grand recours, pour permettre d'analyser une situation problématique et trouver la solution en se plaçant au bon niveau.

Quand la confusion se situe au niveau identitaire, il est incontournable que le travail de changement s'opère du regard de soi sur soi. Ce n'est pas avec un discours, aussi juste soit-il, que l'on peut atteindre la personne pour « nettoyer » la confusion. Vouloir convaincre ne ferait que renforcer ce mal-être. Accompagner en opérant des prises de conscience telles que celles dont nous avons donné des exemples permet au sujet d'ajuster sa propre analyse et de se repositionner.

Il est par ailleurs très risqué de parler de changement, et particulièrement à une personne qui a si peu confiance en ses ressources et si peu l'habitude de se simplifier la vie. Les élèves doués sont en effet souvent torturés par des questions du genre : « Qui suis-je et quelle image je donne de moi ? »

Pour ces raisons, un accompagnement attentif s'impose pour aider à opérer le changement sans « se perdre ». L'accompagnateur n'est là que pour soutenir, guider la personne de façon qu'elle s'auto-informe et trouve quelles stratégies mettre en place pour atteindre l'objectif qu'elle s'est fixé. Le « recadrage » nécessaire ne peut se faire que par une prise de conscience préalable (c'est là toute la force dynamique de la démarche introspective).

Ne négligeons pas l'importance de l'estime de soi pour réussir à gérer les exigences du parcours scolaire. Et rappelons à ces enfants terrorisés par la peur de se perdre – eux qui ont déjà tant de mal à se trouver – cet adage tous les jours vérifié : « On peut changer sans se changer. »

NIVEAUX LOGIQUES DE CHANGEMENT DE GREGORY BATESON

IDENTITÉ

CROYANCES

CAPACITÉS-STRATÉGIES

COMPORTEMENT

ENVIRONNEMENT

QUATRIÈME PARTIE

Le rôle des parents

Trouver le juste équilibre

(Arielle Adda)

Une fois que les parents ont pris la décision de faire passer un test à leur enfant, ils ont souvent l'impression d'avoir enclenché un processus risquant de leur échapper. Ont-ils eu raison de laisser leur enfant passer un examen, peut-être barbare et traumatisant ? Ils se souviennent qu'on leur a fortement déconseillé cette entreprise et qu'ils ont dû se forcer à surmonter leurs réticences pour la mener jusqu'au bout : une petite voix perfide leur murmurait doucereusement qu'ils s'étaient engagés dans une démarche dangereuse, que leur enfant la leur reprocherait peut-être toute sa vie et que, désormais, c'en était fini de leur tranquillité... Cette voix sournoise traduit leur angoisse et leurs doutes, mais aussi les pensées envieuses de ceux dont l'enfant n'est pas doué – ce qu'attestent à la fois un langage enfantin, des goûts exclusivement ludiques et une évidente absence de curiosité d'esprit particulière.

C'est pourquoi ils se rendent chez le psychologue le cœur battant un peu trop fort, sans pouvoir se défaire d'une vague appréhension, qui réveille le lointain souvenir des fébriles attentes de résultats d'examens.

L'ère de la perplexité

À l'écoute des conclusions du test, ils sont partagés entre un certain plaisir – savoir que son enfant se situe dans les 2 % ou 2 ‰ de la population n'est pas forcément désagréable à entendre

– et une crainte épouvantable – sauront-ils alimenter comme il convient cet extraterrestre au métabolisme inconnu ? Leur perplexité absolue peut être paralysante. C'est ce qui rend indispensables les associations. Là, ils peuvent échanger leurs expériences, partager leurs angoisses avec d'autres, plus avancés qu'eux dans la voie escarpée que doivent suivre les parents d'enfants doués, et surtout bénéficier des conseils avisés des responsables – généralement des parents instruits par un parcours parfois chaotique et heureux de transmettre le fruit de leur expérience et d'en faire profiter les nouveaux arrivés. Sur Internet également, ils peuvent trouver conseils et renseignements. Il reste que, évidemment, on ne peut leur tenir la main pour les guider au jour le jour, juste au moment où ils ont la sensation qu'il leur faut revoir entièrement leur mode d'éducation.

Dans le même temps, ils éprouvent, parfois aussi, un sentiment de culpabilité. Peut-être auraient-ils dû faire pratiquer ces tests plus tôt ? Sans doute cela eût-il évité, par un saut de classe bienvenu, l'ennui en cours ou, plus grave, cette amorce d'échec scolaire – celui-là même qui les a décidés à consulter. Ils auraient aussi pu favoriser la rencontre avec des enfants semblables au leur, qui se morfondait dans la compagnie de camarades ne le comprenant pas.

On se répétera que les meilleurs des parents ne peuvent s'empêcher de se sentir souvent coupables : il y aura toujours un fait, même anodin ou neutre, qui les tourmentera, sans raison valable.

Sous l'emprise d'une soudaine angoisse, aggravée par un souci de perfection digne de celui de leur enfant, certains parents s'effondrent littéralement en apprenant les résultats des tests : vont-ils savoir se battre ? Et, surtout, comment éviter tous les drames dont ils ont entendu parler et qui frappent plus volontiers les enfants doués ?

Il faut se souvenir que les drames évoqués concernent essentiellement les enfants dont les capacités n'ont pas été reconnues, ou bien qui l'ont été trop tard, ou encore dont on n'a pas tenu compte. Les parents assez attentifs pour faire passer un test à leur enfant, et donc pour prendre en compte sa spécificité, éviteront les catastrophes complaisamment décrites quand on veut tracer un portrait peu engageant des enfants doués.

Certes, placé dans une situation extrême, l'enfant doué peut réagir avec l'intensité qui le caractérise, mais, le plus souvent, il devient vite plus adulte, plus mûr, plus responsable que quiconque. Les excès tragiques surviennent partout, et un enfant doué, reconnu pour ce qu'il est et élevé en respectant les normes de toute éducation équilibrée, doit s'épanouir naturellement, sans sombrer dans d'effrayantes outrances.

Par ailleurs, la clé fournie par les résultats des tests ne signifie pas qu'il faille renoncer à toutes les habitudes : il n'est pas criminel de préférer dormir la nuit plutôt que de rechercher fiévreusement les réponses aux incessantes questions d'un enfant à la grande curiosité d'esprit.

Bien entendu, il serait illusoire de penser que la vie va continuer exactement comme avant : connaître de nouveaux éléments concernant la personnalité de quelqu'un modifie, comme malgré soi, le regard que l'on porte sur lui.

On ne doit pas s'étonner, par exemple, du grand besoin de câlins caractérisant souvent les enfants doués, dont l'imagination leur fait entrevoir d'épouvantables catastrophes à partir du fait le plus anodin, et dont la lucidité appelle un réconfort immédiat et logique ; on ne peut leur raconter de fables. Il ne s'agit pas d'un manque de maturité, comme on se complaît si souvent à le répéter, mais d'une sagacité qui interdit de se bercer d'illusions : le monde n'est pas bon, bienveillant ni dénué de tout danger.

Les câlins leur signifient qu'ils sont encore jeunes et qu'ils ont beaucoup de temps devant eux avant de devoir affronter seuls ces dangers. Alors, ils auront, au fil des ans, forci, mûri, acquis des armes. Le câlin est le réconfort absolu, et, comme tel, on peut le dispenser sans modération – tout en restant, bien entendu, en accord avec les lois édictées : on ne tombe pas dans le piège de câliner un enfant qui quémande instamment un bisou pour faire oublier ses bêtises. Il ne faut pas câliner au moment où l'on devrait morigéner.

Le lourd écho de soi

Souvent, les parents se reconnaissent dans le portrait que l'on dresse de leur enfant ; ils sont même surpris de découvrir que des émotions, des pensées enfouies au plus profond de leur être au point d'en être presque effacées, oubliées, peuvent tout à coup revenir au grand jour et s'en trouver même banalisées. Ce retour en mémoire d'événements lointains leur restitue leur enfance de façon différente et bien plus cohérente.

Ils comprennent tout à coup pourquoi, eux aussi, se sentaient parfois à l'écart, pourquoi ils avaient si peu d'amis ; ils découvrent qu'il y a une autre explication, bien plus agréable à entendre que ce soi-disant « mauvais caractère » qu'on leur a reproché toute leur enfance.

Des souvenirs leur reviennent brutalement, violemment même parfois, alors qu'ils n'avaient justement conservé de leur enfance qu'une image floue, peut-être à cause de trop d'éléments déplaisants – de ceux qu'on préfère éviter de garder en mémoire. L'enfant meurtri, recroquevillé tout au fond d'eux-mêmes, entend pour la première fois des paroles apaisantes qui lui reconnaissent sa véritable nature.

Jusque-là, ils s'étaient bien gardés de se retrouver dans leur enfant, comme s'ils risquaient alors de lui compliquer l'existence, en lui faisant porter un fardeau qui ne lui appartiendrait pas. Ils sont bouleversés de découvrir que ces souvenirs trop refoulés vont, au contraire, les aider à mieux comprendre et à guider plus lucidement cet enfant qui leur ressemble encore plus qu'ils n'avaient osé l'espérer.

Désormais, ils n'hésiteront plus à laisser s'exprimer une gaie complicité, ni à faire des plaisanteries que leur enfant comprendra, ni à lui faire partager leurs passions ; ensemble, ils iront visiter les expositions et les musées, passant des squelettes préhistoriques aux peintres de la Renaissance italienne sans crainte de traîner un boulet boudeur qui aurait préféré s'avachir devant la télévision. Éduquer son enfant comme on aurait aimé l'être aide à restaurer des manques anciens, à la condition que cet enfant apprécie ces joies plus difficiles à goûter, mais tellement plus attrayantes quand elles vont au-devant de la curiosité d'esprit ! Parents et enfants savourent ces moments de bonheur, rendus plus intenses par le sentiment du plaisir partagé.

Cet éblouissement heureux ne va pourtant pas aplanir toutes les difficultés, et le chemin sera encore bien escarpé : la réalité de tous les jours, les contraintes et les exigences de la vie en société ne tarderont pas à troubler l'enchantement.

Encore sous le coup de l'émotion provoquée par cette révélation, ils auraient aimé épargner à leur enfant les difficultés de parcours qu'ils ont connues ; mais les temps ont changé, et ils craignent que leur expérience ne risque d'aggraver la situation au lieu de l'alléger. Leur désarroi s'en trouve accentué : ils ont même la tentation d'y voir une sorte de malédiction familiale. Ils désireraient tant éviter à leur enfant les embarras qu'ils ont connus, les obstacles qui les ont fait trébucher, parfois si gravement que leur route s'en est trouvée bloquée et qu'ils n'ont jamais pu dépasser cette barrière. Ils voudraient aider leur enfant à se frayer une voie plus glorieuse et surtout plus satisfaisante. Mais ils se sentent totalement impuissants à éloigner le sort malin qui avait déjà tourmenté leur propre jeunesse.

On conçoit l'ampleur de leur accablement quand leur enfant ne veut rien entendre et refuse de fournir un effort, quand il répète que les professeurs sont obtus, qu'ils ne le comprennent pas et veulent le forcer à engranger des notions totalement dépourvues d'intérêt. Ils se rongent d'inquiétude à l'idée que cet enfant, scientifiquement reconnu comme doué, va gâcher son potentiel en s'éternisant, faute de diplômes, dans un travail encore plus ennuyeux que la scolarité. Ils se sentent maladroits et impuissants face à cet élève qui compte sur sa facilité pour se tirer d'affaire, ou alors qui se désole si profondément de ses échecs qu'il pense le marasme inéluctable et définitif.

Le refus du don

De fait, les choses sont rarement très simples avec les enfants doués, même quand leur spécificité a été reconnue et que leurs parents pensent enfin entrevoir le bout du tunnel.

Ainsi, certains enfants qui ont passé des tests ne veulent plus entendre parler de don intellectuel, de précocité, de tout ce que ce fameux test a décelé. Ils refusent de lire quoi que ce soit concernant ce sujet, interdisant même qu'on le mentionne devant eux : il ne faut plus l'évoquer, on a tourné la page, on fait comme si rien n'était arrivé, on oublie tout…

Les parents avaient un instant retrouvé l'espoir, pensant que les résultats du test allaient enfin les aider : ils pourraient en parler avec leur enfant, examiner avec lui les raisons de son malaise, tenter de lui trouver des remèdes à l'aide d'une littérature appropriée. Mais ils se heurtent à un refus obstiné. « Non, je ne suis pas doué, je ne *veux pas* être un enfant doué ! »

La première idée qui vient à l'esprit est que cet enfant pense qu'il va être tenu à une obligation de résultats. Il entend d'ici le discours à venir, qu'il connaît aussi bien que si on le lui avait déjà servi : « Puisque tu es intelligent, tu dois être un bon élève, ce n'est pas difficile pour toi. Si tu as de mauvaises notes, c'est parce que tu n'assures même pas le minimum vital ; en travaillant juste un tout petit peu, tu aurais de très bonnes notes, et la vie serait bien plus facile pour tout le monde. »

Ce discours, qui paraît très logique, voire anodin tant il est modéré, provoque chez lui un sentiment de panique aussi violent que peu compréhensible. Il semble même intolérable à l'enfant doué, qui ne veut rien entendre. Pourquoi, au lieu de fournir l'effort infime qu'on lui demande, s'obstine-t-il dans son refus ? À l'entendre, on dirait qu'il va perdre son âme s'il condescend à mériter des notes acceptables. Il est tellement fâché avec la scolarité qu'il ne veut plus rien avoir à faire avec cet univers qui ne l'a pas compris ; ce serait se compromettre dangereusement que d'accepter d'en jouer le jeu. Il y aurait là un piège, impossible à déceler, mais terrible, susceptible de détruire la substance même de l'enfant doué qui n'a pas été immédiatement reconnu ou dont les caractéristiques intellectuelles, quoique détectées dans les règles, ont été négligées.

Ses parents sont aussi étonnés qu'effrayés par la violence de sa réaction. Quand ils espéraient la fin des difficultés, maintenant qu'ils avaient des éléments concrets pour argumenter leur position et défendre leur enfant, voilà que ce dernier se fâche de façon inexplicable. Son état d'angoisse les laisse d'autant plus désarmés que ce révolté refuse absolument de voir un spécialiste. Si l'on insiste, il se rebelle encore plus vigoureusement et accable d'injures méprisantes cet imbécile qui a raconté des fadaises à ses parents.

On peut aussi penser que sa panique est provoquée par la certitude qu'*il ne sait pas travailler*. Quand il a de bonnes notes, il s'agit d'un hasard ; il a réussi sans le faire exprès, il avait d'ailleurs complètement oublié de réviser le jour de ce fameux contrôle où il a eu la meilleure note de la classe ; mais il est tombé sur un passage qui lui avait bien plu quand le professeur avait expliqué ce théorème de géométrie.

Ce miracle ne peut se reproduire à chaque contrôle : si on dit qu'il est intelligent, il sera obligé de travailler comme un fou, pour un résultat aléatoire, puisqu'il est incapable de retenir ce qu'il n'a pas aussitôt compris, alors qu'il retient sans aucun effort une explication qui lui a paru lumineuse. Il est donc bien plus sage d'oublier cette idée de précocité intellectuelle et de chercher un autre moyen pour l'aider à réussir sans travailler, comme dans les temps heureux de ses débuts à l'école. Lui reconnaître un don intellectuel particulier l'enfermerait dans des contraintes insupportables, d'autant plus que, si l'on semble consentir à n'exiger de lui qu'un niveau acceptable, lui est convaincu que ses parents espèrent, dans le secret de leur cœur, une réussite en accord avec le QI qu'on lui a trouvé. Or *il ne sait pas* faire.

Au moment où les parents pensaient entrevoir une issue, ils se retrouvent donc dans une apparente impasse. Réconcilier l'enfant révolté et anxieux avec lui-même demande parfois l'aide de spécialistes, qui sauront également guider cet élève dans la jungle inextricable que forment à ses yeux les exigences scolaires.

Car l'école constitue souvent le domaine le plus problématique pour les parents, celui où ils se sentent le plus démunis : leurs interlocuteurs habituels n'y parlent pas le même langage et ne se réfèrent pas aux mêmes notions.

Ailleurs, à la maison, avec des amis, il n'est pas nécessaire de demander chaque fois un avis autorisé pour agir au mieux avec son enfant : *l'amour est le plus sûr des guides*. Un enfant est heureux d'avoir des parents qui l'aiment, le protègent et lui enseignent la meilleure façon de se comporter dans la vie ; dans tous les cas, ceux-ci restent des modèles – ce qui ne signifie pas qu'ils doivent être parfaits. Il est difficile d'être tout à la fois, et à chaque instant, énergique et attentif, intuitif et disponible, entreprenant et très patient. Chaque personnalité forme un tout cohérent, les médailles ayant toujours, quoi qu'on y fasse, leur revers.

Que les parents se rappellent le bonheur qu'ils éprouvaient, enfants, dans ces moments de tendre complicité familiale où, heureux et détendu, chacun souriait aux plaisanteries d'initiés. Ces souvenirs brillent dans leur mémoire : ils sauront offrir les mêmes joies à leurs enfants.

Accompagner l'enfant

(Arielle Adda)

À l'annonce de bons résultats au test, certains parents, persuadés que leur niveau intellectuel est moindre, s'inquiètent, s'affolent, et surtout se sentent démunis. Pourtant, il faut savoir que ce QI est généralement une caractéristique familiale – même si les indices de nature à le prouver ont été si bien étouffés qu'on a fini par négliger, voire enterrer, cet aspect. Une saine compréhension des choses comme une juste répartition des rôles suffisent le plus souvent à créer un climat propice à l'épanouissement de tous.

L'importance de la loi

Quoi qu'il en soit, se laisser impressionner par un chiffre hors norme n'est pas une attitude très constructive. Répétons qu'un enfant, si doué soit-il, reste un enfant, et que la loi reste la loi. Elle ne doit jamais être oubliée, car elle est indispensable pour la vie en société. Mais, surtout, elle doit être pleinement acceptée, sans pesanteurs : on veillera donc à ce qu'elle soit assimilée très tôt, de façon naturelle, faute de quoi les enfants doués sont, en effet, plus malheureux que les autres. S'ils ignorent la contrainte, la moindre exigence leur pèse, alors que la notion de discipline est essentielle : il est indispensable qu'ils intègrent les règles, une fois leur utilité comprise.

C'est pourquoi la scolarisation hors de la maison est plus commode, elle facilite l'enseignement de ces lois indispensables, tandis qu'il est plus malaisé de les rappeler sans cesse dans le courant de la vie quotidienne, avec ses multiples activités de tous ordres.

On doit garder en tête les résultats des tests, mais sans pour autant penser qu'il s'agit d'un enfant plus fragile que les autres. Les exigences bien acceptées renforcent le caractère, elles ne le blessent pas. Certes, les enfants doués montrent une certaine vulnérabilité, parce qu'ils ont tendance à tout amplifier à un point extrême ; mais, à trop les protéger, on leur interdit de se construire une personnalité solide, apte à faire face aux mille contrariétés du quotidien, à accepter les obligations les plus mornes sans dramatiser les contraintes, à éviter de porter un jugement trop tranché et trop rude sur les autres – bref à vivre en société sans se situer systématiquement en marge. Il faut leur apprendre à apprivoiser les aspérités de la vie de tous les jours, même s'ils commencent par y récolter quelques écorchures. Seule la véritable blessure – celle que peuvent infliger une cruelle moquerie, un scepticisme têtu devant une manifestation de leur don – doit leur être épargnée ; elle seule les fragilise, les rend plus méfiants, moins amicaux.

Au quotidien, il est évidemment préférable de se fixer des règles de conduite, si l'on veut éviter d'être surpris par des arguments imparables, comme savent en trouver les enfants doués quand ils veulent faire admettre le bien-fondé de leurs revendications. Ils présentent en effet – très tôt – une nette propension, épuisante pour leurs parents, à discuter de tout, en utilisant une virtuosité verbale qui attendrit, et même subjugue, leurs interlocuteurs. Dans ces cas-là, le rappel de la loi est plus que jamais indispensable. On coupe ainsi court aux arguties opposées à l'exigence des parents en justifiant ladite exigence d'une façon à la fois très claire et très scientifique – quand cela est possible. L'enfant perçoit alors qu'on ne le considère pas comme un être sans consistance, auquel on refuserait le moindre libre arbitre, puisqu'on s'adresse à son intelligence en lui exposant des raisons complexes, en principe peu aisées à saisir d'emblée à son âge. Il est traité en individu responsable, apte à admettre les motivations profondes des demandes.

> Depuis quelques jours, Alexis, 3 ans, trouve tous les prétextes possibles et imaginables pour retarder l'heure du coucher. Un soir, plutôt que de céder à l'exaspération, sa maman lui explique qu'un enfant de son âge *doit* se coucher tôt parce que le sommeil favorise la croissance et permet d'assimiler ce qu'on a appris dans la journée en organisant méthodiquement ces connaissances. Le lendemain, après dîner, Alexis annonce, sûr de lui : « Maman, je vais me coucher pour grandir plus vite ! »

Plus tard, on convoquera à l'appui de ce qu'on avance des études scientifiques sérieuses l'ayant démontré, des statistiques le prouvant : l'enfant récalcitrant peut les lire.

Ces règles de vie fondamentales ne doivent jamais être négligées : elles ont une fonction majeure dans le développement de l'enfant, en structurant le monde qui l'entoure, en définissant un cadre qui contient l'éventuelle agressivité du monde extérieur. Pour peu, évidemment, qu'elles soient légitimes, les limites qu'on lui impose sont rassurantes pour un enfant si conscient de sa vulnérabilité.

> Amélie, 2 ans, a un frère de 3 ans et demi qui se conduit volontiers en tyran : naturellement très jaloux de sa cadette, il ne se prive pas de le lui faire savoir. Longtemps, elle a fait des cauchemars, se réfugiant dans le lit de ses parents, ou bien dormant en boule devant la porte de leur chambre. Leur père, très séduit par le langage élaboré de son fils, a tendance à discuter des heures pour tenter de lui faire admettre son point de vue, sans avoir toujours le dernier mot, tandis que leur mère est plus claire dans ses exigences.
>
> Les cauchemars d'Amélie s'apaisent quand son frère suit une psychothérapie, et tout semble rentrer dans l'ordre ; jusqu'aux vacances, où les cauchemars reprennent de plus belle. Il apparaît alors que ces vacances ont débuté pour les enfants par un séjour dans la seule compagnie de leur père, leur mère étant retenue à la maison. Le frère a saisi cette occasion pour rétablir le mode de relation qu'il entretenait avec son père en discutant de tout, à tout moment, son père réagissant selon sa nature en tentant de le convaincre par une discussion sans fin. Cette démonstration au quotidien de la faiblesse des adultes face à un enfant tyrannique et capricieux aurait réveillé les angoisses d'Amélie, qui

se sentait à nouveau en danger, seule avec un père dépourvu d'autorité – donc potentiellement incapable de la protéger.

Discuter interminablement ne rend pas service à un enfant, qui s'essaie seulement à user de ses armes avec les interlocuteurs les plus proches et les mieux disposés à son égard. Qu'en sera-t-il pour lui au-dehors, où son pouvoir sera illusoire ? Plus dure sera la chute et plus douloureuses ses désillusions.

Certains enfants expriment leurs désirs avec une telle intensité qu'il paraît impossible de les y voir renoncer : ce serait une partie perdue d'avance. Pourtant, que l'on accepte – ne serait-ce que pour prouver sa bonne volonté au psychologue – d'appliquer la méthode un peu autoritaire qu'il a suggérée pour régler le problème, et l'on constatera – sans doute avec surprise, mais de façon évidente – que cette autorité, bien conduite, fonctionne comme il faut.

Le rôle du père

Lorsqu'on évoque « les parents », on imagine le couple menant de concert ce rude combat qu'est l'éducation d'un enfant. Dans la réalité, il y a bien entendu de multiples variantes, et le rôle du père, en particulier, recouvre des fonctions délicates. Là comme ailleurs, les recettes proposées paraissent, à la lecture, faciles à mettre en place et se révèlent ensuite très compliquées à appliquer. Il faudrait, tout à la fois, être responsable, très présent quand c'est nécessaire, mais éviter de se montrer trop interventionniste, ne pas prétendre décider de tout, dans une démarche machiste plus du tout de mise. Entre l'irresponsabilité et l'autoritarisme, la marge est parfois plus étroite qu'on ne le prétend ; on en viendrait à s'étonner que tant de pères parviennent aussi bien à tenir leur rôle.

Quand un enfant se retrouve en échec scolaire, c'est souvent son père qui réagit de la façon la plus virulente : il s'énerve, se met en colère et se ronge d'inquiétude en voyant un gamin, qui a la chance d'être reconnu dans ses dons, refuser l'aide qu'on lui propose. Comme si cette anxiété était sans fondement et ne faisait que traduire la personnalité rigide et fermée de son père…

Bien entendu, la mère éprouve des angoisses identiques devant l'inconscience si désinvolte de son fils ; mais c'est bien le père qui porte la responsabilité la plus forte du devenir social de l'enfant, parce que c'est à lui qu'incombe plus spécifiquement l'enseignement des devoirs envers cette société. On parle aujourd'hui de « citoyenneté », comme on disait autrefois « devoir d'État » – un concept complètement tombé en désuétude ; mais il s'agit toujours de morale vis-à-vis de la société et de soi-même.

Si le père laisse l'angoisse l'envahir, s'il a de plus le sentiment de n'être pas assez soutenu dans ses exigences – que ce soit par l'école, parfois trop indulgente pour un élève moins perturbateur que bien d'autres, ou par sa femme, ou encore par ses propres parents –, l'agressivité entre père et fils risque de perturber gravement les relations familiales.

On parlera alors de jalousie du père vis-à-vis de son fils, cet ingrat protégé par une mère aveuglée d'amour pour un bon à rien qu'elle s'obstine à voir comme un enfant fragile. On imagine sans peine les conséquences désastreuses de cet enchaînement pervers : « Notre couple ne va pas très bien. C'est souvent notre fils qui déclenche les disputes : il ne travaille pas en classe, son père se fâche à cause de ses mauvaises notes, je les comprends tous les deux, je ne sais que faire pour calmer leur animosité, ils sont tous les deux tellement entêtés, ils ont le même caractère, je suis prise entre eux deux, c'est parfois infernal. » Il est vrai qu'un amer sentiment de jalousie peut naître quand un des parents est trop volontiers attendri par un enfant en l'occurrence pas plus merveilleux que les autres et qui fait les mêmes bêtises agaçantes avec une irritante inconscience.

Il est alors très tentant, pour un homme, de déléguer la responsabilité des études à sa femme, afin d'éviter une situation d'affrontement d'autant plus pénible qu'elle oppose au quotidien un père et son fils – s'agissant d'une fille, il y aura souvent d'infimes et subtils éléments de séduction qui rendront les conflits moins aigus[1]. Pourtant, il n'est pas possible de renoncer totalement à ce rôle paternel, même avec l'accord de la mère : qui ne connaît la formule si souvent employée par les maîtresses, les professeurs, les psychologues et autres thérapeutes prenant en charge l'enfant : « Il faut voir le père ! » Comme si, de cette seule rencontre, allait surgir une solution miraculeuse offrant la clé de toutes les difficultés. Pauvre père, censé détenir l'explication ultime ! Pense-t-on que sa seule venue va légitimer le travail des enseignants et des psychologues, faute de quoi la situation resterait boiteuse, comme en retrait de la vie sociale et dénuée de réalité ? C'est le père qui donne aux intervenants leur valeur et qui leur permet de réussir. « Voir le père », c'est demander l'assentiment du chef de famille, dont l'autorité est incontestable. Mais c'est aussi, parfois, lui redonner cette place, qu'on a tendance à oublier, parce qu'il est occupé au-dehors à gagner l'argent du ménage, parce qu'il n'est pas le père biologique et que les choses sont donc moins assurées, ou encore parce qu'il n'y a plus tant de pères dans les familles actuelles.

De la même façon qu'il est plus difficile d'être un garçon, il est bien plus ardu d'être un père, d'autant que le modèle a changé et qu'il est souvent délicat d'agir comme son propre père. L'exemple abandonné n'a jamais été véritablement remplacé par une image solide et cohérente : il faut tout réinventer.

La facilité porte à se réfugier dans la vie professionnelle, dont les exigences laissent peu de marge. Quelle vertu il faut pour consacrer ses moments de liberté à tenter d'inculquer des notions de mathématiques à un enfant buté, pour le plus grand cauchemar des deux protagonistes : père effaré de voir son fils tellement obtus et fils affolé à l'idée de décevoir son père par sa maladresse ! Il est alors préférable de déléguer cette pénible initiation à un étranger qui ne souffrira pas et de réserver ces rares moments de repos à des activités favorisant une entente

1. Et puis n'oublions pas que persiste encore trop souvent, de façon obscure et souterraine, l'idée que la réussite scolaire d'une fille est tout de même un peu moins impérative.

complice, dépourvue de rivalité et de toute idée de jugement ; c'est une détente appréciable dont on se souvient ensuite des années durant : « Je faisais du vélo avec mon père, nous allions à la pêche, au cinéma... Grâce à mon père, j'ai appris à démonter et à remonter une prise électrique sans tout faire sauter, je sais faire les œufs en meurette... Il m'a donné à lire *Moby Dick* quand j'étais tout petit et il m'a aussi raconté la vie de Mermoz... »

Le rôle de la mère

Les mères sont souvent plus patientes, mais c'est alors un autre piège qui se profile : l'enfant peut se contenter d'une écoute distraite – encore plus distraite – en classe, assuré de revoir le cours avec sa mère, qui lui expliquera ce qu'il n'a pas compris. Peu à peu, il s'appuie de plus en plus sur cette béquille toujours présente et il ne fait même plus l'effort de suivre le cours. Chacun sait qu'il aura la tentation de se montrer moins pointilleux sur son orthographe s'il est assuré qu'un correcteur, dont c'est le métier, reprendra tout le texte et traquera la moindre erreur. L'enfant que l'on aide en permanence se trouve constamment dans cette situation, si bien qu'il ne sait plus écouter assidûment un cours et tenter de le comprendre sur-le-champ, tout comme on ne se donnerait pas la peine de retenir un itinéraire si on avait toujours à ses côtés un guide indiquant le chemin à suivre. Privé de ses directives, on serait complètement perdu.

C'est une démission permanente, dont personne n'a conscience, jusqu'au moment où l'enseignement dépasse les compétences de la mère, qui avait fait du latin et du grec, mais a tout oublié de son programme de mathématiques ; elle peut encore expliquer une étymologie, mais pas une intégrale. Son ignorance est vécue comme une catastrophe par son enfant effrayé, qui pensait cette aide éternelle. Il entend les paroles d'apparent bon sens qu'on lui adresse sur un ton mesuré : « Tu es grand, maintenant, je t'ai longtemps montré comment travailler, tu peux très bien continuer tout seul. » Et il s'effondre. Il est peut-être

« grand », mais il ne sait pas du tout comment travailler, et cette aide qui se dérobe soudainement ajoute encore à son trouble. Jusqu'à présent, « travailler », c'était se faire expliquer par maman tout ce qu'il n'avait pas entendu, ou pas écouté, ou pas compris, c'était reprendre ses cours avec une répétitrice avertie qui savait comment l'aider. Cet attelage se défait, laissant celui qui doit continuer sa route aussi perdu que s'il n'avait jamais conduit de sa vie.

Justifier son attitude en disant : « Si je ne suis pas derrière lui, il ne fait pas son travail » résout le problème dans un premier temps, mais interdit de trouver une solution efficace. L'enfant doit apprendre à travailler par lui-même. Et l'on examine avec lui, dans une discussion sérieuse, les conséquences provoquées par ses mauvaises notes.

La situation se modifie de façon généralement subtile quand une mère est seule avec son enfant. Ce dernier n'est alors plus seulement un *enfant*, il occupe une place qui n'est pas la sienne : retrouvant au soir d'une journée bien remplie celui qui est parfois son seul interlocuteur, la mère n'a ni l'envie ni la force de se pencher sur devoirs et leçons, préférant se détendre et goûter la paisible atmosphère familiale, loin du bruit et de la fureur du monde extérieur. Durant tout le primaire, son enfant n'a pas grand mal à lui donner toute satisfaction sans l'ennuyer avec de mauvaises notes. Lui aussi apprécie le calme de la maison et n'est pas mécontent d'être considéré un peu en grande personne, puisque sa mère le traite en interlocuteur de valeur. Il peut donc occuper cette place avec brio, se montrant suffisamment adulte et organisé pour se prendre en charge et continuer à travailler seul – il ne veut pas peser sur sa mère. Mais arrive le moment où il est rattrapé par son ignorance des méthodes de travail, et le drame s'annonce alors avec fracas.

On avancera que l'absence du père est responsable de cette déroute apparue au fil du temps : plus mûr, l'adolescent commence à souffrir de ce manque, ce qui se manifeste au travers de résultats scolaires devenus catastrophiques. Si cette chute est commune à beaucoup d'enfants doués, le drame est ici accentué par les difficultés de sa mère à l'aider comme il convient : elle use déjà une grande part de son énergie à tenter de convaincre les professeurs que son enfant n'est ni paresseux, ni rebelle, ni fâché avec la société parce qu'il aurait été abandonné par son géniteur, se heurtant le plus souvent à des interlocuteurs visiblement atterrés par les effets désastreux de l'aveuglement maternel. Mère et enfant connaissent alors une profonde détresse, que seuls une consultation, un test, un regard extérieur avisé et lucide, en posant un diagnostic exact, sont en mesure d'apaiser. Mère et enfant pourront alors reprendre leur dialogue complice, se responsabilisant plus que jamais à l'égard l'un de l'autre, de façon généralement très productive.

Dans un tel cas de figure, on a tôt fait d'avancer que la destruction de la cellule familiale de base est seule responsable des difficultés scolaires. Il est vrai que l'enfant souffre pour sa mère, peut-être encore une fois déçue, mais il serait très injuste et très dommageable d'attribuer à ces orages un échec dû à de tout autres causes, plus techniques, pourrait-on dire. Cela ne signifie pas que la douleur ne doive pas être entendue ; simplement, on doit se garder de lui attribuer indûment de mauvaises notes, avec pour seul résultat tangible de culpabiliser des parents déjà dans la peine…

Le suivi scolaire

(Hélène Catroux)

Remplir la fonction de parent en permettant à son enfant de devenir ce qu'il est en puissance est un vrai défi. Particulièrement à une époque où règne une grande confusion au niveau intellectuel comme en matière de valeurs. Les parents que je rencontre lors de consultations, de conférences ou de formations sont tous animés d'un grand désir de faire au mieux pour leur enfant.

Des parents « acceptables »

« Rester, être un parent acceptable », selon le terme de Bruno Bettelheim[1], en quoi cela consiste-t-il ? On pourrait proposer les lignes suivantes :

- se mettre en position d'accompagnateur ;
- établir un partenariat définissant le statut de chacun : celui de parent, celui d'enfant ;
- aider à grandir à tout niveau, en prenant en compte les ressources, les motivations de l'enfant.

En fait, reconnaître « ce qu'il est ». Et garder pour fil conducteur les mots du philosophe danois Søren Kierkegaard :

1. Dans *Pour être des parents acceptables*, Laffont, 1988, Bruno Bettelheim, l'un des plus éminents psychologues pour enfants de notre temps, traite du positionnement des parents pour aider leur enfant à devenir ce qu'il est en puissance, à épanouir ses potentialités.

« Si je veux accompagner un être vers un but précis, je dois le chercher là où il est et commencer là, justement là[1]. »

Plus j'acquiers de l'expérience, plus je mesure combien notre réussite dépend de notre positionnement intérieur, qui programme nos actes. Souvent, nous sommes dans une intention juste, mais nous posons des actes faux : « Je souhaite mettre mon enfant en confiance, mais je perds vite patience lorsque je travaille avec lui ; et je peux lui dire : "C'est facile, tu ne vas pas me faire croire que tu n'as rien compris." » Nous nous laissons ainsi parasiter par les pressions de l'école et renchérissons sur ses comportements, pourtant non justifiables, alors que nous souhaiterions écouter les plaintes de notre enfant.

Dès lors, comment nous situer, quel comportement adopter avec notre enfant par rapport à l'école – travail scolaire, relations avec les camarades, avec les professeurs ?

Nous allons envisager différentes situations, qui permettront peut-être d'avoir des repères, des outils, pour être des « parents acceptables ».

> « Mon fils me dit toujours : "Oui, j'ai fait mon travail." Je lui fais confiance, mais, quand je vois son carnet de notes, je me demande si j'ai eu raison de ne pas contrôler. »

Ce type de situation est souvent évoqué par les parents dont les enfants consultent. Il est utile d'analyser cette situation avec l'élève concerné pour comprendre ce qui s'est en réalité passé. Prenons différents cas rencontrés.

Comprendre n'est pas savoir

> Éric, 12 ans en cinquième :
> « Ta mère semble inquiète à cause de tes résultats. Et toi ?
> – Moi, je ne comprends pas ce qui se passe. Contrairement à ce que ma mère laisse supposer, le soir, je fais mon travail.

1. Cité dans Britt-Marie Barth, *Le Savoir en construction*, Retz, 1993.

– Tu peux évoquer un moment où tu fais ton travail ?
– Ma leçon de sciences ?
– Très bien. Comment définis-tu que tu sais ta leçon ?
– Mon professeur est passionnant, alors, pendant le cours, j'écoute, je comprends et je mémorise.
– Bien, tu peux te remettre dans la situation à la maison, quand tu apprends (j'emploie ce terme exprès pour le faire préciser) ta leçon ?
– Je n'ai pas à apprendre, puisque je sais.
– J'ai compris. Mais que fais-tu, si toutefois tu fais quelque chose ?
– Je fais revenir le cours en mémoire.
– Autre chose ?
– Non, puisque je sais tout.
– Comment expliques-tu, alors, que tes notes ne soient pas meilleures ?
– Le professeur exige des mots, des schémas précis. Moi, ce qui m'intéresse, c'est de comprendre le phénomène.
– Et alors ?
– Je réussis les exercices, mais, comme je n'ai pas bien dessiné les croquis et que j'ai fait des fautes d'orthographe, elle me compte zéro point.
– Comment penses-tu pouvoir te sortir de ce piège ?
– Vous avez bien raison, c'est un piège.
– Maintenant que tu connais les lois du fonctionnement de la mémorisation (découverte faite avant ce dialogue), comment pourrais-tu te préparer pour avoir au contrôle les notes que tu mérites ?
– En vérifiant que je sais reproduire les schémas et bien écrire les mots.
– Tu penses que cela te demanderait beaucoup de temps ?
– Juste un peu.
– Tu as raison, ces quelques minutes vont te rapporter gros. Tu n'as pas besoin de ta mère pour faire ce travail, et nous pourrons lui dire qu'elle peut te faire confiance : tu es un garçon sérieux et responsable. »

La situation aurait pu s'envenimer, car chaque partie avait raison de son point de vue : Éric pensait en toute bonne foi que le travail consistant à faire revenir le cours en mémoire suffirait à assurer la réussite du contrôle, et sa mère était en droit de se poser des questions sur le travail fourni. On peut facilement imaginer les commentaires de l'école sur les résultats. En quelques minutes d'un dialogue qui, au départ, reconnaissait à Éric le droit de faire comme il faisait, puis recherchait avec lui ce qu'il pourrait faire à la maison pour ne plus perdre des points, la situation a été réglée.

Négocier un compromis équilibré

Adrien, 14 ans en troisième, est menacé de ne pas passer en seconde.
« Tes parents ne semblent plus savoir quoi faire pour t'aider.
– C'est la guerre, ils ont supprimé les sorties et mes activités musique ; c'est surtout ça qui m'ennuie, car, sans musique, je ne peux pas vivre. (Adrien compose et anime des soirées.)
– Et alors, cette mesure te permet de changer quoi ?
– Rien. Je m'ennuie en classe, alors, je ne vais pas en plus perdre mon temps le soir avec le travail scolaire.
– C'est un choix. Que veux-tu faire plus tard ?
– De la musique. C'est seulement quand je joue, quand je compose que je suis heureux.
– Cela me semble évident, et nous allons faire en sorte que tu puisses réaliser ton projet.
– Pour l'instant, je dépends de mes parents, et je ne peux plus jouer puisque tous mes instruments sont confisqués.
– Crois-tu que quelque chose pourrait les convaincre de lever la sanction et de t'encourager dans la voie de la musique ?
– Je suppose que, s'ils étaient sûrs que j'aurai mon bac, ils m'aideraient.
– Cela te paraît-il impossible ?
– En fait, non, car il y a des matières qui ne m'ennuient pas trop. En m'organisant un peu, je devrais pouvoir m'en sortir sans que cela me prenne trop de temps. »

Après avoir pris conscience que l'obtention du bac était incontournable pour que ses parents le laissent pratiquer librement sa passion et l'aident à réaliser ses projets, Adrien a aussi réalisé que, en mobilisant les bonnes stratégies, il pouvait facilement accomplir 80 % du travail nécessaire pendant les cours ; les seuls 20 % restants à faire à la maison lui laisseraient beaucoup de temps pour la musique. Nous avons pu faire des transferts de compétences à partir des stratégies utilisées lors des cours de musique et pour la créativité.

Adrien a pu retrouver confiance en lui, et ses parents ont compris que la musique était utile à son équilibre. Nous avons établi un contrat pour savoir comment aider Adrien : suivi méthodologique avec moi (il a eu besoin de quatre séances), point chaque semaine avec ses parents pour rendre compte de l'école et éventuellement réajuster la programmation de travail. J'ai aussi conseillé une visite médicale chez son généraliste, avec lequel il avait de bons rapports, car cette crise avait entraîné un état limite de la déprime.

Trouver le juste positionnement

Émilie, élève de CM1, a des difficultés considérables avec l'exigence du « par cœur ». Pour la restitution des leçons, la maîtresse exige qu'elle emploie exactement les mêmes formules que celles du livre ou du cours. Cela pose particulièrement problème en matière de grammaire, de conjugaison et des listes de mots. Émilie a des mauvaises notes, ce qui est source de conflit avec la maîtresse – « Tu ne travailles pas à la maison ! » – et avec sa mère, car elle refuse effectivement d'étudier à la maison.

Imaginons le dialogue « idéal » qu'on pourrait avoir avec elle :

« Émilie, nous devons prendre un moment pour parler sérieusement de certains résultats scolaires. Quel serait le meilleur moment pour toi ?

– Jamais, c'est inutile, Mme T. est... (suivent des noms d'oiseaux), et reconnaissez que cela ne sert à rien d'apprendre par cœur des listes débiles, des définitions stupides. Je connais ces mots, mais je ne peux pas les réciter dans l'ordre de mémoire ; quant aux formules de grammaire, je n'en ai pas besoin, je sais m'exprimer correctement. Si elle faisait des contrôles avec des phrases, il me suffirait de lire la phrase pour la comprendre, et je pourrais sûrement montrer que j'ai des connaissances en grammaire.

– Je fais exactement la même analyse que toi sur la façon de faire de ta maîtresse, mais je ne peux pas te laisser t'enfermer dans ce comportement sans chercher ce qui serait juste pour toi et possible en classe. Tu es d'accord pour continuer à réfléchir ?
– OK, continuons.
– Que va-t-il se passer si tu persistes à ne pas chercher les moyens d'avoir de meilleures notes ?
– La maîtresse dit que je vais redoubler.
– Tu penses qu'elle dit cela pour te faire peur ou tu crois que c'est sérieux ?
– C'est vrai que mes notes en grammaire, conjugaison et orthographe baissent la moyenne en français, et que les résultats en calcul mental et en opérations (Émilie fait des fautes d'étourderie) annulent presque mes excellentes notes en problèmes.
– T'imagines-tu redoubler ?
– C'est exclu.
– D'ailleurs, tu ne le mérites pas, car tu as des connaissances. Pouvons-nous avoir de l'influence sur la maîtresse et lui faire changer son mode d'évaluation ?
– Aucune chance.
– Si nous n'avons pas le contrôle du mode d'évaluation et que le passage en CM2 dépend de tes résultats, que faire ? Je te rappelle qu'il est impossible de changer d'école ou de prendre des cours par correspondance.
– Vous voyez qu'il n'y a pas d'issue.
– Permets-moi de n'être pas d'accord.
– Je ne vais pas lui donner raison en acceptant de faire un travail débile.
– Tu peux, si tu le veux et en y consacrant peu de temps, te rendre capable de lui montrer que tu as les connaissances et ainsi obtenir ton passage. Il suffit d'ordonner dans ta mémoire les connaissances pour les ressortir sous la forme exigée. Est-ce que cela te transformera en débile ? Est-ce que c'est approuver ta maîtresse ? (On retrouve ici l'importance de traiter l'interaction cognitif-affectif au bon niveau.)
– Vous avez raison, je vais lui montrer qu'elle a tort de me prendre pour une idiote paresseuse…
– Félicitations, je retrouve enfin ta combativité et ton indépendance. Tu peux compter sur moi si tu as besoin d'entraînement pour bien te mettre dans les conditions du contrôle. Tu peux t'imaginer la tête de ta

maîtresse corrigeant ton prochain devoir, lisant des réponses justes et te mettant le maximum de points. N'oublie pas que, à l'étape de la compréhension, tu peux continuer à utiliser la reformulation ; c'est juste l'étape de la mémorisation qui doit changer, pour que tu puisses stocker en fonction des exigences de la restitution. »

L'intérêt de ce dialogue est de montrer l'importance d'un positionnement juste : Émilie a la possibilité d'exprimer une plainte, puis on lui rend justice sur le fait que les exigences de la maîtresse ne sont pas adaptées aux besoins d'une élève comme elle, qu'elles ne font pas sens pour elle.

Idéalement, il faudrait qu'un tel dialogue ait lieu entre Émilie et sa mère (ou son père). Souvent, en effet, les parents sont perplexes : si je critique la maîtresse, je donne raison à mon enfant, et la situation va empirer. Cela pourrait être le risque si l'on en restait à la critique. Ce qui n'est pas le cas dans ce dialogue, car on éprouve bien que faire changer la maîtresse n'est pas du ressort de l'enfant ou de ses parents, et que, si on répond aux exigences, on n'y perdra pas son âme…

La mère (ou le père) pourrait ainsi assurer sa fille de son soutien. Lui faire évoquer la maîtresse mettant une bonne note pourrait être pris comme de la démagogie ; en fait, ce pont sur l'avenir assure la fonction d'un « ancrage » positif[1] dans la décision d'Émilie : elle peut déclencher la stratégie qui transformera son refus de répondre aux exigences lui paraissant absurdes en acceptation. Ici, on travaille sur le système (la manière d'évaluer) et non sur la personne (la maîtresse), en repositionnant Émilie sur la méthode à employer pour utiliser ses compétences en vue de réussir le contrôle. On est loin de chercher qui a tort ou qui a raison. Peut-être que les exigences (par cœur) de cette maîtresse conviennent à d'autres élèves.

1. En PNL, l'ancrage est une technique pour déclencher une réponse conditionnée (en nous-même ou chez l'autre), en utilisant volontairement un stimulus (mot, image, geste, toucher, son). L'ancrage nécessite que la personne soit complètement associée à une expérience, afin de retrouver instantanément cette expérience quand elle le désire.

Composer avec la réalité

Les problèmes concernant la scolarité ont souvent les causes suivantes :

- l'ennui induit par le fait que ce qui est enseigné (forme et fond) ne fait pas sens (voir *Un besoin vital de sens,* p. 100), ou par la répétition d'une explication ou d'un type d'exercices (néanmoins incontestablement utile pour un grand nombre d'élèves) ;
- le préjugé selon lequel « j'ai compris, donc je sais, je suis prêt pour le contrôle ».

En plus de ces causes, il me semble important d'intégrer le fait que *l'élève doué n'a pas besoin de beaucoup travailler*. Cette réalité déroute nombre de parents. En fait, comme le montrent les dialogues précédents, il faut assurer le maximum pendant les cours et vérifier qu'on a à disposition une banque de données mentale qui permettra de réussir l'évaluation. L'enfant peut ensuite très vite se libérer du travail à la maison et utiliser son temps à d'autres activités qui le motivent. Pour cela, il est nécessaire qu'il sache se mettre dans le projet : « Assurer le maximum en classe, c'est avoir un minimum de travail à la maison. » À partir de ce principe, l'enfant trouvera seul, ou avec l'aide de certains adultes, les stratégies lui permettant d'atteindre son objectif.

Lors de formations destinées aux parents, j'ai élaboré un protocole pour le dialogue qui pourrait rendre service quand on travaille avec son enfant.

PROTOCOLE POUR LE DIALOGUE

I
POSITIONNEMENT

Se mettre dans un projet d'être chercheur avec l'enfant. Être à son service pour l'aider à réussir à atteindre l'objectif qu'il s'est fixé. Le but est de lui permettre de déclencher la stratégie en adéquation avec son propre mode de fonctionnement mental et les exigences de la tâche.

II
CONTRAT

« Tu souhaites que je te rende quel service ? »

Si besoin, faire préciser.

Reformuler pour permettre au partenaire d'évaluer qu'il est reconnu dans ses besoins et s'assurer que les cadres — temps, engagement, modalités — ont la même représentation pour chaque partie.

III
QUESTIONS

Pour que je puisse t'aider

« Qu'est-ce que tu as compris ? »
« Qu'est-ce que tu as en mémoire à propos de... ? »
« De quoi aurais-tu besoin ? »
« À quoi, à qui pourrais-tu faire appel ? »

Pour aider la mise en projet de restitution, de contrôle

Tu peux t'imaginer en classe dans ce moment ?

Faire décrire l'évocation et vérifier si la mise en situation mentale prend en compte toutes les réalités : lieu, temps, formes (orale, écrite), rythme.

En te mettant dans la situation de ton professeur qui prépare le contrôle, qu'est-ce que tu imagines (questions, exercices...) ?

Poser une question.

Laisser le temps de chercher dans sa mémoire la réponse puis le temps de formuler la réponse.
Rendre le service de vérifier que la formulation est assez précise et répond aux exigences de l'école.

À la fin de cet entraînement au contrôle, permettre un ancrage de confiance dans sa propre banque de données mentale : par exemple, l'enfant peut se dire : « Maintenant, je peux faire confiance à ma banque de données mentale.
J'ai à ma disposition...
Je saurai y puiser quand je veux, comme je veux. Peut-être que le contrôle sera différent de celui que j'ai imaginé, peu importe, je suis prêt. »

La vie en famille

(Hélène Catroux)

La maison est le lieu de tous les dangers : on voudrait y préserver la paix familiale, mais on doit *aussi* y poursuivre l'éveil et l'éducation d'un enfant souvent rétif aux contraintes ; on aspire à l'écouter, à l'aider, à le comprendre, mais il faut *aussi* se faire l'écho des exigences – légitimes – de l'école et de la société ; on aimerait privilégier la liberté de cet enfant imaginatif, créatif, passionnant, mais on doit fonder et enseigner la loi, ne serait-ce que pour encadrer et rassurer cette intelligence rare qui, plus que toute autre, a besoin de règles et de limites. Un travail d'orfèvre…

Poser la règle

Parce qu'il a besoin que tout fasse sens, l'enfant doué se place dans un incessant questionnement. Cela peut être un piège dans la vie quotidienne, et particulièrement lorsqu'il faut poser des interdits. Il est juste de lui donner toutes les informations pour qu'il puisse comprendre le pourquoi de l'interdit, mais il faut ensuite se donner le droit de ne plus répondre aux questions et rester très ferme sur la règle, sur les limites qui ont été posées. On peut tenir les propos suivants : « Retrouve dans ta mémoire ce que nous avons décidé et pour quelle raison. Inutile d'y revenir. » Quand il y a eu un dialogue permettant que la consigne, l'interdit, fasse sens, le problème se lève la plupart du temps.

La pédagogie du contrat peut aider à gérer des situations simples ou plus complexes, telles que : assurer une responsabilité, se situer dans le temps – heures de sortie avec les copains –, organiser son temps.

La mise en place du contrat peut suivre le protocole suivant :

– chacune des parties concernées par le contrat exprime ses désirs : « Qu'est-ce qui est juste ? De quoi aurai-je besoin ? » On peut expliquer pourquoi, là, il y a un choix, et là, il n'y en a pas ;
– on établit le contrat en s'assurant que chaque partie a bien la même compréhension de la situation.

Ainsi, des limites sont posées, des explications sont livrées. Grâce à cette démarche, du sens est donné, et de manière très participative. En cas de conflit, on pourra rappeler le contrat. Ce qui peut éviter de tomber dans le piège des incessantes explications/négociations – un jeu intellectuel très prisé.

Le piège de la rivalité

En extension de ce besoin de questionner, il est important de traiter un autre aspect du relationnel : la soif de connaissances de l'enfant doué, son niveau de réflexion souvent en décalage avec son âge, ses analyses pertinentes peuvent déstabiliser les parents et leur faire craindre de ne pas être à la hauteur. En tant que parent comme en tant qu'enseignant, on peut alors rapidement tomber dans le piège de la rivalité. Il faut s'en défier. On peut répondre à certaines interrogations, mais aussi renvoyer le questionneur à d'autres sources : livres, CD, Internet… On peut découvrir, s'informer avec lui. Mais on a aussi le droit de ne pas avoir les mêmes intérêts que lui. Rester des parents ouverts et se réjouir de la chance d'avoir un enfant qui propose autant de perspectives est un cadeau. On n'a pas pour autant l'obligation de tout savoir, et il est parfois merveilleux de se faire l'élève de son enfant.

S'évaluer soi-même en se comparant aux autres est une tendance culturelle française. Mais on peut échapper à l'échelle sommaire des « plus » ou des « moins » en faisant une autre proposition : expérimenter la différence comme une complémentarité. À une démarche exclusive, on substitue ainsi une dynamique constructive.

L'exigence du concret

Une dernière observation : il y a souvent chez l'enfant doué un écart important entre sa capacité à jouer avec son intelligence et sa capacité à prendre en charge la vie concrète. C'est comme si cela n'avait pas de sens. Il me semble important de le solliciter de manière qu'il puisse participer avec intérêt au quotidien, et de le responsabiliser. Les tâches manuelles constituent un excellent entraînement à l'adresse et permettent même, quelquefois, d'exercer sa créativité. « L'ancrer dans la terre » me semble lui rendre un service vital. Bien sûr, tout est dans le dosage, et il faut savoir accepter qu'à certains moments il fasse à sa façon. J'ai par ailleurs constaté que faire prendre conscience aux plus jeunes (mais c'est valable à tout âge) du décalage existant entre la pensée de l'action et l'action elle-même évitait des maladresses : « Je pense, je me sens faire le geste de placer les assiettes, je les pose correctement, etc. »

Pour certains, en effet, la pensée est magique : du moment que j'ai eu du plaisir à penser une action, elle est réalisée. Dans ce cas, il serait intéressant de faire prendre conscience que le répétitif, dans la vie quotidienne, permet d'enclencher le programme Automatismes et libère la pensée. Mettre de tels enfants dans la réalité du temps peut leur rendre service : comment, en effet, avoir conscience du temps quand la passion conduit l'action (voir aussi *Un esprit sain dans un corps sain,* p. 185) ?

La relation aux autres

(Hélène Catroux)

S'il est un domaine difficile à travailler chez les enfants doués, c'est celui du relationnel. En la matière, trouver le positionnement adéquat est plus complexe qu'établir le bon accompagnement de l'intellect.

La crainte de se distinguer

Une remarquable acuité d'analyse du comportement d'autrui, une perception très fine de ce qu'il représente ou non aux yeux des autres, une extrême sensibilité à la façon dont on l'accepte ou l'exclut peuvent ainsi fragiliser l'enfant.

> Astrid, élève de troisième, est mal à l'aise pour intervenir en classe, car elle craint que ses camarades la prennent pour une « madame-qui-sait-tout » ; elle se sent rougir dès qu'elle prend la parole.
>
> Imaginons le dialogue suivant :
>
> « Tu peux retrouver un moment de classe où tu souhaites intervenir et où tu es hésitante ?
>
> – Oui, pendant le cours d'histoire : nous étudiions la Résistance, et le professeur nous faisait lire et analyser des textes décrivant le comportement des nazis vis-à-vis des résistants capturés et des juifs. Je me posais des questions : "Est-il possible que tous les Allemands aient été fascinés par Hitler au point de ne pouvoir imaginer les conséquences de ses théories ? Certains Allemands qui occupaient la France ont pu favoriser la Résistance ; comment se fait-il que des Français et des Allemands aient ignoré les camps de concentration ?"

– Tes questions me paraissent fort pertinentes, et il me semble que chaque élève gagnerait à avoir un éclairage grâce aux réponses que le professeur aurait données. Tu peux retrouver l'état émotionnel dans lequel tu étais ?
– Oui, je me sens coincée, comme empêchée de parler par un poids sur ma langue, et une petite voix me dit : "Ne te rends pas ridicule, ne te distingue pas, le professeur va encore dire que nous n'avons pas le temps, tes camarades vont montrer que tu les ennuies ou vont penser que tu veux te rendre intéressante."
– D'autres expériences, vécues dans d'autres cours, te mettent-elles dans ce même état paralysant ?
– Beaucoup d'autres, tu peux me faire confiance : je ne suis pas parano.
– D'accord, mais en choisissant le bon moment pour poser tes questions et en les exprimant sous une forme qui permette à ton professeur de prendre l'initiative de la réponse (forme et fond), peut-être serais-tu reconnue comme faisant un apport substantiel au cours ? Tu pourrais par exemple formuler ta question de cette façon : "Madame, ces textes nous ont informés sur le comportement des nazis ; y a-t-il, dans le livre ou ailleurs, des textes qui montrent d'autres comportements des Allemands ?" Ainsi, tu ne fais pas la savante ni celle qui soulève des questions que personne d'autre ne se pose dans la classe. »

Le but d'un tel dialogue est de faire prendre conscience à Astrid que les questions qu'elle se pose présentent un intérêt pour la classe : elle doit simplement trouver la manière et le moment adéquats pour les formuler.

Lors des entretiens avec les élèves doués (de tous âges), je rencontre souvent cette situation, qui se décline sous différentes formes : « Je lève la main, le maître ne m'interroge pas. » Ou : « Ce professeur dit que je ne participe pas, mais, au début de l'année, je le faisais, et j'avais droit à des réflexions qui montraient qu'il avait peur que je fasse mieux que lui. » Il faut reconnaître que le besoin *vital* de ne pas laisser passer une erreur induit une manière de s'exprimer qui peut passer pour de l'impertinence, voire pour une mise en question très brutale. Les enfants doués ont besoin d'apprendre à « mettre les formes ».

La crainte d'être perçus par leurs camarades comme voulant paraître supérieurs est presque une constante chez les élèves doués. Leur permettre de continuer d'intervenir, pour être fidèles à eux-mêmes, est absolument nécessaire si l'on veut sauvegarder leur équilibre et ne pas provoquer un retrait qui peut prendre la forme d'un absentéisme mental, voire une déprime. Comment se sentir bien en se sentant exclu ?

Un sens aigu de la justice

Armelle, élève de CM2, s'est rendue insupportable en ne laissant passer aucune injustice de la part de la maîtresse. À chaque fois que celle-ci reprend un enfant d'une manière qui ne lui paraît pas équitable, elle intervient en se situant uniquement au niveau des faits observables, ce qui dénonce aux yeux de tous la « faute » de l'enseignante. En réponse à son comportement, Armelle s'est vu infliger des punitions et exclure de la classe.

À la maison, elle a aussi tendance à exprimer que sa mère n'est pas assez sévère avec son petit frère – ce qui peut, de son point de vue, avoir pour lui de graves conséquences : « Elle [sa mère] le laisse écouter de la musique quand il travaille, elle ne surveille pas toujours qu'il éteigne la lumière à l'heure, pire, elle rit à ses jeux de mots peu respectueux sur les uns ou sur les autres. » (Après vérification, il ne s'agit pas là d'une manifestation de jalousie.)

Faisant un rapprochement entre le comportement de sa mère et celui de la maîtresse, Armelle ne pense pas que la première l'aiderait à se protéger de l'agressivité de la seconde. Après convocation des parents, un travail a néanmoins pu être entrepris. Voici comment on peut reconstituer le dialogue :

« La maîtresse te reproche quoi ?

– De me mêler de ce qui ne me regarde pas.

– Tu peux retrouver une situation ?

– Hier, je suis intervenue pour défendre mon camarade Arthur qui parlait avec son voisin pour s'assurer qu'il avait bien compris la consigne et qui a été accusé de bavardage et de copie.

– D'accord. La maîtresse a entendu qu'Arthur parlait, elle l'a même vu, mais elle n'était pas à ta place pour faire la même observation que toi.

– Sans doute, mais elle pouvait questionner Arthur avant de l'accuser injustement.
– Et toi, as-tu laissé le temps à Arthur de se justifier ?
– Non, il est trop terrorisé par cette sorcière, qui se laisse abuser par des élèves comme Noémie, qui est toujours à lui sourire, qui fait semblant de lui obéir et qui, par-derrière, fait n'importe quoi.
– Cette "sorcière" n'a pas le pouvoir de lire dans les pensées et aurait besoin de montrer plus de rigueur dans ses observations, de poser des hypothèses avant d'émettre une évaluation. As-tu observé que tes interventions de justicière l'avaient conduite à modifier son attitude ?
– Non, c'est plutôt le contraire.
– Tu peux donc constater que nous n'avons pas le pouvoir de changer les personnes. En revanche, nous pouvons avoir de l'influence sur autrui en changeant notre propre comportement.
– Quoi faire ? »
Après réflexion, Armelle a compris d'elle-même qu'il lui fallait admettre que : 1) pour arriver à ses fins tout en respectant les règles sociales, elle devait y mettre des formes ; 2) tout n'était pas sous son contrôle ni de sa responsabilité.
À la suite de ce dialogue, Armelle a aidé Arthur à avoir du répondant, tout en appliquant, pour sa part, des stratégies visant à intervenir avec plus de diplomatie.

Ce sont toujours les mêmes principes qui guident le dialogue :

- permettre de reconnaître comme précieuse et utile cette capacité à faire une analyse fine des situations et à percevoir ce que serait un comportement juste. Valoriser le positionnement juste ;
- faire prendre conscience que tout n'est pas sous notre contrôle ni de notre responsabilité ;
- définir comment faire pour rester soi-même, avec ses propres valeurs, sans être dans une toute-puissance qui impliquerait que l'on puisse et doive agir sur *toutes* les situations exclusivement en fonction de ses propres jugements.

En clair, le protocole pourrait être le suivant :
- faire évoquer le moment du conflit ;
- écouter, reconnaître la plainte ;
- faire imaginer une gestion du conflit.

Procéder ainsi, c'est faire confiance à l'enfant (et ce, répétons-le, quel que soit son âge) autant que se faire confiance, sans saper l'autorité de quiconque.

Les vertiges de l'absolue maîtrise

Si la manifestation du rêve de toute-puissance peut prendre des formes plutôt sympathiques, comme celle que nous venons d'étudier, il en est d'autres plus dangereuses et nettement moins plaisantes.

➤ *Les idées*

L'enfant en quête de sens se met en situation de recherche d'information, afin de trouver des solutions, mais il ne supporte pas de devoir attendre, d'être contraint de passer par des étapes incontournables pour avoir accès à la compréhension. En classe, c'est insupportable, et, dans le contexte familial, c'est usant. La seule issue est de mettre l'enfant sur une piste parallèle, consistant à poser des hypothèses et à goûter la joie d'être en recherche, en lui suggérant qu'une fois qu'on a la réponse le plaisir s'estompe…

➤ *Les choses*

Son esprit d'invention et sa créativité peuvent donner à l'enfant l'illusion qu'il est en mesure de trouver une solution technique permettant que l'outil agisse comme il le désire. La confrontation avec la réalité est vécue comme un échec, qui peut lui inspirer une violence à la mesure de son impuissance. Dans cette situation, il aura besoin de beaucoup de compassion de la part des adultes pour évaluer que son impuissance est momentanée et ne pas remettre en cause de manière radicale son intelligence et ses pouvoirs. Je recommande qu'il puisse exprimer sa colère, puis se calmer – c'est là que certaines techniques de relaxation peuvent jouer un rôle pour prendre de la distance et retrouver un état émotionnel positif – et ensuite analyser la situation jusqu'à comprendre de quoi il aurait eu besoin.

➤ *Les personnes*

Sa perception rapide des situations, son puissant « scanner » du comportement des personnes peuvent être utilisés pour manipuler très subtilement ces dernières à son profit ou pour le seul plaisir d'exercer sa puissance. C'est ce qui se joue parfois dans les relations familiales : le père contre la mère, les parents de son côté contre les autres membres de la fratrie, la famille contre l'école. Dans cette situation, il est urgent de se poser, de prendre de la distance pour analyser l'interrelationnel et faire subtilement savoir, par le biais de messages au deuxième degré, qu'on ne se laisse pas piéger. On gagnera à opérer avec beaucoup de respect, en montrant que chacun a le droit d'avoir ses opinions et que, en tant que parent, on peut entendre des désirs, mais qu'il est de sa responsabilité de ne pas accéder à tous les souhaits.

Cette manipulation peut être malsaine et aller jusqu'à vouloir faire d'autrui sa « créature ». Dans ce cas, un travail en psychothérapie est utile.

Dans les différentes situations que nous avons exposées, il faut se positionner en « chercheur avec son enfant » : qu'il s'agisse de trouver une solution à la gestion de la classe ou à celle du relationnel, une telle optique allège considérablement la tâche de parent[1]. Les questions-obstacles telles que « Suis-je à la hauteur ? Ce que je fais est-il juste ? » ne parasiteront plus la relation.

1. Parent qui peut aussi trouver de l'aide au niveau intellectuel ou psychologique auprès d'autres personnes, de différents groupes (voir les listes en fin d'ouvrage).

En agissant ainsi, on sécurise l'enfant. On l'aime en lui permettant de se construire harmonieusement corps, esprit et cœur, avec une grande confiance en soi et dans les autres. Certaines manifestations ne doivent pas faire oublier que les besoins de l'enfant doué au niveau affectif sont ceux de n'importe quel autre jeune enfant, de n'importe quel adolescent. Même si cela prend, certains jours, une coloration particulière.

Rappelons qu'aucun orage, aucune maladresse ne peuvent détruire cette relation unique qui se construit jour après jour. Il faut se faire confiance, lui faire confiance, en lui permettant d'exploiter et d'épanouir toutes ses ressources : ainsi, on devient des parents parfaitement « acceptables », que l'enfant reconnaîtra comme de merveilleux accompagnateurs.

CINQUIÈME PARTIE

L'adulte doué : trouver son chemin

Quand l'adulte se découvre doué

(Arielle Adda)

Les combats incessants menés par les enfants doués ne s'apaisent pas toujours à l'âge adulte. On dira, bien entendu, que la vie est un combat pour tout un chacun et que personne, jamais, ne goûte en permanence les délices d'une existence unie, plane et insouciante. Mais là n'est pas la question.

Le propre du sujet doué est de vivre *différemment* les événements – différence parfois subtile, infime, impossible à définir, surtout par celui qui ne ressent pas les émotions de la même façon que ses voisins. On verra combien sa logique rigoureuse lui permet d'avoir une vision à plus long terme et plus véridique des événements à venir ; on comprendra aussi pourquoi il risque, plus que d'autres, de se trouver en position de victime quand la situation est propice et tous les acteurs en place pour ce drame – les rôles étant bien distribués ; mais on se rassurera en découvrant que la révélation de ses dons modifie de façon bénéfique l'existence de l'adulte doué.

Et la lumière fut

À l'appui de ce propos, on peut évoquer, pour mémoire, la magistrale étude entreprise en 1921 par Lewis Madison Terman, professeur de psychologie à l'Université de Stanford, sur le devenir de 1 528 enfants reconnus comme intellectuellement doués. Cette étude a été poursuivie par ses collaborateurs et successeurs jusqu'en 1999. Il s'agissait donc d'enfants doués identifiés, et il est avéré que cette meilleure perception de soi est essentielle pour une vie réussie. Jean-Charles Terrassier et le Dr Alain Gauvrit l'évoquent dans leurs travaux sur les enfants doués.

Récemment, une enquête menée par le Dr Annick Bessou[1] auprès de 28 sujets âgés (moyenne de 71,7 ans) faisant partie de l'association Mensa confirme cette conclusion. Rappelons que, pour être admis à Mensa, il faut obtenir à des tests de raisonnement logique des résultats situés dans des 2 % supérieurs de la population. Le Dr Bessou, à l'époque médecin attaché au CHU de Grenoble, département hospitalo-universitaire de médecine communautaire (DHUMC), a comparé les réponses données à un questionnaire portant sur la satisfaction de vie[2] avec celles de l'étude Icare, étude de référence menée à l'Université du troisième âge de Toulouse auprès de 394 sujets âgés de plus de 65 ans[3]. Cette présentation est d'ailleurs directement tirée de son mémoire *Que deviennent les surdoués âgés ? Enquête auprès de l'association Mensa à propos de 28 cas*, soutenu le 15 octobre 1999 à la faculté de médecine de Grenoble. Il en résulte que les surdoués âgés éprouvent une plus forte satisfaction de vie durant ce que Shneidman appelait un « été indien[4] ». Entrer à Mensa implique de se reconnaître en tant que surdoué et d'avoir l'audace intellectuelle de passer les tests, situation qui indiquerait que le don intellectuel, quand il est reconnu, est en corrélation avec une plus grande satisfaction de vie, au lieu de constituer un facteur de fragilité.

Ces conclusions réconfortantes insuffleront peut-être un courage renouvelé à ceux qui sont fatigués de se sentir toujours un peu en décalage, différents, en marge.

1. Enquête parue dans *La Presse médicale*, 10 mai 2003, tome 32, n° 16, p. 721-768.
2. Échelle de Neugarten : Neugarten B.L. et al., « The Measurement of Life Satisfaction », *Journal of Gerontology*, 1961.
3. V. Kostek, P. J. Ousset, F. Nourhashemi, S. Lauque *et al.*, « Vieillissement avec succès et fonctions cognitives : mise en évidence de facteurs prédictifs à partir de l'étude Icare », *Année gériatrique*, Éditions Serdi, Paris, 1997.
4. E. Shneidman, « The Indian Summer Life. A Preliminary Study of Septuagenerians », *American Psychologist*, 1989.

Une sérénité chèrement payée

Pourtant, il leur sera parfois difficile d'éviter les pièges tendus à ceux qui ne ressemblent pas tout à fait aux autres.

Avant d'atteindre la sérénité de l'âge mûr, il leur faudra encore mener de rudes combats. Ces adultes doués et enfin conscients de leur don pourront raconter comment, pour eux, la jeunesse fut plus embrouillée, plus désordonnée encore que pour les autres. Longtemps, ils n'ont pas compris pourquoi ils se sentaient si mal, ce qui justifiait leur malaise. Quand ils s'évadaient par la pensée, tandis que leurs camarades riaient comme des fous d'inepties affligeantes, ils se sentaient envahis par une tristesse que rien ne semblait légitimer. Après une soirée durant laquelle ils s'étaient pourtant montrés de gais compagnons, ils éprouvaient une sensation inexplicable de fatigue écrasante. Des années plus tard, ils se souviennent encore du sentiment qui les accablait quand ils se disaient que jamais ils ne seraient comme les autres, malgré tous leurs efforts. Ces symptômes ne trompaient pas, la raison en était évidente : ils étaient déprimés. « Je fais une déprime », se répétaient-ils, comme s'ils espéraient, par cette phrase toute faite, intégrer le lot commun, dans un monde où la « déprime » est chose courante et socialement admise. Avec quelques pilules appropriées, tout rentrerait dans l'ordre.

Dans leur cas, pourtant, ce diagnostic n'était pas satisfaisant : d'où leur venait cette douleur diffuse qui les tourmentait sourdement ? Et pourquoi cette appréhension à l'idée de se rendre à un dîner chez des amis un peu snobs, ou un peu trop bohèmes, ou encore trop rigoureux dans leur conformisme ? Ce malaise flou, raisonnablement peu justifié, devait trouver son explication – une explication toute simple. Ils ne comprenaient pas pourquoi surgissait tout à coup dans leur mémoire le souvenir fugitif et lointain de cette cour de récréation emplie d'enfants où ils se sentaient seuls, isolés, à part, comme s'ils n'existaient pas. La compagnie enjouée de leurs amis ne ressemblait en rien à ce rappel glacé de certains moments plus pénibles de leur vie d'écolier, si ce n'est qu'ils se réunissaient pour s'amuser ; mais ces plaisanteries convenues, ces verdicts sans appel à propos de gens ou de faits mal connus, ces lieux communs énoncés avec componction les ennuyaient. Et, pourtant, les autres ne semblaient pas trouver les plaisanteries trop convenues, les jugements trop tranchants, les remarques trop banales. La tentation était parfois grande d'énoncer avec naturel une joyeuse incongruité pour apporter quelque piment à l'assemblée, mais, sitôt après, ils étaient pris de remords : ces amis étaient gentils, serviables, généreux, ils continuaient à l'inviter malgré son caractère difficile qu'ils ne comprenaient pas toujours, ils s'entêtaient à lui présenter une possible âme sœur... Mais eux, comme les enfants, avaient envie de dire : « J'ai des copains, mais je n'ai pas d'amis. »

Il est long et difficile de se former de soi-même une image cohérente. Pour ces adultes apaisés par une meilleure connaissance d'eux-mêmes, une fois passés les tests d'admission à Mensa, la route n'a pas forcément été aisée. Avant de prendre cette décision, de trouver le courage d'affronter un éventuel échec, il a fallu emprunter des chemins inhospitaliers, explorer des contrées hostiles, affronter des vents contraires... Ces passages que l'on pourrait qualifier d'initiatiques sont communs à tous les individus, peut-être même nécessaires ; mais, pour les jeunes adultes doués, le précipice est plus profond, la jungle plus étouffante, le désert plus aride encore.

L'expérience des anciens n'est pas suffisante, il faut se battre en personne contre les fantômes de l'enfance qui reviennent encore trop souvent tourmenter celui qui pense ne pas avoir pris le même départ que les autres. Peut-être ses fantômes étaient-ils plus tenaces, plus effrayants, plus dangereux ? Le combat est quoi qu'il en soit plus rude, le risque de blessure plus fréquent. Celui qui mène ainsi sa lutte manque de points de comparaison ; il pense seulement être moins armé que les autres, ou bien plus malhabile dans le maniement des armes que tout individu acquiert naturellement au moment où il devient adulte. S'il peine à s'en servir, c'est qu'il est moins doué, anormal. Cette impression de maladresse foncière peut se prolonger, même quand la vie professionnelle prend un départ qui semble satisfaisant.

Pour ceux qui ont tâtonné des années durant, recherchant une explication à leur état de malaise, l'admission à Mensa procure un soulagement indicible ; mais il faut encore s'habituer à cette nouvelle image de soi. Les idées préconçues à propos de ces associations dites « élitistes » viennent aussitôt à l'esprit : « Ce sont des gens bizarres, frustrés et emplis de rancœur envers le monde entier qui n'a pas su reconnaître leurs mérites. Moi, je veux seulement être comme tout le monde… » Une autre idée taraude sournoisement l'esprit du nouveau Mensa : « Je vais rencontrer des gens bien plus intelligents que moi, j'aurai l'air d'un imbécile, ils vont penser que j'ai dû réussir ces tests par hasard. » Tout n'est pas dit quand on a reçu un papier annonçant officiellement qu'on fait partie des « 2 % supérieurs » de la population. Le seul mot de « supérieur » est si peu engageant quand on rêve de se fondre dans la population générale…

C'est hérissé d'appréhension, et dans un état d'alerte maximale, que l'impétrant va à la première réunion ; et, là, tout s'apaise. Il a d'abord l'impression de rencontrer les mêmes personnes que partout ailleurs, puis il noue des amitiés comme il n'en avait jamais connu ; il parle naturellement de sujets réputés rébarbatifs avec des interlocuteurs intéressés, tout en s'appliquant à éviter les éternels empoisonneurs qui sévissent en tout lieu – y compris dans les 2 % supérieurs.

Une fois ce parcours accompli, l'adulte en quête de lui-même peut commencer à se réconcilier avec son image ; c'est alors qu'il se dirige vers un « été indien » plus ensoleillé. Il comprend qu'il recèle un potentiel d'une richesse auparavant inconcevable pour lui : il peut donc se permettre des audaces intellectuelles étourdissantes, novatrices, éblouissantes parfois – de quoi alimenter les années à venir en intérêts multiples. C'est cette liberté d'action qui lui ouvre des voies passionnantes, jamais barrées par l'ennui d'un quotidien monotone. Au contraire, quand les contraintes professionnelles diminuent, il est enfin possible d'explorer d'autres univers avec un plaisir sans cesse renouvelé.

Avant d'atteindre cet apaisement, les orages n'ont pas manqué ; il s'agissait même, parfois, d'ouragans dévastateurs, et il fallait alors reconstruire sur les décombres et repartir. Les quelques exemples qui suivent en sont une illustration.

Le poison de la jalousie

Beaucoup de jeunes femmes ayant été des enfants douées sans le savoir s'étonnent des réactions surprenantes de leur entourage : des amies les accablent soudain de reproches avec une véhémence que rien ne semble justifier et qui laisserait penser qu'elles sont en train de régler un contentieux de longue date. Parfois, en effet, remontent à la surface des incidents anciens, presque oubliés et, en tout cas, dénués de l'intérêt et de la valeur qu'ils semblent subitement revêtir. Qui plus est, les choses se produisent à l'occasion d'un fait infime, d'une légère divergence d'opinion par exemple, sur un sujet sans importance. Il s'agit là d'une réaction vieille comme le monde : la jalousie a réveillé d'archaïques démons chez ces « amies », qui couvaient une obscure amertume, tellement obscure qu'elles en ignorent elles-mêmes l'existence et qu'elles s'insurgeraient à hauts cris si on leur suggérait l'éventualité d'un tel sentiment.

Quant à leurs victimes, elles ignorent complètement tout sentiment de cet ordre : jamais elles n'ont envié une quelconque caractéristique chez une de leurs amies. Au contraire, elles étaient plutôt heureuses quand un bonheur comblait celles-ci, préférant avoir des amies jolies, intelligentes, séduisantes plutôt que de tristes laiderons ; et voilà qu'elles se trouvent en butte à des sentiments noirs et visqueux qui les abîment, parfois avec une insistance entêtée, que rien ne légitime.

Douloureuses, blessées et encore incrédules, elles disent : « Je ne comprends pas ce sentiment. » Mais, avant cet aveu, il a fallu les persuader que ces paroles agressives, ces exigences impossibles à satisfaire dans leur travail, ces reproches incongrus, concernant des faits qui avaient été toujours admis jusque-là, étaient tout simplement dictés par la jalousie.

Tout comme il existe un « accent de sincérité » qui ne trompe pas, on saisit aisément, une fois qu'on est alerté, l'« accent de jalousie ». La perfidie s'accommode fort bien du déguisement de la sollicitude, de l'attention amicale et désintéressée, ou encore de la fidélité imposant qu'on révèle à l'intéressée une « vérité » qu'elle ignore. Cet « accent de jalousie » s'efforce ainsi de copier la plus grande sincérité, ce qui explique que les naïves s'y laissent parfois prendre.

Entendre susurrer d'une voix douce des mises en garde ou des critiques apparemment bienveillantes – seulement destinées, cela va sans dire, à guider l'inconsciente égarée – peut être déroutant pour celle qui a toujours pensé jouer franc-jeu avec ses amies.

Il est bien difficile de comprendre les motivations d'une réaction manquant de logique chez des individus qui avaient, jusque-là, fait preuve de bon sens. Ces jeunes femmes, si brutalement et soudainement attaquées, se remettent alors de bonne foi en question : « J'ai dû me montrer maladroite ; c'est vrai que je peux laisser paraître, de temps à autre, quelque agacement ; leurs sujets de conversation m'ennuient, il arrive que je ne sache plus quoi leur dire ; mais elles sont gentilles, c'est bien d'avoir des amies. » Il leur semble avoir toujours été loyales, n'avoir jamais critiqué leurs compagnes. Tout au plus leur ont-elles parfois prodigué des conseils, quand elles les voyaient dans l'embarras.

Comment leur faire comprendre que ces amies bien intentionnées ont saisi, de façon peut-être confuse, mais dépourvue d'ambiguïté, un certain dédain de la part de cette compagne un peu particulière, pas tout à fait comme les autres ? Elles ne peuvent s'empêcher d'envier son aisance intellectuelle, la rapidité de son esprit, parfois sa séduction naturelle et un éclat indéfinissable qui fait de cette amie-là un être singulier. Alors, pourquoi se priver, dès que l'occasion s'en présente, de lui faire un peu payer cet agaçant je-ne-sais-quoi de supérieur ? Ces quelques reproches ne peuvent lui faire grand mal, elle est si forte ! Et puis elle a bien mérité qu'on lui dise une bonne fois ses quatre vérités. Même ses conseils donnaient l'impression d'une exaspérante supériorité. De quel droit s'estimait-elle plus avisée ? Pourquoi serait-elle plus sage et plus réfléchie que les autres ? C'est un air qu'elle se donne – même si, par pur hasard, ses conseils tombent juste.

En fait, ce « dédain » n'existe que dans l'esprit des envieuses ; à l'évidence, celle que l'on accuse est à mille lieues d'éprouver ce genre de sentiment. Bien au contraire, elle souffre de se sentir différente, elle qui aimerait tant ressembler aux autres, partager leurs soucis, leurs préoccupations, leurs centres d'intérêt, leurs passions. Son plus vif désir est de rentrer dans cette norme reposante. Comme on doit se sentir en paix, entourée de semblables qui vous comprennent sans même qu'il soit nécessaire de parler ! Quel confort ! « Je dois être bien mauvaise pour ne pas savoir me couler dans ce moule qui convient au plus grand nombre. Cette originalité me dessert, et je ne sais comment la combattre. Mon jugement doit être pervers, je commets des impairs, j'ai dû rater des étapes dans mon enfance, toutes les autres connaissent des choses que j'ignore. » Cette idée vague, mais persistante, que « les autres » en savent davantage caractérise ceux qui sont doués. « Les autres » possèdent une telle assurance ! Il est impensable de connaître pareille certitude, alors qu'on n'est jamais sûr de rien, et surtout pas de ses connaissances et de son expérience.

Définitivement coupable de ne ressembler à personne, la jeune femme s'estime encore plus fautive de s'être laissée aller, dans un moment d'égarement, au rêve insensé d'une « assimilation » : comment a-t-elle pu se montrer si présomptueuse et croire qu'elle intégrerait un jour le cercle ? Son jugement ne vaut décidément rien…

L'art de la culpabilisation

Écrasée par cet assaut d'agressivité, elle se sent aussi trahie : le voile illusoire de l'amitié, de la confiance et de la sécurité se déchire sous les coups d'un stupéfiant assaut de critiques meurtrières et de reproches sans appel. Qui plus est, elle n'aime pas se défendre : ce serait comme tenter de justifier une cause qui ne serait pas si claire. Et puis ses blessures sont trop vives, et la douleur lui fait perdre de son acuité d'esprit.

D'ailleurs, elle sent confusément que ces attaques jouent sur deux niveaux : l'exprimé et l'implicite. Le premier, apparent, a motivé ces véhéments reproches – dérisoires malgré tout, une fois qu'on les ramène à leur misérable objet ; elle ne se pardonnerait pas de répondre sur le même plan. Le second, non formulé, s'adresse sournoisement à l'existence même de celle qui est attaquée et n'a pas le droit d'être aussi différente, aussi personnelle. Ce n'est pas ce qu'elle a dit ou fait qui est en cause, mais son essence même, ce qu'elle est au plus profond et au plus intime d'elle-même, sa substance. Or aucun argument ne saurait justifier une existence de façon cohérente et recevable.

Enfin, cette situation pénible n'est pas nouvelle : elle réveille de très anciens souvenirs. Combien de fois, dans le passé, a-t-elle connu de ces attaques ? En classe, ou en dehors, elle se trouvait avec un groupe de copines rieuses, dont le rire commençait à se teinter de moqueries avant de se transformer insidieusement en ricanements. Plus tôt encore, des maîtresses aux sentences irréfutables avaient jugé cette petite fille « pas comme les autres », donc suspecte de mille vilenies – qu'un art consommé de la dissimulation lui permettait sans doute de camoufler, puisqu'on ne la prenait jamais sur le fait. On ne discute pas le jugement d'une maîtresse : elle est infaillible, comme les lois grammaticales qu'elle enseigne.

Chaque fois, il lui fallait se forger une armure protectrice pour se prémunir contre les attaques suivantes, l'expérience lui ayant vite appris que ce genre de situation évolue généralement vers une aggravation et qu'il faut attendre la fin de l'année pour y échapper enfin. Il lui était aussi indispensable de masquer sa fragilité et sa vulnérabilité. L'armure faisait donc en même temps office d'écran salutaire, comme un « cache-misère » masque d'autres guenilles moins flatteuses.

Il est vrai que ces enfants se sentaient bien misérables, rejetées ou seulement considérées avec une certaine méfiance, tandis qu'elles devaient donner le change, éviter d'effrayer leurs parents et conserver d'elles-mêmes une image à peu près acceptable pour ne pas se laisser complètement aller et fondre alors de désespoir. Mais elles croyaient que, devenues adultes, elles verraient s'effacer ces souvenirs si amers : elles seraient enfin comme tout le monde, gaies et insouciantes, riant d'un rien, dans une chaleureuse et amicale complicité. Elles le croyaient réellement, de tout leur cœur, avec une naïveté qui leur paraît maintenant bien folle, bien vaine, bien stupide : on ne peut changer son destin, il vous fait croire qu'il vous a oubliée, mais c'est pour vous rattraper et vous faire souffrir plus cruellement encore, au moment où vous vous pensez à l'abri, dissimulée dans un réconfortant anonymat.

Une dernière étincelle d'humour leur souffle *« I am a poor lonesome cow-boy »*, et elles continuent leur route austère et périlleuse, parce qu'elles savent, au fond d'elles-mêmes, qu'un jour une lueur plus vive rejettera à jamais dans des ténèbres sans fond ces souffrances encore si souvent renouvelées.

Le harcèlement moral : une persécution bien ciblée

Contrairement aux manifestations de jalousie, les situations de harcèlement moral – au sens précis du terme – touchent également les hommes et les femmes. Il faut être reconnaissant à Marie-France Hirigoyen[1] d'avoir décrit avec précision ce processus destructeur. Les individus doués, plus encore que les autres, risquent d'être victimes de ces pervers intelligents, qui savent détecter la faille la plus infime et s'y engouffrent jusqu'à transformer une existence en enfer.

➤ *Un terrain favorable*

La tentation est grande, pour les candidats tortionnaires, de s'appuyer sur la quête de perfection animant les personnes douées, d'autant plus vulnérables que cette quête ne peut jamais être pleinement satisfaite. Il est ainsi facile de leur reprocher de minuscules manquements et d'en faire un drame, comme il est tentant de les

1. Marie-France Hirigoyen, *Le Harcèlement moral. La Violence perverse au quotidien*, Syros, 1998.

persuader de leur insignifiance, voire de leur nullité, elles qui, pour un rien, se pensent en effet désespérément « nulles ».

Les sujets doués ignorent les sentiments destructeurs ; ils ont même du mal à imaginer que cela puisse exister... Ils ont plutôt tendance, en effet, à rechercher avec une certaine naïveté quel malheur a bien pu frapper leur tourmenteur pour qu'il se montre aussi désagréable à leur égard. Ils lui trouvent des excuses, des justifications. Les bourreaux, quant à eux, savent deviner et exploiter des drames qu'ils ont souvent eux-mêmes connus dans leur enfance et dont ils gardent les cicatrices encore douloureuses.

Évidemment, les pervers qui réussissent sont également très intelligents, mais c'est comme s'ils étaient l'envers de la lumière, ou plutôt une lumière aux rayons inversés, redoutables dans leur capacité de nuire. À leurs yeux, le souci de perfection constitue un défaut ridicule, qu'ils auraient bien tort de ne pas exploiter pour manipuler à leur guise celui qui ne peut s'en défaire. Somme toute, c'est lui le responsable de ses propres malheurs : il cherche toujours à faire de son mieux – et parvient d'ailleurs à d'excellents résultats, puisqu'il comprend rapidement les explications, n'a pas besoin d'un long apprentissage et peut donc travailler davantage ; il serait stupide de ne pas exiger de sa part un rendement toujours plus grand !

Quand une personne douée est prise dans cet engrenage, on voit bien comment le cauchemar s'installe, sans qu'il soit possible de s'en échapper et de revenir à plus de normalité. Pour un perfectionniste, rien n'est jamais assez bien : il a du mal à se satisfaire de ses résultats, est facilement troublé et rarement content de lui. Il représente alors une proie rêvée pour celui qui prend son plaisir en faisant souffrir les autres – plaisir plus délectable encore si cet autre montre des qualités qu'il ne possédera jamais et ne se rebelle pas quand on lui adresse les critiques les plus sévères.

L'entourage professionnel préfère généralement se tenir à l'écart de cette relation si manifestement pathologique, quand il ne trouve pas d'excuses au tourmenteur, pensant que sa victime doit être quelque peu responsable de cette situation. Ne semble-t-elle pas, de surcroît, s'en accommoder, puisque, loin de s'insurger, elle redouble au contraire de zèle, parfois jusqu'à en mourir ?

Dans de tels cas, seule une intervention extérieure, de préférence cautionnée par la hiérarchie, peut ramener le tourmenteur à la raison. Mais le pervers trouvera certainement une autre proie et justifiera encore une fois son attitude en plaidant son souci de la bonne marche de l'entreprise.

Nous avons étudié le parcours de certains enfants, dont la vie scolaire a été placée sous le signe du malentendu. Ce sont ceux-là qui risquent de se trouver en butte aux agressions d'un pervers : ils n'ont pas d'eux une très bonne image, éprouvant surtout leurs défaillances ; ils ont très tôt connu une situation difficile, leurs qualités étant méconnues de ceux qui avaient un pouvoir sur eux ; pour finir, cet ensemble de facteurs néfastes les a empêchés de poursuivre leurs études comme ils en auraient été capables, si bien qu'ils aboutissent à un poste subalterne, dépendant de « petits chefs » imbus de leur minable supériorité. Persécutés et incompris, ils ont l'impression de revivre une histoire ancienne, destinée à être sans cesse recommencée. Vu de l'extérieur, on pourrait dire, en effet, qu'ils ont bien cherché cette persécution...

Parfois, ce sont les dons mêmes de la victime qui attirent sur elle l'attention d'un pervers cherchant une proie à déchirer. Cette situation se retrouve par exemple dans les cours de danse ou de musique, dans le cadre des sportifs de haut niveau – c'est-à-dire dans des domaines où, en effet, les performances peuvent toujours être améliorées. Pour celui qui détient le pouvoir et le savoir – le professeur ou l'entraîneur –, l'élève qui révèle des dons particuliers représente un souffre-douleur idéal, d'autant plus sensible aux critiques qu'il est impossible d'évaluer par soi-même la valeur de sa performance. Le professeur pourra se justifier aisément : cet élève mérite une attention spéciale, puisqu'il montre des qualités exceptionnelles. Mais les conseils se transformeront rapidement en persécution, les compliments chichement accordés ne pansant pas les blessures infligées par de cruelles réprimandes.

De surcroît, la jalousie des collègues, souvent agacés par cette incontestable supériorité, rend la situation encore plus insupportable : il est tellement plus confortable de se trouver du côté du pouvoir, élève soumis à un professeur tout-puissant dont on exalte le savoir, plutôt que de révéler un génie propre par des éclats jusque-là inconnus. Celui qui parvient à réussir malgré tout possède non seulement des dons remarquables, mais aussi une force d'âme capable de franchir tous les obstacles. Un tel accomplissement ne se réalise toutefois qu'au prix de souffrances morales insensées, puisqu'il faut combattre avec la même énergie et simultanément ses propres faiblesses et les assauts destructeurs de ceux-là mêmes qui auraient dû aider le talent à se révéler dans toute sa force. Parfois, quand une sensibilité trop grande l'emporte sur la raison, l'artiste prometteur s'effondre, et l'on voit dans cet écroulement la preuve manifeste – et attendue – de sa faiblesse. C'est alors l'*impunité* absolue dont jouit son bourreau qui est absolument insupportable.

➤ *L'enfer conjugal*

Dans les relations de couple, un système semblable peut également s'instaurer : il est si facile de trouver un détail à reprocher à la meilleure des maîtresses de maison. Celui qui prend le pouvoir et occupe la place du plus fort peut toujours se défendre en disant qu'il est peu exigeant et qu'il se contente du minimum, mais cette apparente gentillesse ne l'empêchera pas de s'indigner, sur un ton de bonne foi douloureusement surprise, d'un manquement infime, que seul son œil exercé de pervers aura remarqué.

Dans le même temps, pour mieux désarmer sa victime, il évoquera les malheurs qui l'ont accablé depuis toujours : à l'en croire, son existence n'aura été qu'un tissu de malheurs. Attendrie, sa proie ne lui opposera plus de résistance, jusqu'au moment où ses forces l'abandonneront réellement. À ce moment-là, il sera aisé de démontrer que cette femme épuisée est incapable de s'occuper de ses enfants, sa « fragilité psychologique » nécessitant des soins constants, peu compatibles avec une vie normale.

C'est donc le bourreau que l'on plaindra, puisqu'il présente toutes les apparences de la victime d'un sort injuste qui lui a attribué une épouse si perturbée. Il trouvera même une consolatrice qu'il piégera en jouant le rôle du mari déçu et du père accablé par l'ampleur de sa tâche.

La littérature et le cinéma ont plus volontiers évoqué les cruelles séductrices qui se plaisent à transformer en pantin ridicule un amant consumé d'amour. Elles aussi savent jouer la faiblesse attendrissante, l'amour ébloui, l'admiration éperdue pour mieux anéantir toute volonté chez leur victime. Les philtres magiques d'antan n'ont pas disparu, ils ont simplement changé d'aspect...

Dans une telle situation, c'est souvent l'amour qui a joué un jeu néfaste : devinant le besoin d'être aimé de celui qui a déjà connu des déboires affectifs, le pervers s'engouffre dans cette faille et creuse jusqu'à l'ultime limite, en se servant de l'élan amoureux qu'il a su provoquer. Pour prolonger le plus longtemps possible cette œuvre de destruction, il accorde parcimonieusement quelques marques de tendresse, afin d'insuffler encore un peu d'énergie à son partenaire exténué.

Parfois, l'amour fait office de leurre auprès d'âmes si avides de le rencontrer qu'elles sont prêtes à voir dans le plus triste séducteur le partenaire de rêve promis à tout être désireux de donner le meilleur de lui-même.

➤ *Bienheureuse résilience*

Si les individus doués constituent des proies idéales pour les pervers sans émotions qui cherchent à les massacrer, ils possèdent aussi cette capacité de *résilience* si bien évoquée par Boris Cyrulnik[1]. Pour éviter d'être détruits, ils savent saisir la plus petite aide, le moindre signe d'espoir. Ils ne se laissent pas submerger par un découragement mortel, ils se battent et trouvent en eux des ressources inconnues. Ils sont animés de la même énergie que ceux que le destin a durement malmenés et qui s'appuient sur toutes les aides possibles pour se construire une existence solide, au lieu de se laisser aller à une totale démission

1. Résilience : « Capacité à réussir, à vivre, à se développer en dépit de l'adversité. » Boris Cyrulnik, *Un merveilleux malheur*, Odile Jacob, 1999.

que leur cruelle destinée aurait parfaitement justifiée. Leur vitalité leur vient du plus profond de leur être, elle jaillit encore quand on la croit tarie, conservant à ceux que l'on pensait vidés de toute force une chaleur solaire stupéfiante.

L'irréfutable logique qu'ils savent mettre en œuvre, même dans les situations les plus douloureuses, leur est aussi d'une aide inestimable : elle leur permet de ne pas se laisser anéantir par les reproches de leur bourreau. Ils parviennent ainsi à se reprendre et à retrouver une cohérence leur permettant de détecter l'aspect spécieux des arguments utilisés contre eux. Même ceux qui n'ont pu se construire une très bonne image d'eux-mêmes sont capables de percevoir le manque de logique de certains discours, uniquement destinés à les démolir.

Se trouver pris dans une situation de harcèlement moral est un terrible piège pour les individus doués, quand ils n'ont pas été reconnus dans toutes leurs qualités : il est plus difficile de s'en défendre lorsqu'on n'a pas de soi-même une image solide et forte. Considérées à travers le prisme du perfectionnisme, les qualités les plus sûres deviennent des défauts, ouvrant une voie facile aux reproches en tout genre.

Mais il subsiste toujours un noyau de résistance qui permet de se relever, en dépit des blessures et des cicatrices. Meurtris, désenchantés, pitoyables parfois, les individus doués conservent envers et contre tout leurs incomparables qualités d'esprit et de cœur, et, surtout, un goût pour la liberté qui donne tous les courages. Un butin sur lequel le plus habile et le plus sournois des tortionnaires ne mettra jamais la main. Sans doute parce qu'il ne les conçoit même pas.

La détresse du visionnaire ou le syndrome de Cassandre

Des études récentes ont mis en évidence certaines spécificités du fonctionnement cérébral chez les enfants doués. Michel Duyme cite ainsi une étude menée par Norbert Jausovec, comparant certains indices EEG (électroencéphalographe) entre les enfants doués et ceux dont le QI est situé dans la moyenne. « Les résultats indiquent que les enfants doués utilisent les aires cérébrales pertinentes pour effectuer un exercice, tandis que les autres enfants font aussi appel à d'autres aires. Les enfants doués résolvent le problème sans apprentissage préalable important et, avec un effort mental moindre, ils arrivent à une meilleure performance[1]. »

Autrement dit, ils sollicitent une plus petite part de leur cerveau et l'activent moins. Tout se passe en fait comme s'ils avaient déjà assimilé ce qu'on leur enseigne : il n'y a donc pas d'apprentissage, *ils savent*, sans pouvoir dire comment ils raisonnent.

Cette façon de procéder entraîne de graves conséquences sur les apprentissages scolaires, mais un des effets, moins apparent et plus spécifique, serait ce qu'on peut nommer le « syndrome de Cassandre ».

Dans la mythologie grecque, Cassandre, jeune fille à la personnalité certainement bien affirmée, manifestait une intelligence aiguë et une logique à toute épreuve. Cet ensemble de qualités lui permettait de percevoir, de la façon la plus cohérente qui soit, les événements à venir ; il lui suffisait de procéder à une simple déduction à partir de faits que chacun pouvait constater.

L'unique déduction prévisible qu'elle avait négligée, ce qui est bien naturel puisqu'elle était seule concernée et qu'on se préoccupe souvent beaucoup moins de soi que des autres, lui coûta très cher, ainsi qu'à tous ses descendants : elle n'avait pas imaginé qu'un dieu aussi considérable qu'Apollon s'offenserait comme un simple mortel de ce qu'elle eût refusé de répondre à ses avances. La condamnation fut terrible : Cassandre verrait avec une acuité fulgurante les événements à venir, mais personne ne la croirait.

Si on y réfléchit un peu plus, on voit bien que cet effroyable châtiment s'inscrivait dans une logique inéluctable ; et c'est la

1. Michel Duyme, Colloque de Paris AFEP, janvier 2002, citant Norbert Jausovec, *Brain Research*, août 2001, p. 55-60.

malheureuse rebelle, victime de sa vertu et de ses dons, qui fut utilisée comme révélateur de la faiblesse des hommes. Si Cassandre avait succombé à son charme, Apollon, tout à la fois farceur et perspicace, aurait trouvé un autre prétexte pour faire apparaître en pleine lumière la débilité intrinsèque du genre humain : pour son infortune, ce fut à Cassandre qu'il échut de s'adresser éternellement à un auditoire d'une incrédulité inébranlable chaque fois qu'elle annoncerait une catastrophe. L'être humain refuse avec obstination de se rendre à la raison, d'admettre comme vraies les conséquences inévitables d'un événement. Il veut croire que tout s'arrangera selon ses désirs, de façon magique. Il ignore la logique, la raison, la déduction la plus élémentaire, puisque cela ne l'arrange pas, et il préfère se bercer d'illusions, caresser ses rêves, en attendant la bonne fée qui lui demandera d'une voix mélodieuse quels sont les trois souhaits qu'il veut voir exaucer sur-le-champ, en récompense de son attitude docile, méritante et appliquée. Le jugement, la sagesse, la lucidité lui restent étrangers, même – surtout ? – quand il croit les posséder.

Aussi Cassandre s'épuise-t-elle à prévenir son entourage, sans aucune chance d'être entendue.

Les Cassandre connaissent bien cette situation : elles avertissent qu'à se précipiter avec aveuglement sur une route mal connue on risque la catastrophe, que la lumière brillante, là-bas, au loin, est un mirage destiné à abuser les naïfs, qu'une construction sans fondations va s'écrouler, et que de belles paroles endorment la vigilance de ceux qu'on cherche à égarer.

Elles se désolent de voir tous ces individus énergiques et entreprenants agir sans réflexion et courir vers un précipice, même quand on leur crie de freiner cette course absurde.

Elles souffrent quand deux êtres aussi mal assortis qu'il est possible décident de vivre ensemble, de créer un foyer et d'avoir des enfants, supportant avec la longue habitude des Cassandre de s'entendre traiter de jalouses, de pessimistes, de prétentieuses manquant de charité quand elles émettent des doutes sur la solidité d'un tel couple.

Cette lucidité, dont elles ont été dotées sans l'avoir désirée, leur devient rapidement un fardeau dont il est impossible de se défaire.

Tout jeune, l'enfant ainsi doué ne comprend pas pourquoi ce qui lui apparaît avec une clarté proprement aveuglante semble invisible aux yeux des autres. Il a l'impression d'énoncer une évidence, quand il parle de ce qu'il voit ou de ce qu'il comprend, et il déclenche aussitôt une réaction d'incrédulité obtuse, qu'il est incapable d'ébranler un tant soit peu, en dépit de la chaleur de sa conviction. S'il finit par essayer d'affirmer, d'un ton plus péremptoire que de coutume, qu'il a raison, qu'il le sent du plus profond de son être et que toute sa logique lui dicte sa conclusion, on jugera qu'il est bien prétentieux, arrogant et autoritaire, en oubliant que ses avis ont toujours été pertinents. On dira que ce n'était que prémonition imprécise et, comme telle, soumise aux lois du hasard. Si un enfant doué a émis un avis particulièrement judicieux, c'est par un aléatoire concours de circonstances, mais non par le fruit d'une déduction à l'irréfutable logique.

Pourtant, avec une obstination remarquable, l'enfant doué s'entête et persiste à clamer ses mises en garde, ses avertissements, ses appréhensions. Il évite soigneusement de triompher par des « Je l'avais bien dit ! » victorieux quand la catastrophe qu'il prévoyait se produit, soudainement et de façon imprévisible pour les autres, annoncée de longue date par lui – mais on l'a oublié, on a pensé qu'il s'agissait de paroles en l'air…

➤ *Encore un moment, monsieur le bourreau…*[1]

Parfois, il ressent un élan de nostalgie : il aimerait, ne serait-ce qu'une seule fois, éprouver, lui aussi, cette sensation de bonheur immense, quand on croit que l'avenir sera totalement lumineux, ouvert et intensément heureux. Toutes les embûches qui parsèment le chemin ordinaire des individus auront disparu,

---

1. Supplique que l'on attribue à Mme du Barry sur l'échafaud.

les fées ayant enfin accompli leur devoir. Pour se bercer de la plus béate des illusions, il suffit de faire taire la petite voix qui susurre que rien ne peut jamais être tenu pour acquis, que la vie sait réserver aux moments les plus inattendus les surprises les plus désagréables, que la condition humaine n'est pas à l'abri des événements déplaisants. Comme les Cassandre regrettent de ne pouvoir faire une incursion, fût-elle minuscule, dans cet univers féerique, pour savoir enfin ce qu'est le bonheur qu'aucune ombre n'a encore entaché ! Goûter, durant quelques divines minutes, une quiétude insouciante et s'imaginer qu'on est enfin arrivé, qu'on a touché le port après avoir essuyé tant d'orages : voilà le rêve des Cassandre, qui savent bien que le réveil sera brutal et cruel ; mais, auparavant, ne pourraient-elles apprécier, comme le plus grand nombre, la douce béatitude qui réchauffe l'âme ? Qu'importe ensuite si la chute est douloureuse, les moments de tendresse qui l'auront précédée la rendront plus supportable, laissant espérer que reviendra un jour ce bonheur indicible ; rendu plus perspicace par l'expérience, peut-être saura-t-on le garder ?

Quand les Cassandre se sont aguerries, elles savourent avec ferveur ces minutes de bonheur. Elles savent que le temps leur est compté et qu'il ne faut pas perdre une seconde : les larmes viendront peut-être à leur heure, il n'est pas nécessaire d'être impatient… Elles savent aussi que tout bonheur se mérite, et elles entretiennent avec un soin jamais relâché les joies fragiles et précieuses qu'elles ont su immédiatement reconnaître.

Pour une fois, leur don aux effets si souvent pervers leur a permis de comprendre dans l'instant même qu'il leur fallait consacrer leur énergie et leur intuition à l'épanouissement de cette harmonie qui transforme leur existence. Toutes leurs perceptions en alerte, elles anticipent les désirs de l'autre – c'est alors qu'on les pense douées d'une intuition anormale : elles savent seulement interpréter les plus légers signes émis par l'autre et en tirer sur-le-champ la conclusion qui s'impose pour agir en conséquence. Elles-mêmes se pensent parfois un peu magiciennes, mais ce n'est que la logique la plus rigoureuse, quand elle n'est pas troublée par des états d'âme incongrus, qui leur inspire la conduite voulue.

L'enfant doué a grandi, il est devenu un adulte à la lucidité intacte, qui a appris à choisir ses interlocuteurs. Il ne se hasarde à dire ce qu'il sait qu'à des auditeurs dont il espère être compris d'emblée, parce qu'il a cru déceler chez eux une possible ressemblance avec lui. Alors, pour une fois, peut-être unique et miraculeuse, les augures peuvent échanger leur légendaire sourire, avec le sentiment délectable d'une réconfortante connivence.

Le plus souvent, néanmoins, il est obligé de vérifier que ses paroles seront comprises en se mettant à la place de son interlocuteur pour adopter son état d'esprit le plus fidèlement possible : il emploie seulement des mots que ses auditeurs peuvent saisir sans véritable effort, il tait les notions qui pourraient leur sembler incroyables, scandaleuses, aberrantes ou même délirantes. Il prend ainsi l'habitude de coder ses paroles et le fait presque spontanément, sans vraiment réfléchir. Très rarement, il peut céder à la tentation et se permettre l'expression sans fard du plus intime de son être. Il s'offre de la sorte un petit plaisir, en imaginant que son interlocuteur va lui répondre naturellement et sur le même ton, sans s'esclaffer, sans s'étonner ni se scandaliser, parce que, lui aussi, parlerait la même langue et ne chercherait pas à traduire, dans son langage à lui, les paroles entendues en en faussant complètement le sens. Il sait bien que cet espoir est illusoire, mais au fond de lui persiste sans doute encore une faible lueur : et si, un jour, on lui répondait sans décalage, exactement sur le même registre, avec des mots appropriés ? C'est un rêve, sans doute, une chimère, mais ô combien encourageante ! Il puise dans ce sublime mirage la force nécessaire pour continuer sa route ; peut-être, au moment où il n'y songera même plus, recevra-t-il une réponse…

Le syndrome de Cassandre restera-t-il éternellement le signe de la malédiction qui frapperait les plus doués parmi les hommes ? On pourrait le craindre : les mythes grecs se distinguent entre autres par leur capacité à perpétuer l'écho des vérités éternelles. Mais la puissance imaginative, la finesse et la perspicacité des sujets doués n'inventent-t-elles pas, chaque jour, un chemin filant vers la lumière en dépit des écueils ?

Se découvrir enfin tel qu'on est...

(Arielle Adda)

On est toujours surpris qu'un tel nombre de gens intelligents ne soient pas du tout persuadés de leur don ; pour un peu, on les taxerait de coquetterie : sachant bien, au fond d'eux-mêmes, qu'ils sont doués, ils quêteraient tout simplement les compliments, et l'on serait bien bête de marcher dans leur jeu et de les flatter.

Et pourtant... Les enfants ne croient pas leurs parents quand ceux-ci leur répètent inlassablement qu'ils possèdent une belle intelligence. Ils pensent même que ce genre de remarque recèle un piège du genre « Puisque tu es intelligent, tu peux réussir en classe », ou bien que leurs parents, aveuglés par leur amour, ne voient pas leur enfant tel qu'il est véritablement, avec ses faiblesses, ses lacunes et son impossibilité à suivre le rythme de la classe. Puisqu'ils refusent d'être détrompés, les professeurs s'en chargeront, crûment, cruellement même, et les parents désabusés devront bien s'appliquer à admettre la réalité : leur enfant n'est pas plus intelligent que les autres, il serait même dans une petite moyenne, dont il ne convient pas de se vanter.

Un malaise indéfinissable

Les années passent, l'enfant qui a déçu ses parents fait tout de même quelques études, il suit un chemin semblable à celui de ses camarades, trace sa voie d'adulte, construit sa vie professionnelle, sentimentale. Il parvient à un mode de vie à peu près satisfaisant et n'a donc aucune raison de se sentir mal. Pourtant, il a tendance à faire des histoires, il n'est jamais content, il y a toujours quelque chose qui le contrarie. Les sources de cette insatisfaction, tellement floue qu'on ne peut la cerner, restent elles-mêmes indéfinissables, impossibles à décrire ni même à évoquer de façon claire, compréhensible : ce serait comme un malaise vaguement métaphysique, lié à la condition humaine, avec ses limites et son angoisse originelle – rien que de très banal.

Parfois, il trouve un apaisement en changeant radicalement de mode de vie. Aller vivre à l'étranger, par exemple, gomme nombre de décalages : il y a enfin une justification rationnelle à toutes ces différences. Il est évident qu'un Français aura des habitudes de vie autres, et, si ses raisonnements diffèrent, on sait bien que la structure du langage en est la cause, le mode de pensée étant lié en profondeur à la langue maternelle. Déjà, enfant, il avait pu tenter de déguiser cette différence par une apparence d'explication logique. Comme il ne se sentait jamais totalement à son aise lorsqu'il se trouvait avec ses pairs, il se réfugiait dans la compagnie d'enfants plus jeunes, parce que tout ce qui l'en différenciait se justifiait d'emblée. On disait : « Il est merveilleux avec les tout-petits ! » Mais le risque était grand de payer ces moments de récréation en s'entendant taxer d'immaturité par d'éminentes personnalités hochant la tête d'un air docte et entendu.

Devenu adulte, il continuera d'éprouver un sentiment d'apaisement lorsqu'il pourra s'occuper d'enfants et les ouvrir à la connaissance – comme il aurait tant aimé qu'on le fasse pour lui quand, petit, il rêvait de partir explorer le monde. C'est cette compréhension particulièrement fine qui incitera son entourage à commenter de nouveau cette vocation : « Il est encore très immature, alors il comprend bien les enfants et s'entend avec eux sans difficulté. »

Quelle explication rationnelle trouve-t-on pour celui qui comprend bien les chats ?

En réalité, l'adulte doué encore à la recherche de lui-même et qui s'expatrie sacrifie le mince plaisir que lui procure parfois la complicité fugitive d'anciens condisciples ou amis : il préfère encore être considéré – pour une fois à juste titre – comme un étranger. On lui pardonne alors ses originalités, on l'aide quand il flotte un peu dans ce mode de vie qui n'est pas le sien, et, de surcroît, il enrichit son bagage culturel et son curriculum vitæ.

Même si le retour est périlleux, il ne sera pas plus douloureux que l'inconfort précédant son départ. Et, là encore, l'excuse de la réadaptation devrait fonctionner à peu près.

Ce n'est là qu'un exemple des stratagèmes adoptés par ceux qui sont ainsi en quête de leur image. Ils ne manquent ni de ressources, ni d'idées, ni surtout d'audace, apanage de celui qui pense n'avoir rien à perdre en adoptant une démarche risquant de l'éloigner encore un peu plus de son entourage.

S'identifier à soi-même

On se souvient qu'un bébé se voyant pour la première fois dans un miroir ne sait pas qu'il regarde son reflet : il croit qu'il s'agit d'un autre enfant et va le chercher derrière ce miroir farceur. Il est possible que l'homme garde toujours une trace de cette incertitude : un miroir ne renvoie pas l'image que perçoivent les autres, mais celle, brouillée par les aléas de l'existence, qu'il s'est péniblement construite avec ses manques, qui l'ont parfois fait échouer, ses défauts, qui lui ont interdit l'amour idéal, et les multiples marques de ses échecs – même ceux qui étaient tellement secrets et intimes qu'ils avaient l'air de succès.

Ce serait cette image, entachée de mille défauts, qu'il a intégrée au plus profond de son être. Dans ces conditions, les compliments ne marquent pas. Ils font plaisir sur le moment, mais n'ont pas le pouvoir d'effacer des cicatrices trop anciennes pour être si facilement oubliées. Ils renvoient bien une image flatteuse, mais on aurait tendance à penser qu'il s'agit d'une réussite accidentelle, due à un heureux hasard : gagner un jour au poker ne signifie pas qu'on va gagner chaque fois à tous les jeux ; on a eu la chance de recevoir une bonne donne et de pouvoir l'utiliser, rien de plus.

Il ne suffit pas d'entendre de flatteuses définitions de soi pour se réconcilier avec cette image, qui a si souvent trahi rêves et espoirs. De surcroît, il n'y a aucune raison qu'un entourage particulièrement attentif s'emploie constamment à restaurer une image abîmée ; plus naturellement, il ne ménage pas ses critiques, auxquelles celui qui doute tant de lui adhère avec enthousiasme.

Plus encore, il s'exaspère de cette insatisfaction dénuée de fondement, répétant à l'envi quelques adages du genre « Quand on veut, on peut », « Aide-toi, le ciel l'aidera », etc. Pour finir par l'imparable « Tu as tout pour être heureuse », adressé à une jeune femme aux larmes absurdes et irritantes.

Ces critiques, prétendument dictées par un souci pédagogique – il faut aider le défaillant à se reprendre, à fournir un petit effort, à se maintenir à un niveau satisfaisant – produisent un effet contraire, néfaste à l'extrême. N'oublions pas que le perfectionnisme caractérise l'enfant doué : l'adulte conserve naturellement ce trait. À ceci près que, dans son cas, la notion de perfection risque de devenir absolue : avec l'envergure de son imagination, il envisage une œuvre idéale, « divine » pourrait-on dire, si on ne craignait de taxer ces êtres désemparés d'orgueil et de présomption. Mais comme il est facile de donner le coup de pinceau destructeur du chef-d'œuvre, quand on est un simple individu avec ses difficultés propres, ses hésitations, ses doutes qui gauchissent son habileté ! La nature est là pour nous donner une idée de la perfection : fleurs à la subtile géométrie, animaux superbes dotés d'atouts admirables... Les créations humaines, au contraire, présentent tant de défauts – parfois infimes, certes, mais suffisants pour bloquer la machine la plus perfectionnée. L'adulte, qui a été un enfant doué rarement satisfait de ses œuvres, est familier de ce perpétuel malaise au vu d'un travail entaché d'erreurs. Les souvenirs de ses défaillances tellement nombreuses, que rien ne saurait à ses yeux excuser, entretiennent un sentiment de culpabilité vague et insidieux qui pousse à s'interroger sans cesse : « Ai-je agi comme il le fallait ? », « À quel moment me suis-je trompé ? », « J'ai dû dire quelque chose qui a froissé cette fille qui me plaisait, je suis si maladroit », « J'ai dû vexer ce garçon que je trouvais si bien, il a préféré aller avec une autre, c'est bien fait pour moi », etc. Pour conclure, comme à l'accoutumée, par : « Je suis nul, je ne vaux rien. »

Combien se sont ainsi désolés au sortir d'un examen, persuadés de leur échec, jusqu'au moment où ils apprenaient qu'ils étaient reçus avec mention ?

Les paroles consolatrices, tout comme celles destinées à réveiller une conscience de soi trop distraite, restent curieusement de peu d'effet. Mais, quand celui qui est ainsi dans la peine, sans en concevoir les raisons, se reconnaît dans une description – qui ne s'adressait pas spécialement à lui –, il a l'impression curieuse et inusitée de voir sa propre histoire, racontée comme il ne l'a jamais entendue jusque-là, et il en conçoit parfois une émotion inconnue et violente. C'est une révélation, d'autant plus brutale qu'elle est inattendue et qu'il n'y était pas du tout préparé, comme on peut l'être en allant voir un médecin de l'âme, par exemple.

Quelque chose s'impose alors à la conscience, dans un mouvement très particulier qui se serait effectué *à l'insu* de son auteur : voilà qu'un rideau s'ouvre soudain, lui dévoilant un spectacle qui pourrait être celui de sa vie, dans un éclairage dessinant bien les détails, au lieu d'entretenir le flou habituel qui noie d'ombre les causes du malaise. Celles-ci sont désormais exposées avec tant de clarté qu'il est impossible de ne pas les reconnaître, de ne pas les identifier enfin comme faisant partie de soi, de son passé. Pour une fois, les choses sont évoquées sans fard ni faux-semblant, débarrassées du brouillage des stéréotypes de l'enfance : les ressorts les plus cachés de l'âme, les émotions dont personne n'avait recueilli l'écho sont décrits comme des éléments d'une extrême banalité, expliquant simplement pourquoi on ne se sent pas bien, quand « on a tout pour être heureux[1] ».

Après l'illumination

Il ne reste plus qu'à s'accoutumer à cette nouvelle image de soi, tout comme si les éléments d'un puzzle, qui n'auraient jamais été parfaitement ajustés, se mettaient soudain en place sans la moindre équivoque, offrant, enfin, la vision cohérente et

1. Cette révélation est plus fréquente chez les femmes : malgré l'évolution de la situation, on s'applique tout de même moins à détecter les capacités intellectuelles des petites filles, du moment qu'elles restent dans une honnête moyenne à l'école.

apaisante d'une personnalité en accord avec elle-même. Faire connaissance avec cette personne inconnue et pourtant tellement proche, chaleureuse et amicale, qu'on a portée en soi sans le savoir tout au long de ces années douloureuses, devient une aventure passionnante. C'est une exploration en territoire à la fois étranger et ô combien familier, qui permet de restaurer l'ordre harmonieux que l'on avait fini par croire l'apanage du seul au-delà.

Maintenant, ces sujets blessés savent que leur quête, qui semblait à la fois erratique et désespérée, n'était pas vaine. Ils comprennent aussi pourquoi ils ne sont pas plus nombreux à la mener : même s'ils ne sont jamais totalement convaincus d'avoir une intelligence plus vive que la moyenne, il serait dommage de négliger ce fil conducteur. S'ils échouent encore une fois dans cette nouvelle recherche, ils sauront panser leurs blessures : ce ne sera pas la première fois qu'ils se heurteront cruellement à un mur hérissé de piquants.

L'espoir qui se lève timidement laisse aussi imaginer qu'ils ne sont pas seuls à connaître ce désarroi. Peut-être, enfin munis d'une clé inhabituelle et pour une fois apaisés – ils commencent à nourrir l'espoir audacieux de toucher un rivage plus serein –, pourront-ils cesser de se murmurer : « Mais, vrai, j'ai trop pleuré, les aubes sont navrantes, toute lune est atroce et tout soleil amer[1]… » Et ils entreprendront de remonter vers la source enfouie de ces larmes qu'ils croyaient intarissables.

L'amertume, aussi, peut s'atténuer.

Parfois, un miracle s'accomplit, généralement sans que les protagonistes en soient même conscients : celui qui n'a jamais eu de lui-même une image précise, qui ne se reconnaissait pas dans celle qu'on lui renvoyait – notamment parce qu'on prenait ses défenses, péniblement forgées, pour des caractéristiques fondamentales de sa nature – se voit tout à coup avec une netteté aveuglante dans le regard amoureux et complice de son partenaire. En réalité, tout commence quand il s'aperçoit qu'il

---

1. Arthur Rimbaud, *Le Bateau ivre.*

éprouve un sentiment inédit de paix, de repos et de calme, et qu'il n'est plus en alerte – c'est d'ailleurs à cette occasion qu'il découvre que, « avant », il se tenait *toujours* sur ses gardes. Dans la compagnie de cette personne bienveillante, réconfortante et compréhensive, il a l'impression que son être se dilate, occupe toute sa place, au lieu de rester contraint et bloqué pour ne pas attirer l'attention ou les critiques. Dans le regard de l'autre, il peut voir l'image d'un être aux qualités rares et précieuses, qui n'a pas à ressentir de honte pour ses faiblesses, qui recèle, au contraire, une richesse incommensurable, inépuisable, de nature à combler les demandes les plus secrètes. Ce regard-là, qui n'a pas besoin d'être illustré par des mots, est la plus belle marque d'un amour idéal. Il vaut toutes les autres qualités, parce qu'il les résume toutes et rend négligeables les défauts ou les manques de l'autre.

On sait bien qu'il n'y a pas de relations nettes entre mérite et chance, et c'est une chance inouïe pour les deux amants que cette rencontre ait pu se produire. Renvoyer à l'autre une image tellement vraie qu'elle évite toute explication, qu'elle devance toute justification et la rend inutile est gage de bonheur, tant pour celui qui a su voir au-delà des apparences que pour celui qui a su reconnaître la justesse de cette image de lui-même, loin des faux-semblants qu'il a parfois délibérément choisis.

La révélation du don intellectuel, pour bouleversante qu'elle soit, n'est que le début d'un parcours compliqué, mais moins douloureux qu'on ne pourrait le croire, grâce à la lumière nouvelle qui illumine le chemin.

Il est, bien évidemment, impossible de tirer un trait sur son passé et d'effacer d'un coup tout ce qui l'a composé ; c'est le regard que l'on porte sur lui qui a changé : quand un couple a longtemps marché au même rythme, on peut être assuré que chacun de ses membres possède des dons de qualité semblable, même si rien n'a été démontré par des tests. Ces dons sont complémentaires, sans hiérarchie de valeur. S'il y a mésentente, les causes peuvent en être multiples, et il est certain qu'un niveau de compréhension trop différent empêche un couple de fonctionner sans à-coups. C'est surtout dans ces cas-là que le mur d'incompréhension se dresse dans toute son horreur inexorable. Il serait illusoire de rêver le franchir un jour.

Cette vision nouvelle que l'on a de soi-même incite souvent à modifier sa vie professionnelle à cause de l'audace, jusque-là inconnue, qui pousse à l'action. Quand on a la chance de travailler dans une entreprise le permettant, on peut reprendre des études, envisager sereinement d'occuper des fonctions à responsabilités, alors qu'on se croyait si nul que la moindre charge devenait un fardeau écrasant et angoissant. Cette seule perspective était glaçante, même si on la déguisait sous une apparence de refus sympathique de toute autorité.

Ce moi ancien devient un enfant que l'on chérit parce qu'il est douloureux, un peu handicapé, et l'on a pour lui l'affection réservée aux plus faibles, ceux que la vie n'a guère gâtés ; il est recroquevillé dans sa coquille protectrice, souffrant et silencieux, ne sachant exprimer son affliction. Peu à peu, il se hasarde à occuper une place plus importante, constatant qu'il ne provoque aucun cataclysme ni, surtout, aucune moquerie, mais une sympathie inhabituelle. Il éprouve alors le désir de venir en aide à tous ceux qui sont encore endoloris et muets, et il cherche à orienter sa profession en ce sens autant que cela lui est possible. Il veut permettre à des semblables, toujours emmurés dans leur carcan, de connaître cet enchantement ineffable qu'est la révélation de la totalité de son être.

Un horizon éclatant, d'une splendeur inégalée, laisse espérer un accomplissement plus heureux pour ceux qui sont encore dans la peine et qui n'espèrent peut-être même plus entrevoir un jour une issue. Celui qui a enfin acquis la pleine possession de ses dons saura leur ouvrir cette voie.

S'inscrire dans le monde

(Hélène Catroux)

Les adultes qui ont été des enfants doués non reconnus et n'ont pas eu la chance d'être aidés à faire fructifier leurs dons restent blessés : ils ont souvent du mal à trouver leur juste place dans le monde professionnel et dans la société.

La plupart du temps, ils se reconnaissent à travers leurs enfants. Mais leurs réactions sont diverses. Certains refusent de reconnaître la surdouance de leur enfant, car, à la seule évocation d'une telle probabilité, une vague déferlante porteuse de vécus destructeurs les engloutit : « Je ne veux pas que mon fils vive ma galère. » D'autres affrontent la réalité et cherchent un accompagnement pour leur enfant, afin qu'il puisse se construire harmonieusement. Trop nombreux sont ceux qui restent en échec (un tiers, environ). Espérons que l'information donnée sur ce sujet permettra de reconnaître le don dès le plus jeune âge. Il reste à construire une proposition scolaire adaptée à leurs besoins…

Trouver sa place

Recevoir des adultes pour qu'ils puissent faire une autre lecture de leur échec et trouver avec eux comment se reconstruire, en fonction de leurs vraies inspirations et de leurs ressources, est toujours pour moi source de beaucoup d'émotions. Un tel travail apporte aussi des éclairages pour prévenir les échecs scolaires des jeunes élèves doués, et plus particulièrement dans la recherche d'une orientation professionnelle pour les lycéens. Faire un choix est un acte difficile pour tout être humain, mais, quand les dons et les intérêts sont multiples, le choix devient mission impossible…

Il me semble très important que la recherche d'une orientation professionnelle se fasse à partir de ce qui anime profondément la personne, et non pas seulement au vu de tests ne tenant pas compte du projet, qui donne sens à leur vie. De nombreux jeunes doués expriment ainsi très clairement leur désir : « Je veux apporter ma pierre à la construction de cette société. »

Michel Saucet, ingénieur, a mis au point, en s'inspirant des travaux du Japonais Kawakira Jiro[1], une proposition de recherche d'orientation que l'on peut faire à différentes étapes de sa vie : collège, lycée, réorientation professionnelle, retraite… Son nom précise bien ce qu'elle induit : « Construire Son Avenir » (CSA). Elle comprend trois étapes : rêver son avenir sans censure, confronter son rêve à la réalité pour se donner les moyens de la réalisation, gérer les obstacles. À chaque fois que j'utilise cette méthode, je constate combien elle permet de dégager les critères qui doivent être nourris dans la future incarnation professionnelle.

> Amandine, en terminale, 155 de QI. Obtenant des résultats équilibrés, elle pouvait prétendre à différents choix : littéraire, scientifique, artistique. Le CSA lui a permis de prendre conscience qu'elle avait besoin de participer en équipe à un travail de recherches orientées au service d'un mieux-être concret pour les humains, de vivre dans un environnement nature, de garder du temps pour le théâtre.

Il est intéressant de pouvoir constater qu'au cours de cette recherche les choix préférentiels répondant à des besoins vitaux se mettent en place. Si une certaine prise de distance s'impose à l'égard d'un cursus en grande école – pour « ne pas gâcher les dons » –, je conseille parfois des études

---

1. Le Pr Shoji Shiba a fait connaître les travaux de Kawakira Jiro aux États-Unis et en Europe pour doter le management d'outils de résolution de problèmes.

supérieures à l'étranger, où les ouvertures correspondent mieux à leur besoin de travailler dans différents domaines : par exemple, allier le scientifique et le littéraire, tout en ayant du temps pour pratiquer un sport ou une activité artistique. Le cursus y est moins rigide : on peut passer d'un secteur dans un autre ou moduler ses choix de cours, on n'est pas enfermé dans un parcours.

Les jeunes adultes doués ont plus que d'autres besoin de faire ce travail d'orientation pour découvrir le projet qui donnera des couleurs à leur vie. N'oublions pas qu'une grande générosité les anime et qu'ils ont envie d'apporter d'une manière ou d'une autre leur contribution à la construction de cette société.

Pour témoigner de ce qu'à tout moment de la vie d'adulte doué, quelle que soit son histoire, il est possible de prendre un chemin correspondant mieux à sa propre mission, j'ai sélectionné des rencontres avec des adultes.

> À l'invitation d'Arielle Adda, qui a reçu son fils pour une évaluation, Jean-Philippe vient me consulter. Comme un grand nombre d'adultes doués, il a fait, à travers le compte rendu concernant son fils, une lecture de sa propre vie. Il a pu comprendre les causes de son échec scolaire et ce sentiment de ne « pas être à sa place » dans son milieu socioprofessionnel.
>
> Il a 38 ans et dirige un service de maintenance informatique. Il n'y trouve pas son épanouissement, car ce type de travail ne nourrit pas son besoin de créativité, et les diplômes obtenus ne correspondent pas à ses capacités. Il ressent un mal-être d'autant plus aigu que sa femme a obtenu un poste important dans l'administration en sortant de l'ENA.
>
> Un premier entretien lui a permis de sortir de sa confusion : ce n'étaient pas ses capacités intellectuelles qui lui avaient fait défaut, mais l'inadaptation du système scolaire qui l'avait conduit à l'« échec ». Il a pu reconnaître combien ses parents, avec des moyens limités par manque d'information, l'avaient soutenu en continuant à croire en lui au-delà des résultats. Le comportement de sa femme, très positif, l'a aidé à faire cette démarche de réorientation. Nous avions toutes les conditions pour

construire un avenir correspondant à ses désirs et à ses ressources humaines et intellectuelles : remise en confiance dans ses capacités, compréhension de ce qui avait induit tant de pénibilité dans ses études et de souffrance en le faisant désespérer de lui-même. Un avenir pouvait se construire à partir d'une restauration de son vécu et surtout en s'appuyant sur de prodigieuses ressources. Jean-Philippe s'est mis dans la dynamique du CSA.
Après différentes démarches professionnelles, il a pu obtenir une formation. Il est actuellement un consultant fort apprécié pour sa rapidité d'analyse des situations très complexes et pour l'orientation particulière de recherches de solutions.

Le fait déterminant fut ici de comprendre que ce n'était pas l'intelligence qui avait induit l'échec, mais le manque d'adaptation du système scolaire à ses besoins. En retournant la situation – partir de son choix d'incarnation professionnelle et trouver des clés pour utiliser ses ressources au profit de son projet professionnel –, Jean-Philippe a été mis dans une dynamique de changement.

Amélie, 32 ans, diplômée de l'ESSEC et de Sciences-Po, est responsable d'un service créatif dans une société de production. Elle vient en entretien afin d'être rassurée sur ses capacités intellectuelles. La psychothérapeute qui me l'adresse pense qu'elle est douée, mais elle n'a jamais passé de test. Son perpétuel manque de confiance en soi crée chez elle une incapacité à gérer le relationnel. Elle est toujours en décalage avec ses collaborateurs lors des réunions pour créer de nouveaux concepts d'émissions de télé.
Un entretien profil lui permet de se rassurer sur ses capacités : sa rapidité mentale peut continuer à lui rendre le service d'analyser les situations à problèmes et d'imaginer des solutions bien plus rapidement que ses collaborateurs. Reste à différencier les temps de travail mental et de communication avec ceux de son équipe qui n'a pas le même rythme. Cela pour gérer le décalage en évitant que ces derniers ne sentent son impatience ou qu'elle ne les perde en chemin.
Elle est également persuadée que sa mémoire ne fonctionne plus. Elle découvrira que sa rapidité mentale ne lui laisse pas le temps de passer de la programmation de la compréhension à celle de la mémorisation.

L'élément clé a été ici la reconnaissance de ce que sa rapidité mentale était pour Amélie une ressource prodigieuse, et pas seulement un facteur de déphasage avec ses collaborateurs. Elle a dès lors pu se mettre dans une gestion juste de cette rapidité mentale dans chaque situation : créativité, communication, mémorisation.

Christine, 35 ans, médecin chercheur, a été mise en appétit de consultation à travers ce que j'ai pu partager avec son fils, élève doué rencontrant des problèmes dans son cursus scolaire.
Elle ne parvient pas à communiquer avec ses collaborateurs au moment de leur donner des lignes directrices orientant les recherches ou quand il lui faut justifier ses décisions. Elle est dans une grande confusion et très perturbée : « Je n'arrive plus à lire des dossiers, je ne parviens pas à m'exprimer de façon à me faire comprendre de mes collaborateurs. C'est très ennuyeux, car je suis censée diriger l'unité de recherche. Je crois que j'ai accepté des responsabilités ne correspondant pas à mes capacités. »
Le doute quant à son intelligence a une fois de plus fait son œuvre. Après avoir analysé les processus mentaux enclenchés dans les différentes tâches qui sont les siennes – informations sur la maladie du sida, analyse des études des chercheurs, analyse des orientations, communication à propos des recherches –, Christine peut resituer à son juste niveau son problème de communication. Elle doit utiliser des stratégies mentales pour comprendre et réfléchir (elle passe par un codage mental visuel concret ou abstrait) et se préparer à mettre en paroles ce qu'elle veut faire comprendre à ses collaborateurs.

Dans cette situation, on peut observer combien il est intéressant de repositionner le projet pour chaque tâche. La programmation mentale permet de mobiliser la stratégie de réussite adéquate : celle-ci ne sera pas la même s'il s'agit de comprendre et d'être en recherche que pour communiquer.

Daniel, informaticien dans une entreprise qui offre des prestations de maintenance et d'élaboration de programmes, connaît des difficultés avec sa hiérarchie professionnelle, car il envoie des mails truffés de fautes d'orthographe. C'est un dyslexique qui a suivi de longues années de rééducation. Il est désespéré : « Je ne vois pas comment je

peux trouver une solution alors que j'ai suivi un grand nombre de séances de rééducation. » Lors de l'entretien profil, il prend conscience de ce que sa rapidité mentale provoque des collisions d'images et qu'il a besoin de passer par un codage kinesthésique pour intégrer correctement l'orthographe des mots.
Je l'ai entraîné à synchroniser rapidité mentale et impression mentale des mots, afin qu'il puisse se constituer un dictionnaire juste. Nous avons aussi travaillé certaines règles grammaticales à partir du sens. Après quatre séances et avec des entraînements quotidiens, tout semblait réglé. Restait néanmoins à désactiver l'ancrage négatif (pour éviter le retour de la programmation ancienne, à l'origine d'erreurs). Il exprimait ainsi ses doutes : « Malgré les progrès, je n'ose y croire. Cela me semble si facile. Comment toutes les séances d'orthophonie n'ont-elles pas donné les résultats que j'ai obtenus grâce à vos propositions[1] ? » Lors de notre dernier contact téléphonique, il a exprimé sa reconnaissance pour cette libération. Il était évidemment pesant, voire bloquant, d'être évalué à la seule aune d'une orthographe défaillante.

En travaillant sur la cause mentale du trouble, nous avons pu rééduquer la programmation. En même temps, nous avons « nettoyé » une mauvaise image de soi.

Yvon, informaticien de 40 ans, a connu la solitude pendant de longues années, sans comprendre que sa différence avec ses camarades, puis avec ses collègues, était un don. Testé à 30 ans – QI maximal –, il reprend des études au CNAM[2]. Alors qu'il est en plein rééquilibrage de sa vie – reconnaissance du plaisir à « tourner très vite dans sa tête », échanges avec des pairs au sein de Mensa, préparation d'un avenir professionnel plus en accord avec ses capacités –, il a un accident de moto. Un léger traumatisme crânien le plonge dans l'enfer du circuit des neurologues qui ne comprennent pas son questionnement sur les résultats des examens. Le drame est que ni les médecins ni le psychiatre ne prennent la mesure de son désarroi : « Tout est normal,

1. Il va sans dire que je ne prétends pas pouvoir régler ainsi tous les problèmes de dyslexie…
2. Le Conservatoire national des arts et métiers dispense un enseignement technique et scientifique sanctionné par un diplôme d'ingénieur.

votre traumatisme n'a rien endommagé. » À aucun moment, sa peur d'avoir « une intelligence bousillée » n'est prise en compte.
Six mois après l'accident, il refait un test de QI sur Internet. Les résultats prouvent à l'évidence que son intelligence n'a subi aucune détérioration. Il n'y croit pas. Il veut éprouver sa mémoire en s'obligeant à apprendre par cœur du vocabulaire japonais. Il impute ses résultats décevants à un mauvais fonctionnement de son intelligence. Sa conduite l'enferme peu à peu dans une spirale de dépression. Heureusement, une psychologue l'aidera à s'en sortir.
C'est à la suite d'un nouveau test de QI, effectué après son rétablissement, qu'il vient me consulter. Il comprend que sa stratégie du par cœur, alors qu'il a besoin de comprendre et de mettre chaque mot de vocabulaire dans un projet de sens, est seule responsable de l'échec de son apprentissage. Il peut ainsi se rassurer sur la plasticité de son cerveau. Il prend conscience de l'importance de la programmation mentale (le projet) dans le déclenchement de stratégies en adéquation avec son propre fonctionnement mental et les exigences de l'apprentissage. Il peut expérimenter que, dans la mesure où il fait confiance à son intelligence, elle fonctionne bien.
Grâce au travail qu'il poursuit avec sa psychothérapeute et à une meilleure connaissance du fonctionnement de l'intelligence, Yvon sait désormais que des possibles s'ouvrent à lui. Une nouvelle orientation se profile : aider ses pairs à faire fructifier leurs dons.

Nous retrouvons une fois de plus le même schéma : restauration de la confiance en son intelligence, expérimentation de la nécessité d'une programmation mentale adaptée à la tâche, repositionnement permettant de vivre ses dons comme une richesse qui peut se mettre au service de la construction d'une société plus juste.

Restaurer la confiance

Ces quelques témoignages ne prétendent pas démontrer que la proposition que je fais peut correspondre à tous les types de besoins. Elle a seulement le mérite de contribuer à la restauration de soi à certaines étapes du chemin. Les adultes doués, singulièrement quand ils n'ont pas été reconnus, sont fragilisés par leur douloureux parcours. Puisse cette technique contribuer à les réconforter en leur permettant de retrouver confiance en eux et en leurs capacités.

C'est aussi pour cette raison que l'on n'insistera jamais assez sur l'importance de la prise en compte de l'interaction cognitif et affectif dans un travail d'accompagnement.

Les adultes doués qui ne parviennent pas à trouver leur place dans la société ont été non reconnus, maltraités par un système scolaire fermé à la richesse de la différence et de la complémentarité dans leur enfance. Comment ne pas en vouloir à leur forme d'intelligence, cause de tous les maux ? Arielle Adda a bien montré, dans ce livre et dans le précédent[1], combien certaines personnes sont poussées par le comportement de leur entourage à masquer leurs dons, à désirer pouvoir s'en débarrasser. Quel drame !

C'est pourquoi je pense qu'une thérapie, quelle que soit sa démarche, ne peut pas faire l'économie de restaurer la confiance en l'intelligence. Cette restauration passe immanquablement par un travail spécifique sur les processus mentaux de l'apprentissage. Ce n'est que par la connaissance scientifique des lois de l'intelligence et la prise de conscience, grâce à la démarche introspective, de son propre mode de fonctionnement mental qu'on peut opérer un repositionnement. Alors, la personne pourra reconnaître son intelligence comme une ressource très positive, découvrant comme une évidence que seule la méconnaissance de son mode d'emploi a généré des incompétences, des inadaptations, ce mal-être persistant, cette impossibilité de vivre avec ses différences. Enfin, elle comprendra qu'elle n'a pas à changer son intelligence, mais à savoir l'utiliser autrement. Que ce n'est pas une question identitaire, mais une question de stratégie.

Car qu'existe-t-il pour ces adultes qui n'ont pu trouver leur véritable place dans cette société ? En s'en désintéressant, celle-ci se prive de leurs dons. Et nous aurions tant besoin de leur type de sensibilité, de leur rapidité d'analyse, de leur créativité !

---

1. *Le Livre de l'enfant doué*, Solar, 1999.

Épilogue

Propositions pour une école orientée vers le sens et le plaisir

(Hélène Catroux)

Au fil des chapitres, à travers les situations décrites, nous avons souvent mis l'école à l'épreuve du jugement. C'est pourquoi il me semble qu'il est temps d'ouvrir des pistes de réflexion pour construire l'école « idéale ». Un de mes amis, très engagé dans des projets de développement au service des jeunes dans les pays d'Asie, dit que « les rêves sont les semailles de la réalité ». C'est en pensant à ses paroles que j'ose le choix de ce mot ; et j'accepte d'être en marche vers l'idéal.

La profession de pédagogue est un défi permanent. Ne s'agit-il pas pour les enseignants de réussir à rejoindre chaque individualité tout en assurant la gestion d'un groupe et en devant appliquer un parcours normalisé ? Comment prendre en compte les différences au niveau des intérêts, au niveau des fonctionnements mentaux ?

Cette école idéale devrait être capable de répondre à quels besoins ? Quelles structures permettraient aux élèves doués de se sentir reconnus dans leurs spécificités et « nourris » à la juste mesure ?

Le sens du plaisir et le plaisir du sens

Mes rencontres avec les élèves lors des entretiens et ma contribution à la mise en place d'une pédagogie pour les élèves doués dans différents établissements (particulièrement l'école La

Garanderie à Lausanne, que je présenterai spécifiquement) m'ont mise à l'épreuve d'imaginer une pédagogie où sens et plaisir sont présents.

Les chapitres précédents ont dressé le portrait intellectuel de l'élève doué. Nous pourrions définir ainsi trois traits fondamentaux dans le cadre scolaire :

- il a un besoin impérieux de faire du sens, de comprendre le pourquoi du pourquoi, de faire de l'inédit ;
- il a horreur du répétitif. Il est souvent dans une confusion entre compréhension et mémorisation ;
- il a peur de perdre son intelligence.

Nous avons pu expérimenter qu'une pédagogie de la proposition, rendant l'élève acteur de son apprentissage et permettant de questionner contenus, élèves et professeurs crée une motivation.

Prenons le temps de préciser concrètement ce qu'est une telle pédagogie, même si, par la lecture des chapitres précédents, il est possible de l'imaginer.

➤ *Proposer*

Proposer, c'est donner aux élèves des éléments qui permettent de savoir à quoi le cours va servir, d'où l'on part et où l'on veut arriver : le plan du cours. Cela est nécessaire pour se mettre dans un projet d'acquisition qui fasse sens.

Pour certaines activités, l'élève pourrait élaborer des plans de travail. Certains cours sont préparés par des recherches en équipe.

➤ *Questionner*

Il s'agit de créer une interactivité, véritable entraide pédagogique, de donner le droit à l'erreur et à la recherche. Quel est le statut de l'élève ? Quel pouvoir a-t-il ? Au cours de mes années d'enseignement, j'ai souvent été reconnaissante de l'aide fournie par des élèves capables de multiplier les points de vue, de m'assister auprès de leurs camarades. Travailler en partenariat allège considérablement la responsabilité de l'enseignant. C'est sûrement une proposition qui évite l'ennui et régule ce qui pourrait être vécu par l'enseignant comme une participation exclusive (l'élève qui ne cesse de poser des questions).

➤ *Éviter la répétition*

Il faut apprendre à choisir des exercices appropriés à ses besoins et surtout bien réaliser qu'un exercice peut suffire pour comprendre et s'entraîner. L'élève peut aussi inventer des exercices qui serviront à ses camarades. L'invention permet d'intérioriser l'apprentissage. Elle est un excellent test d'évaluation pour l'appropriation des connaissances.

➤ *Connaître les lois mentales de l'intelligence*

Cela permet de ne pas tomber dans le piège du : « J'ai compris, donc je sais et, inconsciemment, je pense être prêt pour réussir l'évaluation. » Il serait bon que les élèves connaissent les lois mentales de l'intelligence. Nous savons qu'ils ne peuvent pas comprendre sans référence scientifique. Cette condition est nécessaire pour profiter des conseils des professeurs.

Ces lois leur donnent les moyens de gérer leurs apprentissages en se mettant dans un projet qui prenne en compte leur propre mode de fonctionnement et les exigences de l'activité prescrite, ainsi que celles de l'évaluation (présentation très codée). On constate qu'alors la peur de l'évaluation s'estompe.

➤ *Des ateliers spécifiques*

De tels ateliers, réunissant des élèves doués, leur permettent de retrouver leurs pairs. Ils peuvent être proposés pour approfondir le programme ou travailler sous des formes et dans un rythme adaptés : ateliers littéraires, philosophiques, scientifiques, journaux, inventions en tout genre.

De telles propositions supposent de la part de l'enseignant d'être *chercheur avec l'élève*, de donner des signes de reconnaissance – « Tu as besoin de... » –, tout en l'aidant à prendre en compte les réalités du groupe classe, du fonctionnement institutionnel, du programme... et en restant dans sa mission.

Je suis consciente qu'utiliser ce mot de *mission* est en soi compromettant ; mais j'irai plus loin en avançant que se positionner chercheur avec l'élève, c'est penser que le savoir est en construction. Je pense que l'enseignant a pour mission d'accompagner pour transmettre.

Or on ne peut fonctionner ainsi qu'en s'inscrivant dans un projet d'école et dans un esprit systémique dans lequel l'institution s'autorise à interpréter les directives officielles – prescriptions didactiques et programmes – en instaurant une certaine distance, tout en permettant à l'élève de réussir les évaluations.

Il faudrait aussi parler du tutorat, rencontre brève à la périodicité particulière (pour les plus jeunes, chaque semaine ; pour les CM2 et collégiens, chaque quinzaine) permettant de faire le point. Ce suivi est dynamisant ; c'est un espace de parole non thérapeutique, pendant lequel l'élève peut découvrir comment optimiser son don, se repositionner par rapport à des exigences scolaires, à des incompréhensions du comportement de professeurs ou de camarades.

Ce qui vient d'être ébauché est déjà vécu dans certaines classes. Cette pédagogie n'a pas été mise en place spécifiquement pour les élèves doués. En fait, cette proposition prend en compte le besoin de diversifier l'enseignement et ose faire l'expérience que la différence est une richesse.

Une école

Cette école a été créée en suisse en 1997 par un groupe d'enseignants ayant fait le choix d'une pédagogie personnalisée et de la « gestion mentale » (en référence aux travaux d'Antoine de La Garanderie). J'ai été invitée à participer à cette aventure et j'y apprends beaucoup. Ce qui est intéressant est qu'elle n'a pas été créée spécifiquement pour des sujets doués, mais pour que des élèves plus ou moins en difficulté dans des écoles traditionnelles puissent se restaurer et se remotiver, afin de réussir leur parcours scolaire. Beaucoup d'enfants sont attirés par l'enseignement personnalisé. C'est peu à peu que nous avons accueilli des élèves « à haut potentiel » (terme adopté en Suisse). Actuellement, leur nombre représente 70 % des 90 élèves.

➤ *Proposition pédagogique*

Notre proposition pédagogique est la suivante :

- des groupes de 12 à 15 élèves (groupes référents constitués sur un critère de tranche d'âge) ;
- un plan personnalisé pour le travail en français, mathématiques, langues qui permet d'avancer le programme d'un niveau à son rythme (faire en six mois ou en trois mois, etc.) tout en ayant des obligations de travail : au début de chaque module, une date de fin de module est fixée, pour permettre de s'inscrire dans le temps, cela dans un dialogue avec le maître (en Suisse, un seul terme est utilisé pour tous les niveaux d'enseignement) ;
- pour les autre matières – sciences, histoire, géographie, arts, sport –, un travail en collectif ;
- un temps de tutorat.

Chaque élève dispose de documents qui constituent le « dossier de l'élève » :

- le programme, découpé en modules pour chaque matière, où il peut traduire son avancée par un graphique ;
- son plan de travail établi selon les modules, avec des engagements de dates pour le terminer ;
- les tests à la fin de chaque module, avec les résultats ;
- le compte rendu du tutorat.

Ce dossier est visé régulièrement par les parents.

Le cours collectif est très interactif, des exposés peuvent le préparer.

- Pendant le travail personnalisé (une heure et demie par matière), les professeurs sont à la disposition des élèves pour des explications individuelles ou des corrections. L'autonomie dans les corrections demanderait à être plus développée. Certains élèves peuvent travailler ensemble pour s'entraider ou pour travailler la même notion. Un travail collectif peut aussi précéder le travail personnalisé.
- Des ateliers méthodologiques « gestion mentale » en lien avec les matières donnent des outils pour optimiser l'utilisation de ses dons.
- Des ateliers philosophiques, invention, écriture de textes, scientifiques regroupent les élèves par intérêts et par tranches d'âge plus larges que les groupes classe.

➤ *Le « sas »*

Une structure très importante a été mise en place depuis deux ans : il s'agit du « sas pédagogique », animé par des enseignants (particulièrement par la directrice) ayant de multiples compétences, tant dans les disciplines qu'en gestion mentale et en psychologie.

Le nouvel élève y est accueilli pour comprendre le fonctionnement de l'école, pour apprendre à utiliser les documents qui guident son travail. À son arrivée dans l'école, qui est décidée après un stage d'une semaine, un entretien profil pédagogique lui fait découvrir les lois mentales de l'intelligence et son propre mode de fonctionnement. Il est mis dans la dynamique d'un projet de réussite. Il bénéficie de suivis pour optimiser son profil.

C'est aussi un espace permettant de travailler un point du programme quand l'élève a besoin de davantage de temps que ne peut lui en donner le professeur dans la séquence de travail personnalisé.

Ce sas peut enfin être un espace où l'on gère des conflits pour renforcer, compléter les effets du tutorat. Certains élèves manquant de confiance en eux doivent bénéficier d'un grand soutien pour se mettre dans un projet scolaire qui fasse sens. Savoir accompagner chaque élève en tenant les deux pôles – motivation et réalité des incontournables exigences du parcours scolaire – est un défi quotidien. On pourrait même dire que, d'une certaine manière, c'est très sportif.

Les résultats – restauration psychologique des élèves, optimisation de l'utilisation du potentiel intellectuel, acquisitions, motivation – montrent que notre proposition est bien orientée. Il reste que certains élèves sollicitent beaucoup de patience, d'humilité, de créativité… et un solide état psychologique de la part de leurs enseignants.

La réussite d'une telle proposition exige que l'institution sache développer des compétences chez les enseignants (un budget est consacré à la formation et à la supervision). Chaque mois, les professeurs se réunissent. En fin d'année, l'équipe fait une évaluation et se donne des pistes de travail. En début d'année, une semaine entière est consacrée à la mise en place de la nouvelle année.

Une grande solidarité existe entre les professeurs. Un réel travail systémique parents-école-thérapeutes renforce la personnalisation de la proposition.

Tous ensemble – enseignants, élèves, parents –, nous naviguons sur le même bateau, avec pour boussole l'alliance du sens et du plaisir et pour horizon l'épanouissement des enfants.

Depuis 2005, je ne suis plus informé des choix pédagogiques de cette école.

En guise de profession de foi

(Arielle Adda)

Le combat mené, depuis de longues années déjà, en faveur des enfants doués trouve sa récompense dans la reconnaissance de ceux que l'on a aidés à un moment parfois bien douloureux de leur vie.

À l'époque des vœux, des voix posées, jeunes ou moins jeunes, remercient de l'aide qu'on leur a apportée, des conseils qu'on leur a prodigués, affirmant que, maintenant, « tout va bien » : amis, école, vision de l'avenir devenue plus gaie et plus colorée, une fois dissipés les nuages noirs de la tristesse. De belles écritures expressives expliquent sur des cartes soigneusement choisies que la vie est beaucoup plus agréable après que le portrait de l'auteur a été bien dessiné : à la maison, au-dehors, tout semble s'être par miracle apaisé. On peut même se demander comment la situation avait pu atteindre un tel point de crispation, pourquoi d'intolérables tensions avaient gâché si longtemps l'ambiance familiale, quand les réactions d'un (ancien ou actuel) enfant blessé semblaient mettre en question la façon qu'avaient ses proches de le considérer.

Nous l'avons dit, le discours tenu « au-dehors » marque profondément, presque malgré eux, les enfants doués comme leur entourage. La défiance, l'incrédulité, les interprétations erronées sont autant de négations dont la toxicité peut se révéler dramatique. Une image faussée, gravement déformée parfois, peut laisser une empreinte durable sur un jeune esprit que son manque d'expérience de la vie rend incapable de se rebeller. Si aucun fait nouveau ne le sort de son marasme, il risque de stagner dans une pénombre noyant les contours de sa personnalité : c'est tout l'intérêt du test, qui apporte une lumière d'une inégalable précision.

Quant aux adultes, qui ont le plus souvent découvert leur don de façon fortuite, ils sont transformés par cette révélation. Jusque-là, ils ont porté en eux ce qu'on pourrait appeler une *indicible désolation intérieure.* Découvrir qu'il est possible de parler de cette sensation intime, presque ignorée, voire exclusive, provoque parfois une réaction d'une rare violence, à l'image d'une éruption volcanique inattendue. Ils n'avaient pas les mots pour exprimer ou décrire des sentiments aussi diffus ; mais, à la lecture de phrases qui les évoquent avec justesse, qui les *nomment*, ils reconnaissent immédiatement leurs émotions enfouies.

Cette *indicible désolation intérieure* est lourde de sens, et d'une grande netteté semble-t-il pour les sujets doués.

Indicible convient de fait à la situation : on ne saurait se lancer dans une froide description clinique ; les mots auraient alors un effet réducteur, qui rendrait le propos plus obscur encore. Il est plus éloquent de procéder à la manière des peintres impressionistes, par petites touches qui, juxtaposées, créent justement l'*impression* d'une lumière éclatante. Car cette sensation de vide provoque un vertige que les mots pourraient accroître : il est alors préférable de se contenter d'une évocation où seuls se reconnaîtront ceux qui ont connu ces moments d'étourdissement. Pour les autres, il s'agira d'un texte d'allure vaguement poétique...

La notion d'*indicible* suggère le caractère propre à des sensations qu'il serait périlleux d'expliciter trop crûment : en la matière, des mots trop précis, par leur cruauté même, provoqueraient un choc dont l'onde pourrait être redoutable.

La *désolation* reste tapie au plus profond de soi, repliée sur elle-même et comme tassée, de façon que la vie puisse continuer : le barrage maintenu par la raison, par les habitudes et par les réflexes sociaux contient un possible trop-plein de tristesse inquiète, mais ce mot de *désolation* rend bien compte d'un sentiment solitaire qu'il est préférable, pour ne pas dire vital, de ne pas mettre au jour.

Quand cette description vient de l'extérieur, elle apporte un soulagement inespéré ; tous ceux qui remercient du plus profond d'eux-mêmes pour les lignes qui leur ont apporté un éclairage inusité sur leur histoire témoignent de l'importance de ce travail.

Parfois, il suffit de quelques mots justes, qui touchent au cœur d'une vérité ressentie comme absolue par le lecteur, et la personne en recherche est désormais sur la bonne route. De petites lumières isolées, clignotant faiblement, suffisent pour indiquer le chemin. C'est alors qu'un bon génie, attentif et bienveillant, joue son rôle de protecteur en suscitant au moment opportun les signes qu'il faut savoir reconnaître. Il y a alors rencontre entre une disponibilité particulière – cette soif ? – de l'individu dans la peine, qu'il soit enfant ou adulte, et les phrases, lues ou entendues, qui projettent un éclairage inédit, insolite, sur des émotions jusque-là reléguées dans les limbes du non-dit. Ce point de rencontre, inattendu et lumineux, tient du miracle. Reste ensuite à faire bon usage des fruits de cette découverte.

On conçoit mal à quel point le sentiment de solitude fait partie intégrante de la personnalité des individus doués. Il leur semble absolument naturel d'être toujours un peu à l'écart des autres, tout juste suffisamment « à côté » pour ne pas se sentir semblables à eux – différence subtile, qui pourrait donner l'impression d'être passagère, voire fortuite, mais qui est en réalité constante et dont ils ne peuvent imaginer qu'elle ne soit pas éternellement la marque de leur existence. Il leur paraît normal de n'être jamais réellement compris, même par ceux qui les aiment ; ils savent que leurs réactions, qu'ils s'appliquent pourtant à rendre conformes à une sorte de norme, resteront un mystère pour leur entourage.

Au fond d'eux-mêmes, ils sont convaincus d'ignorer un « mode d'emploi » de la vie que les autres connaîtraient tout naturellement, quasiment dès la naissance : eux devront apprendre péniblement, à coup d'erreurs, de chutes, de catastrophes qu'ils n'ont pas su prévoir – eux si perspicaces habituellement –, comment il convient de se comporter dans les occasions les plus ordinaires de la vie, un vertige spécifique les empêchant de discerner la voie à suivre. Quelle image peut-on se former de soi-même dans ces cas-là ? Il est même difficile de conserver une énergie suffisante pour persévérer, malgré tout.

En fonction de leur caractère, ils s'en accommodent avec plus ou moins de résignation, et même sans état d'âme particulier, puisqu'ils n'ont rien connu d'autre. L'amitié, *a fortiori* l'amour leur semblent le lot des autres, à jamais inaccessible pour eux. Mieux vaut s'en tenir au rôle qu'on leur a – ou qu'ils se sont – assigné d'austère philosophe préférant la solitude, le rêve, l'étude…

C'est là tout l'enjeu de notre métier : rompre le malaise, rompre la solitude en offrant un écho à une douleur ignorée, oubliée. Et la reconnaissance de ceux qui se sont sentis revivre nous encourage à persévérer dans cette recherche des mots cernant au plus près l'*indicible*. Certes, il gardera sa part de mystère, mais la désolation en sera moins cruelle, moins aride, moins lourde.

Je souhaite que ce livre éclaire ses lecteurs sur eux-mêmes, ne serait-ce qu'au détour d'une phrase, à la faveur d'un exemple, d'une image. Puissent-ils apprendre qu'ils ne sont pas condamnés au silence, que leur sort n'est pas de porter éternellement en eux une pierre glacée dont ils pourraient seulement s'appliquer à contenir les effets, sans espérer s'en défaire un jour.

Pour que ce travail soit mené à bien, chacun doit y apporter toute son attention et toutes les ressources que lui procure sa fonction. En premier lieu, les enseignants. Y a-t-il de plus grand bonheur pour un pédagogue que de voir un adulte heureux, faisant avancer la science, enrichissant la littérature ou les arts, et de se dire : « J'ai contribué pour une modeste part à cet accomplissement, j'ai apporté à cet enfant prometteur des notions qu'il utilise maintenant, en quelque sorte c'est un peu aussi mon enfant… » Un adulte épanoui constitue à l'évidence la meilleure reconnaissance qui soit du travail de ceux qui l'ont formé. Et c'est là, on le sait, la seule récompense à laquelle le dévouement et la générosité de la plupart des maîtres aspirent.

C'est pourquoi nous avons voulu signer ensemble un ouvrage qui puisse d'une part poser et analyser les problèmes, de l'autre y apporter des solutions. Un ouvrage qui s'adresse aux sujets doués comme à leur entourage et aux pédagogues, auxquels revient la lourde tâche de déceler en premier le don, puis de l'accompagner en dépit des pesanteurs. Un ouvrage qui enfin tende, à ceux dont l'intelligence aiguise encore l'affectivité, un miroir qui les réconcilie avec eux-mêmes et avec le monde.

Questions fréquentes

Les Tests

Quels indices signalent qu'un enfant peut être doué ?

Tout serait bien facilité s'il existait des signes indiscutables. Se fier uniquement à des « indices » bien nets pourrait inciter à en négliger d'autres, plus flous, et à ignorer le don intellectuel d'un enfant trop discret dans son expression.

Cependant, on ne risque pas de se tromper quand on reconnaît son enfant dans une description approfondie et exhaustive (voir *Le paradoxe du don* et *Une intelligence lumineuse*).

On peut néanmoins retenir quelques caractères plus spécifiques des enfants doués : passion, perfectionnisme, humour, lucidité, imagination.

Qui peut faire le diagnostic ?

Seuls des psychologues ayant la pratique des tests d'évaluation peuvent faire ce diagnostic (voir *Reconnaître l'enfant doué*).

Comment choisir le bon psy ?

Le choix le plus sûr est fondé sur le bouche-à-oreille. Le pédiatre, s'il est sensibilisé aux problèmes des enfants doués, aura lu des examens psychologiques pratiqués par les psychologues de sa région et saura guider les parents en recherche.

Les associations donnent souvent une liste des psychologues locaux, mais il n'est jamais inutile de se renseigner par soi-même.

Dans tous les cas, il est préférable de consulter un psychologue spécialisé, ayant une connaissance particulière des enfants doués. Cette spécificité est encore plus importante s'il s'agit d'entretiens psychologiques ou de psychothérapie.

Quel est le rôle du psychologue scolaire ?

Les psychologues scolaires sont généralement débordés par les nombreux enfants en difficulté, ils ont donc peu de temps pour s'occuper de ceux qui semblent seulement s'ennuyer, par exemple. Pourtant, certains prennent le temps de les examiner et conseillent même parfois un saut de classe, ou bien ils appuient la demande de saut de classe faite par le psychologue vu en privé après en avoir parlé avec lui. Tout dépend de l'attitude de la directrice d'établissement face à la question des enfants doués. Les psychologues scolaires font passer les mêmes tests de niveau intellectuel que les psychologues consultés en privé ou dans des centres de consultation.

Combien coûte un test ?

Le prix est variable selon les examens pratiqués : un test de QI simple avec quelques lignes de commentaires coûte évidemment moins cher qu'un examen détaillé ; les prix moyens pratiqués sont indiqués sur Internet.

L'examen psychologique est gratuit dans les CMP (centres médico-psychologiques), les CMPP (centres médico-psycho-pédagogiques) ou encore dans certains services des hôpitaux, mais tous ces centres ne pratiquent pas obligatoirement les tests, et le compte rendu est généralement très bref, parfois seulement donné oralement.

Combien de temps cela dure-t-il ?

On doit compter une heure et demie environ pour un test de QI, auquel s'ajoute un temps pour l'entretien avec les parents, puis avec l'enfant lui-même. On doit aussi laisser un temps consacré à l'exécution d'un dessin.

Le WAIS III, pratiqué à partir de 17 ans, prend plus de temps, au moins deux heures.

La durée des tests de personnalité est quant à elle variable : certains enfants racontent d'interminables histoires, d'autres s'en tiennent à un récit concis (voir aussi *L'examen psychologique*).

Le test de QI suffit-il ?

Oui, pour faire un diagnostic. Pour répondre à différents besoins, des prises en charge spécifiques pourront être indiquées (voir *L'enfant et les parents face aux tests* et *Reconnaître son don*).

Il est quoi qu'il en soit préférable de profiter de l'opportunité pour pratiquer également un test de personnalité, toujours délicat à dissocier du test de niveau intellectuel, les deux épreuves se complétant : l'attitude durant la passation du test de niveau peut trouver une explication dans le test projectif – autre dénomination du test de personnalité : l'enfant se projette dans ses récits

En outre, un examen de la personnalité permet de répondre à l'argument massue de certains pédagogues : « Il est peut-être doué intellectuellement, mais il n'a pas la maturité d'esprit suffisante », pour justifier leur refus d'un saut de classe, par exemple (voir aussi *L'examen psychologique*).

Que valent les tests que l'on peut trouver sur Internet ?

A priori, ils ne sont pas très significatifs en ce qui concerne les enfants ; pour eux, le contact est essentiel.

En revanche, ils peuvent donner une indication aux adultes en recherche, avec quelques réserves : là aussi, le contact est important.

Comment présenter le test à son enfant, surtout s'il perd ses moyens ?

On présente ce moment comme un moment heureux : les parents sont très contents que leur enfant rencontre quelqu'un qui pourra leur donner les meilleurs conseils pour que leur enfant s'épanouisse. Ils se sont bien rendu compte que tout ne va pas très bien en classe ou avec les camarades, et ce psychologue saura leur donner des idées que les parents les plus aimants n'ont pas toujours. Chez le psychologue, il y aura des jeux, des questions qui ressemblent aussi à des jeux, et ensuite on ira ensemble, parents et enfant, faire quelque chose d'un peu exceptionnel, pour célébrer cet événement : un restaurant, une visite de musée, surtout appréciée par les enfants curieux d'esprit qui n'habitent pas une grande ville, prodigue en expositions.

Quoi qu'il en soit, il faut bien dire à l'enfant que le test n'est qu'une mesure et qu'il ne peut donc que « réussir ». Il est important qu'il comprenne la différence entre l'évaluation scolaire et l'évaluation des tests : on peut avoir des mauvais résultats scolaires tandis que le test montre un bon niveau des capacités intellectuelles (voir aussi *Comment présenter le test à l'enfant ?*).

Que faut-il lui dire après ?

Après avoir eu les résultats donnés par le psychologue, les parents peuvent lui en rapporter des extraits : par exemple, décrire ses points forts et évoquer les moins bons pour aussitôt expliquer comment on va l'aider ; l'essentiel est de lui renvoyer de lui une image cohérente, dans laquelle il puisse se reconnaître. Il est inutile de donner un chiffre exact de QI, sans grande signification pour un enfant. On évoque aussi pour quelles raisons il se sent parfois différent de ses camarades, sans porter de jugement de valeur – les autres ont aussi leurs points forts.

Les adolescents peuvent lire le compte rendu, une fois que leurs parents l'ont bien assimilé, afin de savoir répondre à d'éventuelles questions. On peut donner directement leurs résultats aux grands adolescents, d'autant plus qu'ils ont souvent exprimé le désir de passer un test pour une meilleure connaissance d'eux-mêmes (voir aussi *La réaction des parents*).

Si je dis à mon enfant de 6 ans qu'il est surdoué, ne risque-t-il pas de prendre la « grosse tête » ?

Non, si lui on fait comprendre que son intelligence est une merveilleuse ressource qu'il doit apprendre à utiliser.

De plus, les enfants se vantent rarement de leur spécificité, surtout les enfants doués, qui ne tiennent pas à se différencier de leurs camarades (voir aussi *La réaction de l'école et Le compte rendu d'examen psychologique*).

Que faire face à un adolescent qui refuse d'aller passer un test ?

S'il est complètement braqué dans son refus, il est inutile d'insister, il fera tout pour saboter la passation et rendre le test invalide. Il sera alors tranquille : il a réussi à brouiller son image, on ne peut donc pas savoir s'il est réellement devenu idiot, comme il le craint en son for intérieur, ou bien s'il est seulement doté d'une personnalité bien trempée et ne fait que ce qu'il a décidé, comme il voudrait le faire croire. On peut tout de même essayer de dédramatiser cet examen et de lui en démontrer les avantages : choix d'un établissement mieux adapté, choix d'une orientation dans ses activités scolaires et extrascolaires...

Un « entretien profil pédagogique » lui permettra de prendre conscience qu'il peut compter sur son intelligence et qu'il a seulement à changer le mode d'emploi (voir aussi *Le codage mental* et *Mieux gérer son fonctionnement mental*).

Un élève de 18 ans en échec scolaire peut-il en vouloir à ses parents de ne pas avoir détecté plus tôt son don intellectuel ?

Un élève en échec scolaire depuis quelques années est généralement dans un état de désenchantement et de tristesse qui l'empêche tout d'abord de croire les résultats des tests. Par la suite, il apprécie toute aide de nature à le sortir de son marasme. Il n'y a pas de place pour la rancune ; celle-ci peut venir beaucoup plus tard, chez un adulte qui souffre encore de n'avoir pas été reconnu.

Il faut expliquer de plus que l'on peut toujours trouver comment le sortir des échecs.

La famille

Doit-on annoncer le résultat des tests à la fratrie ? Risque-t-elle de se sentir inférieure ou moins aimée ? Faut-il tester également les frères et sœurs ? Comment gérer les éventuelles jalousies ?

D'une façon générale, un examen psychologique apportant de précieuses informations sur un enfant se révèle toujours utile. Comme on ne mentionne pas le QI précis, bien des questions n'ont plus lieu d'être. Dans une même famille, les résultats sont le plus souvent très proches. On parle alors des spécificités de chacun ; de toute façon, on ne peut comparer des enfants d'âges différents (voir aussi *Les contraintes de la fratrie*).

Faut-il en parler au reste de la famille ?

Parfois, des familles entières viennent en consultation au fil des ans : on voit ainsi les cousins, puis les cousins des cousins ; tout dépend des relations entre frères et sœurs devenus adultes (voir aussi *La réaction de l'entourage*).

N'y a-t-il pas un danger d'être « étiqueté » si l'on en parle trop ouvertement ?

On sait généralement à qui on s'adresse quand on parle de son enfant (voir aussi *La réaction de l'entourage*).

L'ÉCOLE

Faut-il informer l'école ?

Il faut avant tout évaluer la faisabilité de cette information : dans quel but, à qui et comment ?

Les réactions sont multiples : elles vont de l'écoute bienveillante, ouverte et compréhensive, au refus absolu de toute donnée ne venant pas de l'école elle-même (voir aussi *La réaction de l'école*).

À qui doit-on en parler ?

Une rencontre avec le professeur ou la direction peut permettre de mieux comprendre les besoins de l'élève. Il est nécessaire de faire comprendre ce qu'un QI élevé peut induire aux niveaux intellectuel et comportemental avant de donner un chiffre....

Tout dépend en fait des relations établies avec la directrice, la maîtresse ou certains professeurs au collège. C'est le sentiment de confiance qui doit guider les parents vers le meilleur interlocuteur (voir aussi *La réaction de l'école*).

Comment aborder la question ?

Quand les parents ressentent un certain désarroi chez leur enfant, ils vont consulter un spécialiste, qui donne son avis, argumenté par un examen psychologique. C'est ce spécialiste qui préconise les mesures à prendre ; les parents sont donc enclins à suivre ses conseils avec l'aide de l'école.

Il n'est pas nécessaire de parler immédiatement d'enfant doué si l'interlocuteur semble sceptique ; en revanche, il est toujours possible d'évoquer le bien de l'enfant.

Quelle démarche suivre pour obtenir un saut de classe ?

Il faut avant tout mesurer si l'élève va pouvoir suivre le rythme, les exigences de la production écrite, les contraintes de la classe, le surcroît de travail pour préparer le saut de classe. On doit ensuite s'assurer que le programme de la classe sautée est bien intériorisé. Un saut de classe a besoin d'être préparé et accompagné.

Les associations donnent de très bons conseils à partir des textes officiels. D'une façon générale, il faut présenter cette demande comment venant d'un spécialiste ; les parents ne font que la transmettre.

À quel moment demander le saut de classe ?

Il est préférable d'attendre le deuxième trimestre, mais des exceptions peuvent être faites, en cas d'urgence.

Stratégiquement parlant, il vaut mieux opérer avant que les classes ne soient constituées, pour éviter de s'entendre dire que ce n'est plus possible, que les effectifs sont complets. La fin du deuxième trimestre ou le début du troisième sont les périodes les plus indiquées.

Les enseignants refusent d'entendre quoi que ce soit. Que faire ?

Il n'est pas très conseillé d'insister pour que l'enfant saute une classe malgré tout, sauf si l'on peut compter sur l'appui de la future maîtresse, qui est d'accord pour ce saut – à l'inverse de la directrice, par exemple.

Ce refus est l'indice d'une attitude d'esprit bien affirmée : l'enfant peut alors mettre à profit ses loisirs pour aborder de multiples activités extrascolaires, apprendre des langues étrangères, pratiquer des sports plus complexes… Et puis lire, lire et lire.

On peut aussi proposer que l'enfant fasse en classe un travail plus approfondi qui lui évite les répétitions et voir si d'autres écoles pourraient accepter le saut de classe.

Comment répondre aux objections de l'école ?

Il manque de maturité : quels sont les repères de l'école pour évaluer ce manque ? (Voir aussi *Le « Verbal »* – item « compréhension des situations » –, *Les « Performances »* – item « arrangement d'images » –, *Pourquoi mesurer le QI ?* – témoignage de Maxime – et *Une extrême sensibilité*).

Il ne faut pas pousser son enfant à tout prix : il ne s'agit pas de le pousser, mais de le nourrir selon son besoin (voir aussi *Les « difficultés d'intégration »*).

Il a un mauvais graphisme : un travail doit être fait pour améliorer les choses (voir *Un esprit sain dans un corps sain*). Dans les cas extrêmes, les parents peuvent s'engager à consulter un graphothérapeute afin que l'enfant ne soit pas trop ralenti par son graphisme trop lent. Mais rester dans une classe où il s'ennuie ne l'incitera pas à travailler son écriture.

Il n'est pas assez bon élève, s'il saute une classe, il sera noyé : il ne faut pas confondre capacités et résultats scolaires (voir aussi *« Mais fais un effort ! »*).

Il est n'est pas assez grand, il se sentira mal à l'aise avec de plus grands que lui : les professeurs doivent, en effet, rester attentifs à cette question de taille, surtout en gymnastique. Aux autres cours, cette différence de taille importe peu, comme le démontre l'expérience.

Adresses utiles

➤ *AFEP*

(Association française pour les enfants précoces)
13 *bis*, rue Albert-Joly – 78110 Le Vésinet – 01 34 80 03 90
Représentation dans les régions
www.afep.asso.fr
afep@afep.asso.fr

➤ *AVENTURES SCIENTIFIQUES*

Organise des séjours de vacances à thèmes, principalement scientifiques
3, rue de Bièvre – BP 52 – 92340 Bourg-la-Reine – 01 41 98 65 70
www.altair-sciences.com

➤ *ANPEIP*

(Association nationale pour les enfants intellectuellement précoces)
04 93 92 10 53
Représentation dans les régions
www.anpeip.org

➤ *ASEP*

(Association suisse pour les enfants précoces)
Représentation dans différents cantons
asep.fda@bluewin.ch
www.asep-info.ch

➤ *ECHA*

European Council of High Ability
www.wingsseminar.ch
Formation de spécialistes dans le domaine de la surdouance

➤ *EUROTALENT*

15, rue Barillet-Deschamps – 37000 Tours
www.enrotalent.org

➤ *GESTA*

(Groupe d'études sur les théories d'apprentissage)
11, rue Daguerre – 75014 Paris – 01 45 38 67 13
Consultations pour enfants et adultes doués (méthodologie personnalisée, remotivation) ; séminaires pédagogiques pour adultes

➤ *MENSA*

S'adresse aux adultes et aux enfants
20, rue Léonard-de-Vinci – 75116 PARIS (adresse postale)
Représentation et groupes dans toutes les régions
www.mensa.fr

➤ *WINGS*

Zurich
www.wingsseminar.ch
Séminaires, rencontres internationales

Certaines associations organisent des rencontres, des colloques, des activités destinées aux enfants doués, et permettent aux parents comme aux enfants de prendre contact ; elles peuvent également donner des conseils sur la marche à suivre pour obtenir un saut de classe, par exemple, et fournir des renseignements sur les écoles de la région susceptibles de mieux accueillir les enfants doués.

Bibliographie

ADDA Arielle, *Le Livre de l'enfant doué*, Solar, 1999.

BARTH Britt-Mari, *Le Savoir en construction*, Retz, 1994.

CHAUVIN Rémy, *Les Surdoués*, Stock, 1996.

CÔTE Sophie, *Doué, surdoué, précoce*, Albin Michel, 2002.

DAVIS Ronald D., *Le Don de dyslexie*, La Méridienne, 1995.

ESSER Monique, *La PNL en perspectives*, Labor, 1993.

GREBOT Elizabeth, *Images mentales et stratégies d'apprentissage*, ESF Éditeur, 1994.

GRUBAR Jean-Claude, DUYME Michel et Côte, Sophie, *La Précocité intellectuelle : de la mythologie à la génétique*, Mardaga, 1998.

JEANNEROD Marc, *Le Cerveau intime*, Odile Jacob, 2002.

LA GARANDERIE Antoine de (avec Geneviève Cattan), *Tous les enfants peuvent réussir*, Le Centurion, 1998 ; Marabout, 1999.

LA GARANDERIE Antoine de, *Pour une pédagogie de l'intelligence*, Bayard-Centurion, 1990 ; *L'Intuition de la perception au concept*, Bayard, 1995 ; *Critique de la raison pédagogique*, Nathan, 1998 ; *Les Grands Projets de nos petits*, Bayard, 2000 ; *Comprendre les chemins de la connaissance*, Éd. Sociales, 2002.

MILLER Alice, *Le Drame de l'enfant doué*, PUF, Le Fil Rouge, 1983.

SAUCET Michel, *La Sémantique générale aujourd'hui*, Le Courier du livre, 1997, 3e édition.

SIAUD-FACCHIN Jeanne, *L'Enfant surdoué*, Odile Jacob, 2002.

TERRASSIER Jean-Charles, *Les Enfants surdoués ou la précocité embarrassante*, ESF Éditeur, 1981, augmentée en 1989 et 1994.

TERRASSIER Jean-Charles, et GOUILLOU Philippe, *Guide pratique de l'enfant doué* : *comment réussir en étant doué* ? ESF Éditeur, 1998.

VAIVRE-DOURET Laurence, *Précis thérorique et pratique du développement du jeune enfant*, Elsevier, 1997 ; *La Qualité de vie du nourrisson*, Odile Jacob, 2003.

VITTOZ, IRDC Groupe, *Vittoz et pédagogie*, Chronique sociale, 1996.

WINNER Ellen, *Les Surdoués : mythes et réalités*, Aubier, 1997.

ZIMMERMANN Marie-Louise, *Sur les chemins de l'apprendre*, CEFRA, 1996 ; *Apprendre par l'autonomie et comment ?*, CEFRA, 2000.

Quelques références étrangères récentes

HUSER Joëlle, *Lichtblick für helle Köpfe*, Lehrmittel Verlag des Kantons, Zurich, 1999.

MOENKS Franck J., *Unser Kind ist hochgegabt*, Reinhardt Verlag, 1998.

RENZULLI J.-S., *What makes Giftedness ? Re-examinining a Definition*, Phi-Delta-Kappa1, 1978.

Index

Remerciements

Les auteurs souhaitent en premier lieu remercier chaque enfant, adolescent, adulte rencontré, mais aussi les parents, les enseignants et les chercheurs pour ce qu'ils leur ont appris et permis de comprendre.

Leur gratitude va également à tous les amis qui les ont soutenues, accompagnées, encouragées dans cette aventure de l'écriture.

Hélène Catroux tient à exprimer tout particulièrement sa reconnaissance à Antoine de La Garanderie, qui lui a fait découvrir la gestion mentale et l'a guidée et soutenue dans l'application des travaux de recherches.

Enfin, que soit ici remerciée Laurence Godec, qui a su coordonner cette partition à quatre mains.

Cet ouvrage a été composé et mis en pages
chez Nord Compo (Villeneuve-d'Ascq)
et achevé d'imprimer sur Roto-Page
par l'Imprimerie Floch à Mayenne
en avril 2008

N° d'impression : 71071
N° d'édition : 7381-1359-4
Dépôt légal : octobre 2003
Imprimé en France